Dik Linthout
Frau Antje und Herr Mustermann

NORDSEE

WADDENZEE

SCHIERMONNIKOOG
AMELAND
TERSCHELLING
VLIELAND

GRONINGEN
Leeuwarden
Groningen

FRIESLAND

TEXEL

Assen

IJSSEL-
MEER

DRENTHE

NORD-
HOLLAND

FLEVO-

Zaanstad
Lelystad
Zwolle

Haarlem
Almere
OVERIJSSEL
Amsterdam

LAND

Enschede

Apeldoorn

Leiden
Amersfoort

Den Haag
ZUID-
Utrecht
GELDER-

Zoetermeer
HOLLAND
UTRECHT
Arnhem
LAND

Rotterdam
Lek

Nederrijn
VOORNE
Waal
Nijmegen

GOEREE
PUTTEN
Dordrecht

HOEKSE
Maas

SCHOUWEN
OVER-
WAARD
DEUTSCHLAND

FLAKKEE

DUIVE-
NORD-
's-Hertogenbosch

ZEELAND
LAND
Essen

WALCHEREN
Tilburg

Middelburg
THOLEN
Breda
Duisburg

ZUID-
BRABANT

BEVELAND
Eindhoven

ZEEUWS-
Düsseldorf

VLAANDEREN
LIMBURG

Antwerpen
Köln

Gent
Schelde

Maastricht

BELGIEN
Aachen

Brussel/Bruxelles

Dik Linthout

Frau Antje und Herr Mustermann

Niederlande für Deutsche

Aus dem Niederländischen von Gerd Busse

Ch. Links Verlag, Berlin

Das Buch erschien unter dem Titel »Onbekende buren« (Unbekannte Nachbarn) im Jahr 2000 im Amsterdamer Atlas-Verlag. Es wurde für die deutsche Ausgabe überarbeitet, aktualisiert und ergänzt. Die deutsche Ausgabe entstand mit freundlicher Unterstützung des Landes Nordrhein-Westfalen und des Nederlands Literair Produktie- en Vertalingsfonds.

Die Deutsche Bibliothek verzeichnet diese Publikation in der Deutschen Nationalbibliographie; detaillierte bibliographische Daten sind im Internet über http://dnb.ddb.de abrufbar.

4. Auflage, Juli 2006
© Christoph Links Verlag – LinksDruck GmbH, 2002
Schönhauser Allee 36, 10435 Berlin, Tel.: (030) 44 02 32-0
Internet: www.linksverlag.de; mail@linksverlag.de
Umschlaggestaltung: KahaneDesign, Berlin,
unter Verwendung eines Fotos von
»Madurodam – Holland in miniatuur«, Den Haag
Satz: Susanne Heerdegen, Ch. Links Verlag
Lithos: LVD GmbH, Berlin
Druck und Bindung: Friedrich Pustet, Regensburg

ISBN-10:   3-86153-301-4
ISBN-13: 978-3-86153-301-6

Inhalt

Früher, als die Holländer ihr Land noch nicht verließen, aus Angst, sie könnten einem bösen Berg begegnen oder von einer giftigen Lawine gebissen werden, galten sie als scheue Fabelwesen, die zentaurenhaft – halb Mensch, halb Fahrrad – durch die Dünen glitten und sich mit Klingelzeichen verständigten. Später erhoben sie ihre chronische Halskrankheit zur Landessprache und krächzen seither zum Klingeln.

Peter Knorr

Das Deutschlandbild

Erfahrungen der Nachkriegszeit

Niederländische Kinder, die Mitte der 50er Jahre die Schulen bevölkerten – die sogenannten Kriegskinder –, wuchsen mit Gedenkritualen und den Erzählungen ihrer Eltern, Nachbarn und Lehrer auf, die den Krieg als junge Erwachsene erlebt hatten. Ihr Denken über Deutschland und die Deutschen wurde durch die Geschehnisse des Zweiten Weltkriegs und das Credo: »Damit wir nicht vergessen!« geprägt. Nora Oomen-Capteyn faßt das Gefühl dieser Generation über Deutsche in den folgenden Worten zusammen: »Wir kannten Deutsche aus Hörspielen, Filmen, Erzählungen und aus den Kinderbüchern. Sie hatten einen düsteren Blick [...], sie trugen stets einen Helm, schrien fortwährend, ihre tägliche Arbeit bestand im Marschieren, und aus dem geringsten Anlaß schossen sie unschuldige Bürger nieder. Dies bereitete ihnen ein sadistisches Vergnügen. Sie beschlagnahmten Fahrräder, ließen sich einquartieren. Doch weil sie solche Bürokraten waren, konnten sie vom Widerstand leicht in die Irre geführt werden.« Für die erste niederländische Nachkriegsgeneration, der auch ich angehöre, bedeutete dies, daß der Zweite Weltkrieg den Bezugsrahmen für die Beurteilung aller Deutschen bildete.

Im Jahre 1956 beschloß Direktor Horstmeier vom Mathematisch-Naturwissenschaftlichen Gymnasium an der Keizersgracht in Amsterdam, etwas gegen die wuchernde antideutsche Einstellung seiner Schüler zu tun. Er hatte einen konkreten Grund dafür. Ein Jahr zuvor war aus Mangel an niederländischen Deutschlehrern ein Germanist aus Deutschland eingestellt worden. Er sprach Niederländisch mit einem breiten deutschen Akzent, und weil er *kiep* statt *kip* (Huhn) sagte, hatten seine Klassen oft selbst etwas von einem Hühnerhof; ständig wurde er durch Krähen und Gegacker zur Weißglut getrieben. Der arme Mann war *der* Deutsche, der verhaßte ehemalige Besatzer, und seine Schüler ließen es ihn deutlich spüren, nicht nur durch Krakeelen, sondern auch durch Desinteresse und minimale Leistungsbereitschaft. (Übrigens war seine Rache süß: Sie bestand in der gemeinschaftlichen Lektüre des »Schimmelreiters« von Theodor Storm – in gotischer Schrift.) Der Direktor meinte daher, es sei höchste Zeit, seine niederländischen Schüler mit dem neuen Deutschland in Kontakt zu bringen. Er organisierte in den Sommerferien eine zweiwöchige Reise in das Land des östlichen Nachbarn und fuhr selbst mit. Dreißig Schüler der zweiten, dritten und vierten Jahrgangsstufe meldeten sich an. Ich war einer von ihnen.

Wir waren in einer fröhlichen, aufgekratzten Stimmung. Für die meisten von uns war es der erste Auslandsbesuch. Als wir im Grenzbahnhof Emmerich in den deutschen Zug umsteigen mußten, wartete dort eine Dampflok auf uns. Unsere moralische Überlegenheit wurde noch durch das Bewußtsein verstärkt, daß wir auch in technologischer Hinsicht vorn lagen, denn wir liefen mit einer Diesellok ein. Kaum im Abteil, entdeckten wir, daß das deutsche Bahnpersonal »SS-Mützen« trug – im Volksmund auch »Hurra-Kappen«, »Protz-Mützen« oder »Taubenanflugbretter« genannt –, und unsere antideutsche Stimmung entlud sich. Wir kannten die »Hurra-Kappen« aus den populären Kriegsfilmen und von den Fotos über den Zweiten Weltkrieg und die Besatzung der Niederlande. Elf Jahre nach dem Ende des Krieges liefen auf diesem Bahnhof nun nicht nur die Bahnhofsvorsteher, sondern auch die Rangierer und Gepäckträger damit herum! Wie konnten sie es nur wagen, sich dieses Symbol allen Übels auf den Kopf zu setzen! Es gab nur eine mögliche Reaktion: aus den Fenstern hängend, streckten wir spontan eine Hand in die Luft und skandierten ein höhnisch-triumphierendes »Heil Hitler« in Richtung der verblüfften Mützenträger. Unser Direktor brachte uns entsetzt zum Schweigen. Er wollte so etwas nie wieder hören, und er erklärte uns, daß das »Taubenanflugbrett« keine spezifische Kopfbedeckung der Armee sei, sondern eine der vielen traditionellen Mützenformen bei deutschen Arbeitnehmern, die im öffentlichen Dienst beschäftigt sind. (Die heutige Mütze des Zugpersonals der Deutschen Bahn ist übrigens eine Art implodierter »Protz-Mütze«, eine ungewöhnlich flache Kopfbedeckung mit einem sehr kleinen Schirm.)

Die Bekanntschaft mit dem neuen Deutschland erstreckte sich nicht nur auf die Bevölkerung (viele Kriegsversehrte), sondern auch und vor allem auf die für niederländische Jugendliche völlig exotischen geschmacklichen Eindrücke: hartes, körniges, saures Brot, vollkommen »normal« aussehende Wurst mit einem unbekannten, widerwärtigen Geschmack – Knoblauch, wie einige zu wissen glaubten und auf die winzigen grünen Sprenkel in der Wurst zeigten. Wir warfen unsere Wurststullen weg und balgten uns um die Käsebrote. Der Jugendherbergsvater verstand die ganze Aufregung nicht, doch nach zwei Tagen des »Hungerns« bekamen wir eine andere Sorte Brot und Wurst ohne Knoblauch, denn die gab es auch. Die Ferien verliefen im übrigen reibungslos, wir hatten herrliches Sommerwetter, wanderten viel, besuchten alte Städte und Burgen, tranken herrlichen Naturapfelsaft und entdeckten ansonsten wenig, was unsere Vorurteile bestätigen konnte.

»Clingendael« und andere Studien

Im Jahre 1993 veröffentlichte das Niederländische Institut für Internationale Beziehungen »Clingendael« in Zusammenarbeit mit dem Fachbereich Politikwissenschaft der Rijksuniversiteit Leiden den Bericht »Bekend en onbemind« (Bekannt und unbeliebt) von Lútzen B. Jansen. Die Forscher hatten Schüler im Alter zwischen 15 und 19 Jahren befragt, was sie über Deutschland wissen bzw. zu wissen glauben, wie groß ihr Interesse daran ist und, vor allem, was sie von dem Land und seinen Bewohnern halten. Darüber hinaus versuchten die Wissenschaftler, anhand dreier Fragen die Einstellung der Schüler im Hinblick auf die Mitgliedsstaaten der EU zu messen. Erst wurden sie gebeten, einen Sympathiewert zu vergeben (die Sympathiefrage), anschließend wurden sie gefragt, in welchem Land der EU sie leben möchten, wenn sie gezwungen wären, umzuziehen (die Umzugsfrage), und schließlich, welche EU-Staatsangehörigen sie am liebsten als Nachbarn oder Freunde haben würden (die Nachbarn- oder Freundschaftsfrage). Auf der Grundlage der Antworten wurde die Haltung zu Deutschland errechnet.

Im Juni 1995 führte Tanja Olde Dubbelink von der Rijksuniversiteit Leiden in Zusammenarbeit mit dem »Clingendael«-Institut eine Untersuchung bei derselben Altersgruppe durch und präsentierte das Ergebnis in Form einer Diplomarbeit. Und unter der Herausgeberschaft von H. Dekker erschien 1997, diesmal wieder beim »Clingendael«-Institut, eine Studie, die sich auf die Mitgliedsstaaten der Europäischen Union bezog, wobei der Blick jedoch wieder besonders auf Deutschland gerichtet war.

Alle drei Studien kamen zu dem Ergebnis, daß Jugendliche ausgesprochen negative Auffassungen über Deutschland hegten und die Deutschen als das am wenigsten sympathische Volk betrachteten. Aber, und das wurde bei all der Aufregung über die Resultate übersehen: Deutschland kam in der Wahrnehmung gleichzeitig als das – nach den Niederlanden – am meisten demokratische und fortschrittliche Land zum Vorschein.

Nach der Studie aus dem Jahre 1993 hegten 56 Prozent der befragten Jugendlichen eine negative Einstellung Deutschland gegenüber. Eine große Mehrheit betrachtete die Deutschen als herrisch und arrogant (71 bzw. 60 Prozent), fast die Hälfte sah Deutschland als kriegslüstern (46 Prozent) und als ein Land, das die Welt beherrschen wolle (47 Prozent).

1993 war auch das Jahr, in dem in der Bundesrepublik Rechtsradikale Brandanschläge auf Häuser von Asylanten und Ausländern verübten. Der Popsender Radio 3 organisierte nach dem Anschlag in Solingen, bei dem fünf Türken ums Leben kamen, spontan eine Aktion: Hörer konnten gegen solcherart bestialische Vorfälle in Deutschland durch vorgedruckte Postkarten mit der Aufschrift *Ik ben woedend* (Ich bin wütend) protestieren, die sie beim Sender bestellen konnten. Die Radioredaktion versprach, dafür zu sorgen, daß sie bei der Bundesregierung in Bonn landeten. Die Postkartenaktion wurde ein grandioser Erfolg, mehr als anderthalb Millionen Hörer reagierten und zeigten für den Preis einer 70-Cent-Briefmarke mit dem Finger auf die rassistischen Deutschen. In der niederländischen Presse wurde der Eindruck erweckt, daß Deutschland stark nach rechts driftete und Anschläge gegen Ausländer an der Tagesordnung seien. Den massiven Protesten gegen das Auftreten des Rechtsextremismus in Deutschland selbst wurde dagegen sehr viel weniger Aufmerksamkeit geschenkt. Umgekehrt wurde aber auch in den deutschen Medien die niederländische Kritik an der Postkartenaktion nicht zur Kenntnis genommen.

Einige Kommentatoren sahen in den rassistischen Ausschreitungen die Erklärung für die negative Einstellung der Jugendlichen, andere wiesen auf die suggestive Fragestellung hin oder meinten, daß es ohnehin Unsinn sei, Schüler nach ihren Meinungen und Ansichten zu befragen, da diese keinerlei Relevanz für die niederländische Gesellschaft als Ganzes haben könnten.

In der Befragung zwei Jahre später betrachtete ein etwas kleinerer Prozentsatz der Schüler, 61 bzw. 44 Prozent, die Deutschen als herrisch und arrogant; »nur noch« 16 Prozent befanden Deutschland als kriegslüstern und 18 Prozent als ein Land, das die Welt beherrschen wolle. Mit solchen Quoten übertraf es aber noch immer deutlich Länder wie Großbritannien (4 Prozent) und Frankreich (5 Prozent), wenngleich die Unterschiede auch ein wenig kleiner geworden waren.

Interessant ist der Vergleich mit zwei anderen Studien: »Spiegelbild einer Grenzregion«, durchgeführt im Mai 1994 von zwei Wissenschaftlern der Westfälischen Wilhelms-Universität Münster, Thomas Blank und Rudolf Wiengarn, im Auftrag des »Dagblad Tubantia« (Enschede) bzw. der »Westfälischen Nachrichten« (Münster) sowie der »EUREGIO« (Enschede/Gronau), und die NIPO-Studie »Burengerucht« (etwa: häusliche Ruhestörung), die Ende des Jahres 1995 im Auftrag der linksliberalen Tageszeitung »de Volkskrant« durchgeführt wurde.

»Spiegelbild einer Grenzregion« enthält die Ergebnisse einer Untersuchung der deutsch-niederländischen Beziehungen in der Euregio, einer grenzüberschreitenden regionalen Arbeitsgemeinschaft rund um die Städte Enschede und Gronau. Gegenstand der Untersuchung war der Vergleich zwischen der niederländischen und der deutschen Bevölkerung der Euregio im Hinblick auf das Selbstbild und die Vorurteile gegenüber den Bewohnern des Nachbarlandes. In Übereinstimmung mit anderen Studien urteilten die Deutschen bei den Stereotypen, die eine emotionale Orientierung ermöglichen (tolerant, liberal, Sinn für Humor, sympathisch, gesellig, freundlich) deutlich positiver über die Niederländer als umgekehrt. Überraschend war jedoch, daß das Deutschlandbild der befragten Niederländer im Alter von 18 Jahren und darüber hinsichtlich dieser Stereotypen weitgehend mit dem Selbstbild der Deutschen übereinstimmte bzw. stellenweise sogar noch etwas positiver war. So urteilten beispielsweise 15,5 Prozent der Niederländer, daß die Deutschen sich selbst für sehr freundlich halten würden, während sich nur 10,6 Prozent der Deutschen selbst so einschätzten. Für das Stereotyp »gesellig« ergab dies eine Quote von 15,8 Prozent gegenüber 15,4 Prozent, für

»liberal« 4,7 Prozent gegenüber 3,1 Prozent und für »sehr tolerant« 6,2 Prozent gegenüber 5,3 Prozent. Als mögliche Erklärung führen die Wissenschaftler an, daß das deutsche Selbstbild keinen großen Einfluß auf das Bild ausübe, das Niederländer von den Deutschen haben. Durch die vergleichsweise bessere Kenntnis der Sprache des Nachbarlandes bei Niederländern und den höheren Konsum deutscher Fernsehprogramme können sich die Niederländer mehr auf ihre eigene Erfahrung stützen. Viele Deutsche haben in der Tat ein negatives Selbstbild. Durch die Ereignisse während der Nazizeit haben sie ein gestörtes Verhältnis zu ihrer Vergangenheit und stehen dem eigenen Volk extrem kritisch gegenüber. Manchmal schlägt diese kritische Haltung in eine Art Selbsthaß um, in die Ablehnung der eigenen nationalen Identität sowie in eine offene Feindschaft gegenüber Deutschland. In der 1977er Ausgabe des »Großen Wörterbuchs der deutschen Sprache« (Duden) steht etwa unter dem Suchbegriff »das Deutsche (das die Deutschen Kennzeichnende; deutsche Eigenart)« als einziger Beispielsatz: »Er hat eine Abneigung gegen alles Deutsche.«

In der Studie »Burengerucht« von 1995 schneiden die Deutschen bei den Befragten (keine Schüler, sondern Niederländer im Alter von 18 Jahren und darüber) sogar besser ab als die Franzosen – wenn auch nur knapp. Bei der Frage, mit welchem Land die Niederlande zu diesem Zeitpunkt die besten Beziehungen unterhielten, landete Deutschland mit 48 Prozent weit vor Belgien (18 Prozent), England (7 Prozent) und Frankreich (2 Prozent). Die größte Affinität/Sympathie zeigte man zu Belgien (41 Prozent), doch Deutschland (22 Prozent) lag selbst noch vor England (16 Prozent) auf dem zweiten Platz, während Frankreich (9 Prozent) das Schlußlicht bildete. Bei Frankreich zeigte es sich, daß man nicht nur an Baguette und Wein dachte, sondern auffallend häufig auch an Atombomben und Nukleartests. Wahrscheinlich waren die aktuellen Versuche auf dem Mururoa-Atoll in jenem Jahr ebenso prägend für das Frankreichbild der erwachsenen Niederländer wie die Serie der Brandanschläge für das Deutschlandbild der Schüler. Ein bemerkenswertes Ergebnis lag in der Tatsache, daß niederländische Frauen den Deutschen gegenüber eine deutlich ablehnendere Haltung zeigten als ihre männlichen Landsleute, die wiederum einen tieferen Groll den Franzosen gegenüber empfanden.

Kritiker, die bei der Veröffentlichung der Zahlen aus der ersten
»Clingendael«-Studie auf den Einfluß der aktuellen Ereignisse in
Deutschland hingewiesen hatten, wurden durch die »Volkskrant«/NIPO-Befragung und die neue »Clingendael«-Untersu-
chung aus dem Jahre 1997 bestätigt. Denn in diesem Jahr war
es Frankreich, das 26 Prozent der befragten Schüler zufolge die
Welt beherrschen wolle (Deutschland erhielt 18 Prozent), wobei
Deutschland und Frankreich als gleichermaßen kriegslüstern betrachtet wurden (18 Prozent). Führten Frankreich und Belgien in
den Jahren 1993 und 1995 noch stolz die Liste der sympathisch-
sten Nachbarländer an, war Belgien jetzt auf den vorletzten Platz
gerutscht, knapp vor Deutschland, aber hinter Frankreich, das
auch nur auf den viertletzten Platz kam. Die schlechte Position
hatte Belgien zweifellos der Dutroux-Affäre zu verdanken, während bei Frankreich – neben den Atombombentests – die scharfe
französische Kritik an der niederländischen Drogenpolitik eine
Rolle gespielt haben dürfte. Finnen und Iren erhielten auch diesmal wieder niedrige Werte, doch für beide Völker gilt, daß unbekannt auch ungeliebt macht. Die Bombenanschläge in Nordirland werden dem Image des Landes ebenfalls nicht unbedingt
zugute gekommen sein.

Durchschnittliche Sympathiewerte für 15 EU-Länder

Land	1993	1995	1997
Niederlande	78	79	81
Schweden	–	68	63
Frankreich	60	66	56
Österreich	–	65	65
Spanien	64	65	66
Dänemark	59	64	60
Großbritannien	57	64	63
Griechenland	60	64	64
Luxemburg	62	63	60
Portugal	60	62	61
Finnland	–	62	58
Belgien	61	61	53
Italien	60	60	61
Irland	48	55	55
Deutschland	39	52	49

Obwohl die »Clingendael«-Wissenschaftler zugaben, daß die tagespolitischen Schlagzeilen durchaus eine Rolle gespielt haben könnten, wiesen sie jedoch zugleich darauf hin, daß es bei Deutschland, anders als bei den übrigen Ländern, tief verankerte negative Gefühle gebe. Die Ursache hierfür suchten sie in den Ereignissen des Zweiten Weltkriegs. Die jährlichen Gedenktage, die einseitige Orientierung des Geschichtsunterrichts auf Deutschland zwischen 1933 und 1945 und die vielen negativen Bemerkungen von Erwachsenen über Deutsche »halten die negativen Gefühle Deutschland und den Deutschen gegenüber wach«.

Die Vorurteile von Niederländern gegenüber Deutschen kommen sehr subtil in einem Foto zum Ausdruck, das am 17. Oktober 1995 auf der Titelseite der rechtsliberalen Tageszeitung »NRC Handelsblad« stand und den Besuch des damaligen Bundespräsidenten Roman Herzog in den Niederlanden illustrierte. Herzog wurde auf dem Flughafen von Königin Beatrix empfangen, und der Pressefotograf schoß seinen Film voll. Die Bildredaktion des »NRC« wählte aus dem Material ein Foto aus; es zeigt einen nahezu erstarrten Bundespräsidenten und eine fröhlich beschwingte Königin. So sind die Niederländer, und so die Deutschen – dies scheint die Zeitung sagen zu wollen und bestätigt damit einerseits das Selbstbild der Niederländer und andererseits das Bild über die Deutschen.

Die niederländische Regierung reagierte schnell und besonnen auf die erste »Clingendael«-Studie aus dem Jahre 1993. Man stellte Gelder für ein mehrjähriges Programm bereit, um das Wissen über das moderne Deutschland zu verbessern. In Amsterdam, Nimwegen und Utrecht wurden 1995 außerdem drei Deutschland-Institute gegründet, die sich speziell dieser Aufgabe widmen sollten. Auch war das Thema »Deutschland nach 1945« im Jahre 1999 Gegenstand der Abschlußprüfungen für Schüler der Mittel- und Oberstufe. Zum ersten Mal wurde damit Deutschland nicht als ein Land behandelt, in dem der Nationalsozialismus, Auschwitz und die Welteroberung im Mittelpunkt standen. Das Ergebnis ist offenkundig: Für die jüngeren Generationen Niederländer in einem Europa ohne Grenzen beginnt der Zweite Weltkrieg etwas zu werden, was nur die Alten betrifft. Sie finden Deutschland inzwischen *cool* und die Berliner Republik *sexy*. 1995 war für die Niederländer ohnehin ein Schlüsseljahr, denn in diesem Jahr ermordeten serbische Truppen Tausende von Moslems aus der

Das vom »NRC Handelblad« ausgewählte Foto von Roman Herzog
während seines Besuches in den Niederlanden bei Königin Beatrix im
Oktober 1995.

bosnischen Enklave Srebrenica, während niederländische Blau-helme untätig zusahen. Dieses Ereignis hat den rechthaberischen Moralismus und die selbstgerechten Ansichten von Niederlän-dern über ihre absolute und ewigwährende Unschuld ins Wanken gebracht.

Entwicklung des Deutschlandbildes

Im *Gouden Eeuw*, dem »goldenen« 17. Jahrhundert, zog die Ver-einigte Republik der Niederlande aufgrund des wirtschaftlichen Aufschwungs und der im Lande herrschenden Glaubensfreiheit eine ungewöhnlich große Zahl von Fremden an. Mitte jenes Jahr-hunderts bestand die Hälfte der Bevölkerung Amsterdams aus Ausländern, und bei mehr als der Hälfte der Ehen, die in der Stadt geschlossen wurden, waren die Partner nicht in Amsterdam ge-boren worden. In den Niederlanden herrschte ein starker Mangel an Arbeitskräften, und die Löhne lagen höher als irgendwo sonst in Europa (ein Arbeiter in Amsterdam verdiente im Jahre 1650 dreimal soviel wie sein Kollege in Köln). Wegen der Verheerun-gen des Dreißigjährigen Krieges auf dem Territorium Deutsch-lands und dem wirtschaftlichen Niedergang im 17. und 18. Jahr-hundert suchten viele Deutsche in den Niederlanden nach Arbeit, die sie auf den Werften, im Walfischfang, in der Binnenschiffahrt, bei der *Verenigde Oost-Indische Compagnie*, als Landarbeiter oder als Söldner auch fanden.

Im 18. und 19. Jahrhundert galten Deutsche überall in Europa als zwar tapfere, aber eher primitive Zeitgenossen, als schlichte und gemütliche Biertrinker. Und auch wenn die Niederlande zu dieser Zeit längst ihren Rang als Weltnation eingebüßt hatten, blieb es doch dabei, daß man auf die Nachbarn herabsah. Illu-strativ für diese Haltung ist die den Deutschen gegenüber be-nutzte Bezeichnung *mof*. Sie stammt aus dem 16. Jahrhundert und leitet sich aus dem niederdeutschen Wort »Muffe« ab, das soviel wie »Griesgram« bedeutet. *Moffen* galten als plump, unge-hobelt, steif und ungelenk. In der Gegend um Basel, in der nörd-lichen Schweiz, wurden Deutsche ähnlich genannt: »Möffe«. *Moffelen* (hochdeutsch: »muffeln«) bedeutet im Mittel-Nieder-ländischen auch »meckern«, »knurren« oder »brummen«. Ne-gative Zuschreibungen bei benachbarten Völkern haben oft mit dem Nichtverstehenkönnen oder dem falschen Essen zu tun. In Polen heißen Deutsche *Niemiec*, ein Wort, das sich aus *niemy* ableitet und soviel wie »stumm« heißt. In der Provinz Holland wurde das Wort *mof* zunächst für das Arbeitsvolk benutzt, das östlich der Ijssel wohnte. Die Bewohner dieser Gegend – Gelderländer und Overijsselaarer – konnten an ihrer Sprache erkannt werden, einer Spielart des Niederdeutschen, die stark mit dem in Norddeutschland gesprochenen Nordniederdeutsch verwandt war. Nach dem Zusammenschluß zur Republik im 17. Jahrhundert ging der Begriff *mof* allmählich auf die Nichteinheimischen, auf Westfalen sowie andere Deutsche von niederem Stand über.

Auch in anderen Ländern kennt man herabsetzende Bezeichnungen für Deutsche. Im angelsächsischen Sprachraum: *Huns* (Hunnen, Teutonen), *Jerries* (*jerry* = Nachttopf, deutscher Armeehelm) und *Krauts*; in Frankreich: *Boches* (von *caboche* = Kopf, Birne), *Fritz*, *Fridolin* und *frisé* (Kohl); in Österreich: *Piefkes* (Großmaul, spießiger Kleinbürger). Piefke ist ein vor allem in Ostdeutschland häufig vorkommender Nachname; seine Verwendung als Spitzname für die Deutschen soll dem Österreich-Buch des Journalisten Norbert Mappes-Niediek zufolge auf den preußischen Militärmusikdirektor und Marschkomponisten Gottfried Piefke zurückgehen, der einmal anläßlich eines Besuchs in Wien auf die Frage nach seiner Adresse geantwortet haben soll: »Mein Guter, schreiben Sie ganz einfach: Piefke, Europa! Das kommt an.«

In Süddeutschland, d.h. in Bayern und Baden-Württemberg, benutzt man den Begriff *Saupreiß* für Preußen und Norddeutsche allgemein, und zwar in etwa so, wie heute die Niederländer ihr *moffen* für die Deutschen verwenden.

Über die Jahrhunderte hinweg hat es in den Niederlanden aber auch noch andere Bezeichnungen für die deutschen Nachbarn gegeben. Deutsche, die als Torfstecher in Drente arbeiteten, nannte man *turfmoffen*, und die deutschen Wanderarbeiter insbesondere aus Westfalen, der Eifel und dem Hunsrück, die vom 17. bis weit ins 19. Jahrhundert hinein zur Ernte in die Niederlande zogen, hießen *hannekemaaiers*. Ein *hannes* (vom deutschen »Johannes«) ist im Niederländischen noch immer ein Tolpatsch oder ein Trottel. Als das Rheinland im 19. Jahrhundert preußisch wurde, begannen die niederländischen Grenzbewohner ihre Nachbarn *Pruussen* zu nennen.

Im Jahre 1864 eroberte Preußen mit Unterstützung Österreichs die nördlich gelegenen dänischen Herzogtümer Schleswig und Holstein, womit die Landfläche Dänemarks mehr oder weniger halbiert worden war. Und als Preußen im Jahre 1866 den Krieg gegen Österreich gewann, befürchteten die Niederländer, deren König – als Herzog von Luxemburg und Limburg – Mitglied des Deutschen Bundes war, das Schicksal einer Teilannexion zu erleben. Die Furcht vor Deutschland wurde noch größer, als der preußische König nach dem Sieg über Frankreich im Jahre 1871 in Paris zum Oberhaupt des neuen deutschen Kaiserreichs gekrönt wurde. In Deutschland wurden in der Tat Stimmen laut, die die Niederlande als eine Art verlorenes Stammesgebiet betrachteten, das es sich wieder einzuverleiben gelte – was den niederländischen Staatsmann Thorbecke im Briefwechsel mit einem deutschen Historiker zu dem Hinweis veranlaßte, es handele sich um »ein Volk, das noch auf dem Land arbeitete, als die Niederländische Republik im *Gouden Eeuw* bereits eine ökonomische, kulturelle und politische Kraft entfaltete, die in der ganzen Welt sowohl Mißgunst als auch Bewunderung weckte«.

Das niederländische Königshaus war zu jener Zeit antipreußisch eingestellt, was auf der Hand lag, da die erste Frau von König Wilhelm III., Sophia, aus Württemberg in Süddeutschland stammte. Dieser Staat war 1866 von den Preußen besiegt worden, und man haßte alles, was preußisch war. Der niederländische Adel sprach Französisch und war nach Frankreich hin orientiert; und auch für den Kaufmannsstand waren die Zeiten, da man – über den Handel mit den Hansestädten – in Richtung Deutschland schaute, längst passé. Jetzt spielten England nach der industriellen Revolution und der Handel mit den überseeischen Kolonien die wichtigste Rolle. Der Italiener Edmondo de Amicis schrieb nach seinem Hollandbesuch 1873: »Dennoch sind die Sympathien verteilt. Die eleganten Klassen fühlen mehr für Frankreich, die gelehrten für Deutschland und der Kaufmannsstand für England. Die Sympathie für Frankreich hat sich jedoch seit der Pariser Commune etwas abgekühlt, und gegenüber Deutschland ist in letzter Zeit eine gewisse Abneigung entstanden, die einerseits durch die Furcht genährt wird, daß seine Eroberungsgelüste sich gegen die Niederlande richten könnten, andererseits jedoch durch die gemeinsamen Interessen gegenüber dem klerikalen Katholizismus einen Dämpfer erfährt.«

Die kleinen Leute unter den Protestanten waren in der Tat mehr oder weniger prodeutsch. Sie betrachteten den Sieg der Preußen über die Österreicher 1866 und über die Franzosen im Jahre 1871 als einen Triumph des Protestantismus über den Katholizismus, als Fingerzeig Gottes. Und als die Engländer, im übrigen ein protestantisches Brudervolk, in den Jahren 1877 und 1899 die Buren in Südafrika ihrer Freiheit beraubten, wuchs in protestantischen Kreisen die antienglische Haltung.

Nach der Gründung des Deutschen Reiches 1871 wurden die Niederlande an ihrer Ostgrenze mit einer Großmacht konfrontiert, die mit einem – nicht zuletzt durch die rasante industrielle und politische Expansion – bis dahin nichtgekannten Selbstbewußtsein auftrat. Für die Niederländer blieben die Deutschen auch weiterhin die *moffen*, wenngleich sich in dieser Bezeichnung auch nicht mehr das frühere Gefühl der Überlegenheit widerspiegelte. Das Deutschlandbild erhielt in ganz Europa eine andere Färbung. Der preußische Staat bildete die Basis des deutschen Kaiserreichs, so daß sein militaristischer Einschlag betont wurde. Alte preußische Charaktermerkmale wie blinde Autoritätsgläubigkeit, Kadaverdisziplin und eine unreflektierte Pflichterfüllung – die Deutschen als Speichellecker und Jasager – gewannen im damaligen Deutschlandbild die Oberhand.

Der portugiesische Schriftsteller Ramalho Ortigão, der 1883 die Niederlande besuchte, schrieb dazu: »Doch ich denke mit Genugtuung an den großen Unterschied, der innerhalb ein und derselben germanischen Rasse den holländischen vom preußischen Städter unterscheidet. In Deutschland habe ich wiederholt einer Zurschaustellung von Servilität und hierarchischem Hochmut beigewohnt, die in Europa vielleicht einzig in ihrer Art ist: zwei Individuen desselben Alters und offensichtlich derselben Bildung, die auf der Straße stehen und miteinander reden, während der eine seine Zigarre im Mund und seinen Hut auf dem Kopf behält, und der andere ihm stramm in der Haltung antwortet, mit dem Hut in der Hand und der Zigarre hinter dem Rücken verborgen. Die demokratische Respektlosigkeit des ›Amsterdamer Pöbels‹ ist mir eine Labsal nach der Wut, die ich in Koblenz und Frankfurt hatte aufsteigen fühlen, als ich der Regimenter strammer Kerle ansichtig wurde, über die ihr Landsmann Heinrich Heine einmal gesagt hat, daß jeder Rekrut bereit sei, den Stock, mit dem er verprügelt worden sei, zu verschlucken.«

Deutsche wurden mit der zunehmenden Machtfülle des Kaiserreichs immer häufiger mit Eigenschaften wie »roh«, »gewalttätig«, »barbarisch«, »militaristisch« und »aggressiv« assoziiert. Wer in einer Zeitungskarikatur die Angst vor Deutschland darstellen wollte, zeichnete eine Figur mit Pickelhaube. Liegt in der britischen Gebärdensprache der gestreckte Zeigefinger auf der Stirnmitte, dann bedeutet diese Geste »Deutscher« und symbolisiert die Pickelhaube der deutschen Soldaten zu Kaisers Zeiten.

Bis heute gilt: wenn man auf den gefährlichen Deutschen anspielen will, greift man einfach auf dieses emotional besetzte, alte preußische Bild zurück. Das tat in England etwa die Boulevardzeitung »The Sun«, als Bundeskanzler Kohl in den achtziger Jahren der britischen Premierministerin Thatcher einen Besuch abstattete. Ein Interview mit ihm wurde in Riesenlettern und über die ganze Titelseite hinweg mit der Schlagzeile »The Sun meets the Hun« angekündigt.

Die Niederlande und der Zweite Weltkrieg

Nach dem Überfall auf Polen 1939, dem Ausbruch des Zweiten Weltkriegs, der Besetzung ausländischen Territoriums und den Greueln des Holocaust wurde das Bild des rohen Deutschen im kollektiven Gedächtnis der umliegenden Völker festgeschrieben. Die Franzosen und die Belgier hatten den Ersten Weltkrieg bereits auf dem eigenen Staatsgebiet ausgefochten, so daß die Schrecken des Zweiten Weltkriegs nicht völlig überraschend für sie kamen. Die Niederländer hatten jedoch seit Beginn des 18. Jahrhunderts keinen Krieg auf eigenem Territorium mehr erlebt und kannten ihn nur vom Hörensagen. Die Bezeichnung *mof* erhielt eine zusätzliche negative Betonung und wurde nach 1945 aus der Erinnerung an die Besatzung genährt. Auf der Straße konnte man den Kinder-Abzählreim hören: *Eén, twee, drie, pof, Hitler is een mof, Hitler is een zwijn, jij moet hem zijn* (»Eins, zwei, drei, poff, Hitler ist ein mof, Hitler ist ein Schwein, du mußt jetzt rein«). Und ich erinnere mich noch daran, daß bei dem Straßenspiel »Kriegserklärung« für den vierten, und damit letzten, Teilnehmer, nachdem die ersten drei sich für Amerika, die Niederlande, England oder Frankreich entschieden hatten, nur noch Deutschland oder Rußland (Kalter Krieg!) übrigblieb. Wenn er das nicht wollte, mußte er für einen anderen Platz machen, der weniger unter seinem Ehrgefühl zu leiden hatte. Die antideutsche Einstellung und der Zweite Weltkrieg bildeten für die Nachkriegsgeneration, die den Krieg nur noch aus der Überlieferung kannte, eine untrennbare Einheit.

Deutsche begreifen häufig nur unzureichend, wie sehr die Niederländer – als einzelne und im Kollektiv – unter der deutschen Besatzung gelitten haben und wie schwer die Opfer waren. In den Niederlanden sind infolge des Krieges 230 000 Menschen umgekommen, darunter mehr als 100 000 Juden. Die deutsche Luftwaffe bombardierte im Mai 1940 Rotterdam, um den Widerstand der niederländischen Armee hinter dem Verteidigungswall zu brechen. Dabei wurde der alte Stadtkern vernichtet, es gab 800 bis 900 Tote. Am 3. Oktober 1941 sowie am 31. März 1943 wurde Rotterdam erneut bombardiert, diesmal von den Alliierten. Bei diesem letzten Bombardement wurde der falsche Hafenkomplex getroffen, und einige der Bomben fielen auch auf das Wohngebiet nördlich des Lek-Hafens. 1941 gab es dem Luftschutzdienst zufolge 106 zivile Opfer zu beklagen, 1943 waren es insgesamt 326. Im Laufe der Besatzung wurden Hunderttausende niederländischer Männer nach Deutschland gebracht und zum Arbeitsdienst gezwungen, mehr als 2 000 Widerstandskämpfer opferten ihr Leben. Während der April/Mai-Streiks des Jahres 1943 wurden 60 Menschen standrechtlich erschossen und mehr als 80 Todesurteile ausgesprochen. Im Hungerwinter 1944/45 kamen mehr als 20 000 Menschen ums Leben. Nach einem Anschlag auf ein Auto mit vier deutschen Soldaten, bei dem ein Offizier ums Leben kam, fand am 1. Oktober 1944 im angrenzenden Dorf Putten eine Razzia statt. Dabei wurden 660 männliche Bewohner im Alter zwischen 18 und 50 Jahren verhaftet, von denen 588 ins Konzentrationslager Neuengamme verschleppt wurden. Nur 49 von ihnen kehrten zurück. Das Dorf wurde zum Teil in Brand gesetzt. Im zeeländischen Dorf Renesse auf der Insel Schouwen wurden am 10. Dezember 1944 zehn Illegale nach einem Feuergefecht verhaftet und aufgehängt. Hunderte von Geiseln wurden während der Besatzungszeit erschossen, allein 250 nach dem Attentat vom 6. März 1945 auf den SS- und Polizeiführer in den Niederlanden, Rauter. In rein materieller Hinsicht haben die Niederlande nach der Sowjetunion und Polen am meisten unter der deutschen Besatzung gelitten. 28 000 Maschinen und

86 komplette Fabriken wurden demontiert und nach Deutschland verbracht; 1945 waren nur noch 40 Prozent der Produktionskapazität der Vorkriegszeit vorhanden, 10 Prozent der landwirtschaftlichen Fläche hatten die Besatzer bei Abzug unter Wasser gesetzt, und die niederländische Handels- sowie die Rheinflotte waren nahezu völlig vernichtet.

Die Erinnerungen an jene Zeit zeigen jedoch deutliche Unterschiede. Ältere Niederländer sprechen, trotz all der Entbehrungen, des Hungers, der Angst und des erlittenen Leids über die kameradschaftliche Stimmung und die engen Freundschaften, die sie damals solidarisch miteinander verbanden, Deutsche, die an den Krieg zurückdenken, reden dagegen merklich häufiger über den Verlust von Hab und Gut, den Tod von Familienangehörigen, die Bombardierungen und die Flucht.

Die niederländische Einstellung zum Widerstand, dem *verzet*, ist dem Leidener Religionssoziologen M. ter Borg zufolge Teil der kalvinistischen Lehre vom Recht auf Widerstand und dem Recht auf Gewalt des Untertans gegen den sich zum Tyrannen gewandelten Fürsten. Das *Luctor et Emergo* (Ich ringe und komme nach oben), der Wappenspruch der Provinz Zeeland, ist zum Ausdruck der nationalen Widerstandsmentalität geworden. Es steht für den Widerstand gegen das Wasser, aber auch für den Widerstand der Niederlande als kleine, verschworene Gemeinschaft gegen eine gewaltige Übermacht: gegen die spanische Gewaltherrschaft im Achtzigjährigen Krieg ebenso wie gegen den gemeinsamen Angriff Frankreichs, Englands – die europäischen Großmächte jener Tage – und die Armeen der Bischöfe von Münster und Köln in diesem als *Rampjaar*, d. h. Katastrophenjahr, in die niederländische Geschichte eingegangenen Jahr 1672.

Gemeinsam gegen den übermächtigen Feind – das ist das nationale Credo der Niederländer. Und weil jede Generation ihren eigenen Vergangenheitsmythos schafft, heroisierten die Kriegsgenerationen den Widerstand und zeichneten ihn als Idealbild. Sie schrieben sich selbst eine nationale Widerstandsmentalität zu, die in keiner Weise mehr mit der Wirklichkeit übereinstimmte, und verliehen den Ereignissen des Widerstands eine geradezu mythische Dimension. Doch das Bild des Heldenvolkes, das seine Größe im Widerstand zeigte, ist mittlerweile höchst umstritten und wird stark nuanciert. Die Forschung hat gezeigt, daß der niederländische *verzet* sich nicht an dem Widerstandsvermögen und der Tatkraft des 17. (Goldenen) Jahrhunderts messen konnte. Er war typisch niederländisch, d. h. äußerst gemäßigt, begann erst spät und befaßte sich nicht so sehr mit jüdischen *onderduikers* als vielmehr mit dem Abtauchen niederländischer Männer, die zum Arbeitsdienst in Deutschland eingezogen werden sollten, sowie mit Überfällen auf Zuteilungsstellen für Lebensmittelkarten bzw. Gefängnisse. Für Juden war es sehr viel schwieriger, Unterschlupfadressen zu finden. Niederländische Polizisten sowie das Zug-, Straßenbahn- und Buspersonal verhielten sich regelkonform: sie gehorchten den Anweisungen ihrer Vorgesetzten und sorgten nahezu ohne Protest für die Ergreifung, Bewachung und den Transport der Juden. Der deutsche Historiker Raul Hilberg behauptet, daß die Juden in keinem der von den Deutschen besetzten Gebiete so geringe Überlebenschancen hatten wie in den Niederlanden. 79 Prozent der niederländischen Juden sind umgekommen, in Belgien und Norwegen waren es 40 Prozent, in Frankreich mit seiner kollaborierenden Vichy-Regierung 20 Prozent, im faschistischen Italien 15 Prozent und in Dänemark 2 Prozent. Ganz allmählich beginnt man in der niederländischen Öffentlichkeit zu erkennen, daß die eigene Weste weniger unbefleckt ist, als man sich gerne einreden möchte.

Im Ausland ist das Bild der Niederlande als Widerstandsland dagegen noch verhältnismäßig intakt. Eine jüdische Schriftstellerin aus Deutschland gab sich in den 90er Jahren außerordentlich erfreut, als sie hörte, daß ihr Buch in die Landessprache Anne Franks übersetzt werden sollte. Und trotz einsetzender Selbsteinsicht sind Niederländer noch immer die ersten, die Deutsche auf die drei einzigartigen Streiks hinweisen, die – neben dem Tagebuch Anne Franks – diesem Bild zugrunde liegen. Der Februarstreik von 1941, an dem sich rund 20 000 Menschen in und um Amsterdam beteiligten, war jedoch kein nationaler, durch breite Schichten der Bevölkerung getragener Protest, sondern eine spontane Aktion von – hauptsächlich Amsterdamer – Kommunisten gegen die Ergreifung der Juden. Beim Beamtenstreik von 1943 protestierten eine Million Bürger, nicht aber gegen die Judendeportationen, sondern gegen den Beschluß, die im Mai 1940 freigelassenen Kriegsgefangenen erneut ins Gefängnis zu sperren. Und der Eisenbahnerstreik von 1944 wurde von der niederländischen Exilregierung ausgerufen, um die Offensive der alliierten Truppen zu unterstützen.

Moderne Historiker haben inzwischen in einer Vielzahl von Veröffentlichungen auf das große moralische Versagen der niederländischen Bevölkerung und ihren Mangel an Wehrhaftigkeit hingewiesen, doch es klafft noch stets eine gewaltige Kluft zwischen ihren Befunden und dem historischen Bewußtsein der breiten Öffentlichkeit. Der normale Bürger gehörte nicht nur zu den Betroffenen der Unterdrückung, sondern auch zu den Umstehenden bei Deportationen. Weil die Nation das schlechte Gewissen über die große Zahl umgekommener Juden plagte, wurde in den Niederlanden der Widerstand nach dem Krieg mythologisiert. Dieser Mythos erhielt seine Gestalt, als Königin Wilhelmina 1944 von einem »Heldenvolk« sprach. Nach dem Krieg erteilte sie den Amsterdamern die Erlaubnis, die Devise »Heldenhaft, Festentschlossen, Barmherzig« im Stadtwappen zu führen. Ausdrücklich wurde es auf ihre Haltung im Hinblick auf die Juden bezogen, obwohl 70 000 Juden aus Amsterdam deportiert worden waren und sich die übrige Amsterdamer Bevölkerung – bis auf die Februarstreikenden – massiv für die Rolle des Zuschauers entschieden hatte.

Verarbeitung der Vergangenheit

Viele Niederländer, die kaum Deutsch beherrschen, kennen doch den Satz: »Wir haben es nicht gewußt.« Damit wird der Eindruck erweckt, daß die Deutschen ihre Vergangenheit nicht verarbeitet haben. Der niederländische Historiker und Leiter des Niederlande-Zentrums in Münster, Friso Wielenga, behauptet, daß die niederländische Auffassung, wonach die Deutschen ihre Nazi-Vergangenheit ebenso verdrängt hätten wie sie selbst die eigene Kollaboration mit dem deutschen Besatzungsregime im Zweiten Weltkrieg, ungerechtfertigt sei, da es in Deutschland, insbesondere seit den 60er Jahren, durchaus eine intensive Aufarbeitung gegeben habe. So seien beispielsweise an deutschen Schulen der Sekundarstufe noch immer ungefähr 60 Unterrichtsstunden pro Jahr für die Beschäftigung mit der Geschichte des Nationalsozialismus empfohlen. Wielenga zitiert in diesem Zusammenhang den französischen Deutschland-Experten Alfred Grosser, der feststellt, daß sich nirgendwo auf der Welt eine Nation so intensiv und bereitwillig mit der dunklen Seite ihrer eigenen Vergangenheit beschäftigt hat wie die deutsche. Der britisch-niederländische Autor und Journalist Ian Buruma vergleicht die Art und Weise, in der die Deutschen mit ihrer Vergangenheit umgehen, mit der der Japaner und verwendet dabei das Bild der Zunge, die fortwährend den schmerzenden Zahn abtastet.

Wie die Wissenschaftler die Haltung der Niederländer während des Zweiten Weltkriegs auch nennen mögen – freiwillige oder unfreiwillige Kollaboration oder Anpassung –, der Volksmund spricht noch immer von *goed* und *fout*, von »gut« und »böse«, d. h. deutschfreundlich. Die Niederländer waren – bis auf ein paar aktive Mitglieder der Nationalsozialistischen Bewegung NSB – »gut«, alle Deutschen dagegen *fout*. Wären die Deutschen einfach zu Hause geblieben, hätten die Niederländer jetzt nicht mit diesem großen moralischen Dilemma zu kämpfen.

Gab es überhaupt »gute« Deutsche? Die deutschen Exilanten beispielsweise? In den Vereinigten Staaten nannte man Schriftsteller wie Heinrich und Thomas Mann bis zum Angriff der Japaner auf Pearl Harbor 1941 *premature anti-fascists* (voreilige Antifaschisten). Oder der linke Emigrant Willy Brandt, der von Norwegen aus gegen das Dritte Reich kämpfte? In den Niederlanden wurde er aus diesem Grund für einen Vertreter des »guten« Deutschlands gehalten, während er für viele seiner deutschen Landsleute ein »vaterlandsloser Geselle« und für einige sogar ein Landesverräter war. Waren die deutschen Wehrdienstverweigerer, Deserteure und Widerstandskämpfer des Zweiten Weltkriegs »gute« Deutsche oder waren sie vielmehr Verräter ihrer eigenen Kameraden? Auch in Deutschland ist diese Frage umstritten. Seit 1978 gibt es das sogenannte »NS-Aufhebungsgesetz«, mit dem Urteile der NS-Justiz für nichtig erklärt werden können. Urteile der Militärgerichte wurden jedoch nur nach einer Einzelfallprüfung aufgehoben. Diese Prüfungen waren zum Teil derart entwürdigend, das im Dezember 2001 ein Gesetzentwurf ins Parlament eingebracht worden ist, nach dem auch Urteile von NS-Militärgerichten weitgehend ohne Einzelfallprüfung aufgehoben werden können.

Als Indonesien am 17. August 1945, zwei Tage nach der japanischen Kapitulation, seine Unabhängigkeit ausrief, folgte ein großer Dekolonisationskrieg. Die Niederlande schickten eine Truppenmacht von 150 000 Mann, um die Rädelsführer Mores zu lehren. Man reagierte nicht als ein Land im Kriegszustand, sondern betrachtete die Unabhängigkeitserklärung als eine Art Störung des öffentlichen Friedens, die mit harter Hand bekämpft werden müsse – von daher auch die euphemistische Umschreibung *politionele acties* (Polizeiaktionen). Unter dem Druck der Vereinigten Staaten mußten die Niederlande 1949 schließlich Indonesien in die Unabhängigkeit entlassen. Während des blutigen Krieges fielen etwa 5 000 niederländische Soldaten und 150 000 Indonesier. (Davor hatte man gegen Ende des 19. Jahrhunderts bereits einen der größten Kolonialkriege der Geschichte geführt, den Atjeh-Krieg, der eine halbe Million Opfer forderte.) In den Niederlanden warf der wehrpflichtige Indonesien-Veteran Hueting im Jahre 1969 die Frage der niederländischen Kriegsverbrechen während der *politionele acties* in die öffentliche Debatte. Er verglich das Auftreten der niederländischen Armee mit dem der Deutschen und der SS im Zweiten Weltkrieg. Da war die Bombe geplatzt, das Tabu gebrochen – Befürworter und Gegner befeuerten sich mit Argumenten und heftigen Vorwürfen. 1987 wurde bekannt, daß der Historiker Louis de Jong – der offizielle Chronist der Ereignisse in den Niederlanden vor, während und nach dem Zweiten Weltkrieg – die Absicht habe, in seiner Nachkriegsgeschichte des heutigen Indonesiens den Begriff »Kriegsverbrechen« zu verwenden und Vergleiche mit den Greueltaten der Deutschen und der Japaner anzustellen. Von allen Seiten wurde Druck auf ihn ausgeübt. Als das Buch schließlich erschien, war der strittige Begriff gestrichen und der Vergleich mit Deutschland tauchte nicht mehr auf.

Die Konfrontation mit der eigenen kolonialen Kriegsvergangenheit kam aber erst richtig mit dem Heimatbesuch des indonesischen Menschenrechtsaktivisten Johannes »Poncke« Princen 1994/95 in Gang. Als 23jähriger war der Niederländer während der *politionele acties* desertiert und hatte sich den republikanischen Truppen des indonesischen Freiheitskämpfers und späteren Präsidenten Sukarno angeschlossen. Während ein früherer Besuch Princens im Jahre 1978 kaum Beachtung gefunden hatte, kam es Mitte der 90er Jahre zu heftigen Protesten. War er ein Verräter, oder hatte er sich als »guter« Niederländer im Verlauf eines schmutzigen Kolonialkriegs den indonesischen Freiheitskämpfern angeschlossen?

Die Frage bleibt, was 300 Jahre koloniales Fehlverhalten, der Sklavenhandel der Provinzen Holland und Zeeland sowie eine

Reihe von Kolonialkriegen an bleibenden antiniederländischen Ressentiments bei der surinamischen, antillianischen und indonesischen Bevölkerung hinterlassen haben. Jedes Volk, auch das niederländische, wird sich den unangenehmen Tatsachen aus der eigenen Vergangenheit stellen müssen; nur dann kann der Blick auf andere Völker, wie etwa die Deutschen, nuancierter ausfallen.

Antideutsche Einstellungen

Das Gedenken an den Zweiten Weltkrieg wird in den Niederlanden auf sehr intensive Weise begangen. Noch immer werden Denkmäler errichtet und Bäume für die Opfer der Besatzung gepflanzt. Die jährlichen Rituale haben dazu geführt, daß der Zweite Weltkrieg in den Niederlanden nicht nur als Bezugsrahmen für die Haltung Deutschland gegenüber zu fungieren begonnen hat, sondern sogar identitätsstiftend geworden ist. Das Leid des Zweiten Weltkriegs war in der nach Konfessionen und politischer Anschauung »versäulten« niederländischen Gesellschaft sowohl für Katholiken und Protestanten als auch für Liberale und Sozialisten die erste wirklich gemeinsam geteilte Erfahrung.

Das Lied von Reinhard Mey, »Gute Nacht, Freunde. Es ist Zeit für mich zu geh'n«, war bereits 13 Jahre lang zweimal am Abend als Erkennungsmelodie des Nachrichtenjournals *Met het oog op morgen* (Mit dem Blick auf morgen) zu hören gewesen, doch im Januar 1989, während der Parlamentsdebatten über die Freilassung der *Twee van Breda*, der letzten beiden deutschen Kriegsverbrecher, die noch in einem niederländischen Gefängnis ihre Schuld verbüßten, war es zwei Abende lang still. Die *Oog*-Redaktion glaubte, es zeuge nicht von gutem Geschmack, in diesem Zusammenhang einen deutschen Text erklingen zu lassen, und ließ außerdem wissen, daß es bereits seit Jahren üblich sei, Reinhard Mey auch am 4. und 5. Mai, der *Dodenherdenking* (Gedenktag für die Toten des Zweiten Weltkriegs) und dem *Bevrijdingsdag* (Befreiungstag) von der deutschen Besatzung, schweigen zu lassen.

Als die Figuren des Nationaldenkmals auf dem Dam in Amsterdam 1995 tiefe Risse zu zeigen begannen, war der Gedanke für viele Niederländer unerträglich, daß sich einzig in Deutschland eine Firma finden ließ, die über die notwendige Konservierungstechnik verfügte.

Gegen Ende der 60er Jahre kam die erwachsen gewordene Babyboom-Generation zu dem Schluß, daß es zu den Kriegserinnerungen der Elterngeneration doch das eine oder andere anzumerken gäbe. Sie demaskierten die heiligen Wahrheiten ihrer Eltern und ließen zugleich den Ballon des *Verzets*-Mythos platzen. Sie wiesen auf das totale Versagen der Kriegsgeneration hin und kreierten zugleich einen neuen Mythos: sie würden anstelle ihrer Eltern anders gehandelt haben, und stellvertretend für diese nahmen sie nachträglich den antifaschistischen Widerstand auf. Und weil Faschismus mit zwölf Jahren Nazi-Deutschland, der Besatzung und dem Holocaust verbunden war, bedeutete der Widerstand gegen den Faschismus automatisch auch eine antideutsche Einstellung. Dieser Reflex war deutlich zu spüren, etwa in den Medien, die Deutschland gern aus der beschränkten Perspektive des Nazismus und der drohenden Gefahr eines wiederaufkeimenden Nazismus betrachteten. Niederländische Korrespondenten in Deutschland erhielten für Artikel und Berichte über diese Themen problemlos einen Platz auf der Titelseite. Auch eine ganze Reihe von Publizisten der ersten und zweiten Nachkriegsgeneration beteiligte sich nach Kräften an der Meinungsbildung.

Walter van de Kooi schreibt 1987 in »De Groene Amsterdammer« über einen Mann, der in Frankreich in seiner Badehose eine Kirche besichtigt. Er empfindet dies als Ausdruck schlechten Geschmacks: »*Zum Glück*: draußen erweist sich der Mann als deutscher Tourist.«
Rik Zaal stöhnt in der Reiserubrik der »Volkskrant« vom 18. Januar 1989 über eine Busladung deutscher Touristen aus Bayreuth, die sich in Spanien aufhalten: »Was ist das bloß, daß mir beim Sehen und Hören deutscher Touristen immer drei Fragen durch den Kopf schießen: warum seid ihr in Gottesnamen hier, ist es hier wirklich so schlimm und alles bei euch zu Hause viel besser? Schon als ich als kleiner Junge auf einem italienischen Campingplatz war, mied ich, so gut es eben ging, das kleine deutsche Ekelpaket, das mich in einem viel zu guten Deutsch und mit einer viel zu großen Brille auf seinem viel zu dicken Kopf mit Geschichten über ›zu Hause‹ dies und ›zu Hause‹ das, und daß ›zu Hause‹ sowieso alles besser sei, langweilte.«
Der nicht gerade schlanke Theodor Holman hat es ebenfalls nicht so mit deutschen Urlaubern. Unter dem Pseudonym »Opheffer«

schreibt er am 4. März 1987 in seiner Kolumne in »De Groene Amsterdammer«: »Wenn ich den fetten Deutschen aus der Dusche kommen sehe, springe ich in den Flur, aber seine fette Frau ist schneller. Die deutsche Familie siegt an allen Fronten.«
Ton de Zeeuw schreibt in seiner Kolumne in »De Telegraaf« vom 19. Januar 1998 über die Versuche der deutschen Polizei, die in »Ostblockländern« gestohlenen deutschen Autos aufzuspüren, »daß man dann sofort an die Fahrräder denken muß, die ›sie‹, die Deutschen, seinerzeit bei uns weggeholt haben«.

Die Intellektuellen der Babyboom-Generation waren übrigens nicht die einzigen, die sich antideutscher Stereotypen bedienten. Deutsche waren überall *moffen*, sowohl in den Fußballstadien als auch in zivilisierter Gesellschaft. Auf politische Korrektheit brauchte man bei Deutschland und den Deutschen nicht zu achten. »Türkenwitze« wurden in der niederländischen Mittel- und Oberschicht nicht erzählt, aber auf Moffen-Witzen und dem Wort *moffen* ruhte nie ein einziges Tabu. Im Gegenteil: man reagierte allgemein mit Schmunzeln auf Ausrufe wie *rotmoffen* (etwa: Drecksdeutsche), *Eerst mijn fiets terug* (Gib mir erst mein Fahrrad zurück; eine Anspielung auf die massenhafte Konfiszierung von Fahrrädern durch die deutschen Besatzer im Zweiten Weltkrieg) und »Immer geradeaus«. Ein Radiospot der Stadt Amsterdam vom Juni 2000, in dem auf »spielerische« Weise erzählt wird, daß der IJ-Tunnel gesperrt ist, nutzt antideutsche Sentiments aus: Ein deutscher Tourist fragt, wie er fahren muß, um zum Keukenhof zu kommen, jetzt, wo der Tunnel zu sei. Die Antwort lautet: »Die A10, Abfahrt Beverwijk, Richtung Leeuwarden und dann immer geradeaus.« Jeder Niederländer weiß, daß dies die entgegengesetzte Richtung ist, und das ist auch der Witz. Erst nach Protesten wurde der Spot aus dem Programm genommen.
Im Sommer 2000 gab es einen enormen Aufruhr wegen eines Reklamefaltblatts, das die Nordwestdeutsche Klassenlotterie in einer Auflage von zwei Millionen in den Niederlanden verbreiten ließ. Auf der Vorderseite des Faltblatts stand »De Moffen kommen« , und das Teilnahmeformular konnte man an die »Abteilung: Moffen raus« zurückschicken. Der niederländische Werberat griff ein und empfahl dem Unternehmen, in Zukunft eine derartige Form der Werbung nicht mehr zu verwenden. Der deutsche Erfinder des Werbeslogans hatte es einfach nur witzig gefunden, wenn ein Deutscher sich selbst als *mof* bezeichnet.

Niederländer geben sich jedoch antideutscher, als sie es in Wirklichkeit sind. Als das Allensbacher Institut für Demoskopie im Jahre 1989 die Deutschlandbilder in sechs europäischen Ländern untersuchte, antworteten 56 Prozent der befragten Niederländer, daß sie Deutsche eigentlich nett fänden. Aber die Frage, ob ihre Freunde und Nachbarn genauso darüber dächten, wollten nur 30 Prozent mit einem Ja beantworten. Wer sich in den Niederlanden öffentlich positiv über Deutsche ausließ, machte sich offenbar nicht wirklich beliebt. Dieser antideutsche *third-person*-Reflex ist vor allem für die Öffentlichkeit bestimmt, die ansonsten denken könnte, daß man Deutsche für gewöhnliche Menschen halte. Für den früheren deutschen Botschafter in Den Haag, Otto von der Gablentz, war es die perfekte Illustration der zwei Deutschlandbilder, die augenscheinlich vorherrschten: »Einerseits gibt es das Deutschlandbild, das der persönlichen Erfahrung entstammt, erworben beispielsweise während der Geschäftsreise in München, andererseits gibt es die Abneigung gegen den ›historischen‹ Deutschen. Es ist widersprüchlich.«

Nicht zuletzt bedingt durch die »Clingendael«-Studien, spürt man seit den 90er Jahren in den Kreisen, in denen man sich mit dem Gedenken an den 4. Mai, d. h. die Opfer des Zweiten Weltkriegs, beschäftigt, einen Wandel im Denken über Deutschland und die Deutschen. Das Bewußtsein des antideutschen Reflexes hat dazu geführt, daß man sich auf den Inhalt der Gedenkrituale zu besinnen beginnt. In einer Reihe von niederländischen Orten waren Deutsche eingeladen, den Gedenkfeierlichkeiten beizuwohnen. Das »Clingendael«-Institut geht mit seinen Empfehlungen noch weiter und dringt darauf, daß der 4. Mai in Zukunft gemeinsam mit den Deutschen begangen wird. Die jährlichen Gedenkrituale in der ersten Mai-Woche, oder wie es der Kolumnist Nico Scheepmaker im Jahre 1981 ausdrückte: die »jährliche Haßkampagne, die Anfang Mai über uns hereinzubrechen pflegt«, könnten sich auf diese Weise zu etwas entwickeln, das mehr ist als eine Form der öffentlichen Schuldigsprechung. Durch eine gemeinsame Feier, in der die zwei Formen des Schuldbekenntnisses nebeneinander stehen, würden diejenigen, die in Deutschland ausschließlich das Land der »Richter und Henker« sehen, auf die Dauer vielleicht wieder das frühere Land der »Dichter und Denker« erkennen.

Der »Narzißmus der kleinen Unterschiede«

Niederländer ähneln den Deutschen mehr, als sie bereit sind zu akzeptieren, doch weniger, als es die Deutschen glauben. Außenstehende sehen sogar überhaupt keine Unterschiede: die Amerikaner verwenden den Begriff *squarehead* (Quadratschädel) sowohl für Skandinavier wie für Deutsche und Niederländer. Amerikaner wie auch Engländer haben Probleme mit dem Wort *Dutch*: es wird vielfach als »deutsch« interpretiert. In diesem Fall gibt es sogar einen historischen Ursprung, denn es steht für die gesamte Region, die sich über Deutschland, die Niederlande und Flandern erstreckt. Als die Republik der Vereinigten Niederlande im 17. Jahrhundert zu einer mächtigen Nation wurde, erhielt der Begriff *Dutch* in England allmählich eine etwas begrenztere Bedeutung und bezog sich schließlich nur noch auf die Niederlande. Engländer scheren den niederländischen und den deutschen Humor über einen Kamm – dies, wo doch jeder Niederländer weiß, daß die Deutschen keinen Humor haben und sie selbst davon ausgehen, daß sie selbst fast ebensoviel Sinn für Humor haben wie die Engländer.

Nichts ist für einen Niederländer schlimmer, als für einen Deutschen gehalten zu werden. Ebenso wie die Schweizer und die Österreicher versuchen Niederländer im Ausland als erstes klarzustellen, daß sie keine Deutschen sind. Niederländer haben stets betont, was sie von den Deutschen trennt, während die Deutschen gerade die Verwandtschaft hervorheben. *Similarity breeds liking* (Ähnlichkeit erzeugt Sympathie) lautet der englische Ausdruck des Verwandtschaftskonzepts, und – es muß gesagt werden – Deutsche betrachten Niederländer im allgemeinen auch als ein sehr sympathisches Völkchen. Aber gerade, weil die Niederländer den Deutschen so ähnlen – *the Dutch are just like Germans, but they needn't be sorry for it* (Holländer sind wie Deutsche, aber sie müssen sich dafür nicht entschuldigen) –, haben sie das starke Bedürfnis, die Betonung auf das zu legen, was sie von den Deutschen unterscheidet. Dadurch laufen die Niederländer Gefahr, daß sie in den an sich kleinen Unterschieden mehr sehen als jene dünne Firnisschicht, die sie in Wirklichkeit sind.

Als Bewohner eines kleinen Landes sind die Niederländer Opfer des Calimero-Effekts, des Kleinen-Nachbarn-Komplexes oder des *little-man*-Syndroms. Sie sind militärisch und wirtschaftlich abhängig, leiden am Trauma des Zweiten Weltkriegs und haben das Bedürfnis nach Distanz denen gegenüber, denen sie am meisten ähneln. Sie stärken ihre Identität durch die Schaffung einer Gegenidentität.

In »Das Unbehagen in der Kultur« beschreibt Freud das Phänomen, daß gerade Völker, die aneinander angrenzen und darüber hinaus noch miteinander verwandt sind, sich gegenseitig bekämpfen und verspotten. Das gilt für Spanier und Portugiesen, Engländer und Schotten, Schweden und Finnen, Schweizer und Österreicher, Franzosen und Belgier, Niederländer und Belgier und eben auch für Deutsche und Niederländer. Freud hat dieses Phänomen als den »Narzißmus der kleinen Unterschiede« bezeichnet und damit gemeint, daß die Bewohner eines kleinen Landes wie der Niederlande allerhand Eigenschaften, die sie selbst als nicht sonderlich positiv betrachten, mit dem Mantel des Schweigens bedecken, um sie anschließend auf die Bewohner des größeren Landes zu projizieren. Deutsche haben all das, was Niederländer nie sein möchten, schamlos zeigen sie eine ganze Skala stabiler negativer Eigenschaften. Wieder und wieder wird von niederländischer Seite betont, daß Deutsche vor allem laut, arrogant, besserwisserisch und humorlos seien. (Exakt dieselben Eigenschaften schreiben übrigens auch die Belgier den Niederländern, die Schotten, Iren und Waliser den Engländern und die Norweger, Dänen und Finnen den Schweden zu.) Es ist die kompensatorische Arroganz der unterlegenen Schwächeren.

Gerade das schwache, kleine Volk neigt dazu, seine eigenen schlechten Eigenschaften zu leugnen und sie auf das große Volk zu projizieren. Das große Volk weiß meistens nicht genau, was es mit diesen heftigen Ressentiments tun soll, und reagiert amüsiert. Schottische und irische Komiker werden in England fast totgeknuddelt, wenn sie wieder etwas herrlich Gemeines über die Engländer sagen. Und auch Deutsche finden, daß Niederländer viel Sinn für Humor haben. Wenn Niederländer Deutsche als Nachbarn, Kollegen oder Bekannte kennengelernt haben, können diese das Vergnügen erleben, von ihnen als »nicht typisch deutsch« bewertet zu werden. Alle Deutschen, die von Niederländern als nett empfunden werden, erhalten diese Auszeichnung. In den Augen der Niederländer ist dies das größte Kompliment, das man einem Deutschen machen kann. Und weil die meisten Deutschen nicht wissen, daß sie das Volk sind, an dem die

Niederländer ihren Narzißmus der kleinen Unterschiede ausleben, reagieren sie ein wenig erstaunt oder manchmal auch geschockt.

Bewohner kleiner Länder haben die Neigung, minimale Unterschiede zu Grundsatzfragen aufzublähen, auch wenn das Gemeinschaftliche sehr viel charakteristischer ist. In bezug auf die Deutschen gilt, daß es viel mehr Übereinstimmungen als Unterschiede gibt und uns bei ihnen sehr viel mehr vertraut als fremd erscheint. Für diejenigen, die alle sozialen und individuellen Faktoren negieren, bleiben die anderen stets *die* Deutschen. Doch *den* Deutschen gibt es ebensowenig wie *den* Niederländer oder *den* Amsterdamer. Wenn in den Niederlanden Unterschiede auf der Basis regionaler Herkunft akzeptiert werden, so gilt dies für ein großes Land vielleicht in noch stärkerem Maße. Bayern sind keine Preußen und Hessen keine Ostfriesen, Berliner keine Kölner und Ossis keine Wessis. Eventuelle Unterschiede haben jedoch sehr viel mehr mit einem städtischen oder ländlichen Hintergrund, mit dem Ausbildungsniveau oder der Qualifikation, mit Arbeits- oder Lebenserfahrung, mit dem familiären Erziehungsmuster sowie mit Herkunft und Religion zu tun.

In den 80er und 90er Jahren habe ich an niederländischen Hochschulen eine Reihe von Workshops veranstaltet, bei denen ich die Teilnehmer – vor allem Studenten und Dozenten – bat, ihre Assoziationen zu Deutschland, den Deutschen und die deutsche Sprache zu Papier zu bringen. In der Liste mit negativ besetzten Stereotypen kommen Freuds Narzißmus der kleinen Unterschiede sowie die stark gefühlsbeladenen preußisch-wilhelminischen Klischees eindrucksvoll zum Vorschein. Wer dem anderen die entsprechenden, unten genauer aufgeführten Eigenschaften zuschreibt, weist diese Eigenschaften selbst natürlich nicht auf. Die Deutschen haben wirklich nahezu alles, mit dem Niederländer sich offenkundig nicht identifizieren können, und sie haben es aus niederländischer Sicht auch noch in übersteigertem Maße.

Den Deutschen werden, als Widerhall der militaristischen Vergangenheit, die Eigenschaften »arrogant«, »dominant«, »chauvinistisch«, »nationalistisch«, »jasagerisch«, »perfektionistisch« und »übertrieben pflichtbewußt« zugeschrieben. Der Narzißmus der kleinen Unterschiede kommt in den Charaktermerkmalen »großspurig«, »lärmend«, »aufdringlich«, »angeberisch«,

»materialistisch«, »luxusorientiert« und sogar »protzig« zum Ausdruck. Und in der Arbeitsbeziehung werden sie als »ehrgeizig«, »polemisch in Diskussionen«, »formal und hierarchisch«, »humorlos« und derart »gründlich« und »perfektionistisch« erlebt, daß Improvisation von ihnen als Versagen gewertet wird.

Eine Reihe anderer Eigenschaften werden von Niederländern an Deutschen dagegen sehr geschätzt. Mit Deutschen läßt es sich feiern, denn sie sind echte »Stimmungskanonen«, sie sind »gastfreundlich«, »gesellig«, »offen« und »romantisch«. Im Betrieb schätzt man ihre Zuverlässigkeit, Disziplin, Nüchternheit, ihren Ordnungssinn, ihre Leistungsbereitschaft, Pünktlichkeit, Professionalität und Sachlichkeit. Ihre sportlichen Leistungen werden dagegen zähneknirschend und mißgünstig registriert.

Typisch deutsch findet man das Phänomen der »Kuhlen«. Das Graben von Löchern an den Stränden wird den Deutschen von den Bewohnern nahezu all ihrer Nachbarländer angekreidet. Man assoziiert es mit Besatzung und Gebietsansprüchen, wie dies in zahlreichen Karikaturen auch in deutschen Zeitungen immer wieder thematisiert wird. Die Erklärung für die Kuhlen ist jedoch eine andere. Die ersten Strandkörbe waren schwer zu bewegende Ungetüme auf Rädern, die von Pferden zu ihrem Bestimmungsort gezogen wurden – nicht zu weit vom Meer entfernt, aber auch nicht zu nahe am Wasser. Um sich gegen das Wasser und zugleich vor dem Wind zu schützen, warf der deutsche Badegast einen Befestigungswall rund um seinen Strandkorb auf. Er grub seine Kuhle also nicht aus einem vermeintlich obsessiven, angeborenen Lebensbedürfnis heraus, sondern er schuf eine äußerst funktionale »Sandburg«.

Inzwischen fährt jeder in die Ferien, und die Deutschen sind ihrer Tradition treu geblieben und bauen weiterhin Sandburgen für die Strand- und Liegestühle, die sie für die Dauer ihres Urlaubs mieten. Dadurch sehen Luftaufnahmen deutscher Strände während der Hochsaison wie farbenfrohe Kraterlandschaften aus. Doch die Badegäste am Strand sehen nur Sandburgen, und sie sorgen mit Fähnchen, Muscheln und anderen Verzierungen dafür, daß sie ihren Strandkorb wiederfinden können. Auf der Insel Langeoog hat der Massentourismus kürzlich zu strengen Vorschriften für den Bau von Sandburgen geführt: sie dürfen die Höhe von einem halben Meter und den Durchmesser von fünf Metern nicht überschreiten.

Karikatur von Heiko Sakurai aus dem Jahr 1998 zum Thema
»Die Deutschen und ihre Kuhlen«.

Wären Niederländer nicht so sparsam, hätte die Sandburg als Schutzwall gegen das Meer etwas typisch Niederländisches werden können. Doch ihnen würde es niemals in den Sinn kommen, einen Strandkorb für die gesamte Dauer der Ferien zu mieten. Wenn es regnet, gehen sie nicht an den Strand, und Geld für etwas auszugeben, wovon man keinen Gebrauch macht, ist Verschwendung. Deshalb werden die Strände in den Niederlanden nicht durch »Kuhlen« verunstaltet, sondern durch unzählige, selbst mitgebrachte oder in einem Anfall von Verschwendungswahn für teures Geld gemietete Windschutzschirme.

Das Niederlandebild

Das Selbstbild der Niederländer

Niederländer halten sich selbst für ein glückliches Völkchen. Vor allem junge Niederländer betrachten sich als Gottes Geschenk an diese Welt und geben sich bei Umfragen jedesmal wieder die niedrigsten Werte bei allen negativen Stereotypen und die absolut höchsten bei den positiven – mit Spitzenwerten für »Humor«, »Toleranz« und »Nüchternheit«, also den vermeintlich echt nationalen und im Vergleich zu anderen Völkern einzigartigen Eigenschaften.

Der Soziologe Bart van Heerikhuizen zitiert einige Vorkriegssoziologen und Historiker, die ein differenzierteres Bild des niederländischen »Volkscharakters« zeichnen. Der Niederländer wird darin als »sekundär reagierend« beschrieben und vor allem als »bedächtig«, eine Eigenschaft, die dem im 19. Jahrhundert lebenden Historiker Robert Fruin zufolge leicht in »Trägheit, Fadheit, Plumpheit und Starrsinnigkeit« entarten kann. Der niederländische Historiker Johan Huizinga betont den bürgerlichen Charakter der Niederländer: »Und wenn wir uns auf den Kopf stellen, wir Niederländer sind alle bürgerlich. [...] Die bürgerliche Gesellschaft erklärt die geringe Aufständischkeit der Volksklassen, und im allgemeinen die Glätte des nationalen Lebens, die sich nur leicht kräuselte unter dem Wind der großen geistigen Erschütterungen.« Der Soziologe Herman Vuijsje knüpft im Jahre 1997 daran an und listet in seinem Buch »Correct« Charakterzüge der Kriegsgeneration auf, die stark von dem heutigen Selbstbild abweichen: »Durch Individualismus und Eigensinn zeichneten sich die Niederländer jener Tage nicht gerade aus. Das Leben ist versäult, und für das obrigkeitstreue Land standen ganz andere Werte im Vordergrund: Gruppenzusammenhalt, Folgsamkeit, bürgerlicher Anstand, Konformismus, vielleicht auch eine gewisse Gutgläubigkeit und Naivität.« Es sind Werte, die zeigen, weshalb die heutigen Niederländer sich schlecht mit der Rolle der

Generationen ihrer Eltern und Großeltern in der Besatzungszeit identifizieren können.

Das heutige Selbstbild kann vor allem deshalb so positiv sein, weil die Niederländer auf eine ziemlich selektive Weise mit ihrer Vergangenheit umgegangen sind. Der Sklavenhandel, die Kolonialzeit, die zurückgewiesenen Juden an der deutsch-niederländischen Grenze im Jahre 1938, die außergewöhnlich hohe Zahl niederländischer Juden, die in deutschen Konzentrationslagern umkamen, der Krieg in Niederländisch-Indien, dem heutigen Indonesien – dies alles paßt nicht in das Selbstbild und ist für die breite Öffentlichkeit entweder historisches Niemandsland oder irrelevant, da zu lange her, oder durch Mythen verstellt. Mit den Schattenseiten der eigenen Vergangenheit konfrontiert, steckt man den Kopf lieber in den Sand, erhebt die Ausnahme zur Regel, läßt Peinlichkeiten in Untersuchungen sich gegenseitig ablösender Kommissionen versanden, organisiert nicht enden wollende gesellschaftliche Diskussionen und schiebt alles auf die lange Bank.

Die nach dem Krieg aufgekommene These von der Kollektivschuld des deutschen Volkes wurde 1946 von dem deutschen Philosophen Karl Jaspers in seinem Buch »Die Schuldfrage« verneint. Er differenzierte das Phänomen und machte unter anderem einen Unterschied zwischen politischer und moralischer Schuld. Dieser Unterschied ist auch für ein kalvinistisch denkendes Volk wie die Niederländer von eminenter Bedeutung. In der westlichen Welt wird nur die persönliche Schuld als echte Schuld aufgefaßt und vor allem solchen Argumenten Gewicht beigemessen, die das Wie und Warum unter den gegebenen Umständen erklären können. Deshalb ist die Wahrheitsfindung, die Beantwortung der Schuldfrage und die Suche nach dem oder den Schuldigen eine große Aufgabe. Viele Niederländer haben für sich selbst die persönliche, moralische Schuldfrage negativ beantwortet, doch für die Deutschen, gleich welcher Generation, reklamieren sie weiterhin eine »Kollektivschuld«.

Das Niederlandebild unter gebildeten Deutschen*

Am Goethe-Institut in Amsterdam werden seit der Gründung in den 60er Jahren auch Niederländischkurse für Deutschsprachige angeboten. Das ist sehr ungewöhnlich für diese Institution, denn die drei Hauptziele des Instituts sind laut Satzung »die Förderung der Kenntnis der deutschen Sprache im Ausland, die Pflege der internationalen kulturellen Zusammenarbeit und die Vermittlung eines umfassenden Deutschlandbildes durch Informationen über das kulturelle, gesellschaftliche und politische Leben«. Das Institut ist also eigentlich nicht für die Sprache des Gastlandes zuständig. Doch die Niederländischkurse waren ein großer Erfolg. Mehr noch: es zeigte sich bald, daß es nicht nur deutschsprachige Interessenten gab, die sich eine gediegene Kenntnis der niederländischen Sprache mit Schwerpunkt auf der Grammatik aneignen wollten, sondern auch solche, denen es um eine rasche und intensive Bekanntschaft mit der Sprache und der Gesellschaft ging. Und weil das Niederländische und das Deutsche im Hinblick auf Wortschatz und Satzbau so viele Gemeinsamkeiten aufweisen, beschloß man 1977, das Angebot an normalen Niederländischkursen um zweiwöchige Schnellkurse im Umfang von 60 Unterrichtsstunden zu erweitern. Man stellte zwei niederländische Dozenten ein, einer davon war ich. Wir erhielten eine didaktische Ausbildung am Goethe-Institut und geben seither sechs Schnellkurse pro Jahr mit einer durchschnittlichen Teilnehmerzahl von 14 Personen.

Niederländisch ist für deutsche Muttersprachler eine verhältnismäßig einfach zu erlernende Sprache, und das erste, was ich meinen Kursteilnehmern klarmache, ist, daß sie als Deutschsprachige keine Anfänger sind, sondern sich – ohne daß sie es zuvor gewußt hätten – bereits als Fortgeschrittene betrachten dürfen. Der Lernprozeß darf natürlich nicht durch die Anwesenheit Nichtdeutscher gestört werden. Es braucht nur ein Brite mit im Kurs zu sitzen, und schon wird der gemeinsame Lernprozeß um Lichtjahre verzögert. Nach zwei Wochen können sie sich schon leidlich durchschlagen, nach ein paar Monaten verfügen sie sowohl aktiv als auch passiv über ein beachtliches Niveau, und im

---

* bezogen auf die Teilnehmer der Niederländischkurse am Goethe-Institut in Amsterdam zwischen 1980 und 2002

Laufe der Zeit gehen sie in der niederländischen Gesellschaft auf. Bei den Kursteilnehmern handelt es sich im allgemeinen um einen Kreis hochqualifizierter, häufig akademisch gebildeter Deutscher, in den sich hin und wieder auch einmal ein Österreicher oder Schweizer verirrt.

Deutschland hat neun Nachbarländer, doch die Grenze zu den Niederlanden ist die erotischste. Nirgendwo in Europa sind die Liebesbeziehungen zwischen den Bewohnern zweier Nachbarländer intensiver. Einmal verliebt, scheinen es niederländische Frauen und Männer ausgezeichnet mit deutschen Männern und Frauen aushalten zu können. Und weil Frauen eher bereit sind, sich im Land ihres Partners niederzulassen, bilden sie eine deutliche Mehrheit (70 Prozent) in den Kursen. Bei den Männern spielt die Karriere eine größere Rolle, sie kommen vor allem wegen der Arbeit oder des Studiums in die Niederlande. Auffallend ist der hohe Prozentsatz homosexueller deutscher Männer und Frauen unter den Kursteilnehmern. Sie geben den schwulen- und lesbenfreundlichen Niederlanden – und vor allem Amsterdam – häufig den Vorzug gegenüber Deutschland. Jedes Jahr finden etwa 80 Teilnehmer Platz in den Kursen, und seit 1980 werden sie jeweils zum Kursbeginn gebeten, ihre Assoziationen zu den Niederlanden, der niederländischen Sprache und den Niederländern zu Papier zu bringen.

Umfragen haben ergeben, daß die Niederlande jungen deutschen Touristen noch immer als ein Symbol für Freiheit gelten: alles ist erlaubt, alles ist unkonventionell, wobei die Niederlande mit Amsterdam gleichgesetzt werden. In den 60er Jahren kamen sie wegen der antiautoritären und anarchistischen Hippie- und Provo-Bewegung, in den 70er und 80er Jahren wegen der Coffeeshops mit ihrem breiten Cannabissortiment und in den 90er Jahren wegen der Bekanntheit, die das Land durch das als »Poldermodell« bezeichnete Jobwunder gewann. Allerhand Subkulturelles, das sich in Deutschland in sogenannten Szenen abspielt, in isolierten Grüppchen und Kreisen und oftmals im geheimen, ist ihnen zufolge in den Niederlanden so normal, daß man ihm hinter jeder Kneipentür begegnen kann. »Leben und leben lassen« ist in ihren Augen das Motto der Niederländer, tun und lassen, was man will, solange man andere damit nicht belästigt. Die positive oder neutrale Einstellung von Deutschen zeigt sich auch am Fehlen echter Schimpfwörter für Niederländer und die Niederlande. Bezeichnen Niederländer Deutschland noch als *Moffrika*, kennen die Deutschen für die Niederlande außer »Holland« nur den Begriff »Goudaland«. Und für die Niederländer fallen ihnen höchstens Worte wie »Käsköppe«, »Grachtenkacker« oder »Scheißholländer« ein.

Die Deutschen in den Kursen am Goethe-Institut sind keine Touristen. Sie lassen sich hier nieder und sind besser informiert, aber auch sie standen und stehen bei ihrer Ankunft im allgemeinen sehr positiv den Niederlanden gegenüber. Niederländer machen auf sie vor allem einen unkonventionellen und toleranten Eindruck. Sie finden Niederländer anfänglich außerdem selbstsicher, kollegial, flexibel, humorvoll und entspannt, und sie rühmen ihre Sprachkenntnisse. Und die Niederländer können sich in dieser Positivliste der nationalen Charaktereigenschaften nur allzu gut erkennen. Als negative Assoziationen tauchen in den 80er Jahren regelmäßig die Eigenschaften »geizig« und »ungastlich« auf.

Geiz ist ein Stereotyp, das niemals fehlt, wenn Ausländer – und die Deutschen bilden hier keine Ausnahme – die Niederländer beschreiben. Über die Jahrhunderte hinweg ist Niederländern – wie übrigens auch den Schotten – Geiz und Raffgier nachgesagt worden. Ausländische Diplomaten und Besucher, die sich eine Reise nach Holland – für Ausländer noch stets das *pars pro toto* für die Niederlande – leisten konnten, kamen aus den umringenden absolutistischen Königreichen und Fürstentümern und waren reich und adlig. Sie verstanden die kahle, kalvinistische Genügsamkeit nicht und empörten sich darüber. In ihren an Prunk und Pracht gewöhnten Augen konnte es sich hier nur um falsche Bescheidenheit, Habgier und Knauserigkeit der holländischen Kaufleute handeln. Sie vergaßen dabei, daß die Kaufleute ihr Brot mit dem riskanten Überseehandel verdienten und Handels- und Bankgeschäfte sich nun einmal schlecht mit dem aristokratischen Lebensstil vertrugen. Sie als Adlige sammelten ihre Reichtümer aufgrund der mit ihren Titeln verbundenen Ämter und Pfründe sowie durch die Einkünfte aus Landgütern und Renten. Der alte Vorwurf hat aber die Zeiten überstanden:

Der Schweizer Albrecht von Haller (1708–1777), Anatomiestudent bei Boerhaave in Leiden, klagt über die schlechten Gasthöfe. »Kein Wunder, die Holländer bringen sogar ihr eigenes Essen mit in die Herberge und bestellen selten ein warmes Zimmer.«

Herzog de Baena, zwischen 1920 und 1968 dreimaliger spanischer Botschafter in den Niederlanden, hält die Religionsfreiheit dort für ebenso unbegrenzt wie den Materialismus, der durch Sparsamkeit, sogar Geiz, gekennzeichnet sei.

In einem deutschen »Merian«-Reiseführer aus den 60er Jahren über die Niederlande heißt es, daß Niederländer nicht schnell protestieren würden, wenn ihr Gegenüber ihnen anbietet, im Restaurant die Rechnung zu bezahlen.

Der in den Niederlanden lebende portugiesische Schriftsteller J. Rentes de Carvalho schreibt über den verzweifelten Blick des Kellners eines Cafés in Cannes, der Niederländer bedient und sich über das Zahlen ohne Trinkgeld und Mahlzeiten ohne Nachtisch oder Wein wundert.

Das *NL* auf niederländischen Autos bedeutet für deutsche Gastwirte »Nur Limonade«, für die italienische Tourismuswirtschaft *Niente lire*.

Es sind die Niederländer, die von allen Europäern für Nahrungsmittel, Getränke und Zigaretten am wenigsten ausgeben. Und es wird wohl auch kein Zufall sein, daß die Niederländer mit 30 Prozent europaweit am häufigsten mit Zelt und Caravan in den Urlaub fahren – bei den Deutschen sind dies nur 10 Prozent. Das ist auch der Grund, weshalb immer ab dem Frühjahr speziell für Campingurlauber produzierte »Campingbutter« (Margarine in der Dose) in den Regalen niederländischer Supermärkte liegt.

In einer der üblichen »Spaß«-Thesen aus niederländischen Doktorarbeiten, die das »NRC Handelsblad« vom 19. September 2000 zitiert, hieß es: »Es ist typisch holländisch, eine Kanne Tee mit einem Tassenbeutel aufzugießen.«

Die Entscheidung des Kulturstaatssekretärs, zum 1. Januar 2001 die Förderung für Huis Doorn, den letzten Wohnsitz des Ex-Kaisers Wilhelm II., zu stoppen, löste sowohl in den Niederlanden als auch in Deutschland eine solche Protestwelle aus, daß er die Streichung umgehend rückgängig machte. Wilhelm II. war nicht nur deutscher Kaiser und König von Preußen, sondern auch, als Prinz von Oranien, mit dem niederländischen Königshaus verwandt. Historisch irrelevant war das Museum also nicht. In Deutschland sah man in der Schließung von Huis Doorn, wo der Kaiser nach seiner Abdankung noch 20 Jahre lang protokollarisch Hof gehalten hatte, eine Bestätigung für das Bild des geizigen Niederländers. Bei der Förderung des hauptsächlich ehrenamtlich betriebenen Museums ging es um nicht mehr als 150 000 Euro pro Jahr.

1980: Das positive Bild überwiegt

Den Kursteilnehmern am Goethe-Institut fiel auf, daß Niederländer nicht sehr gastfreundlich waren. Der Geiz der Niederländer äußerte sich etwa in der *koekjestrommel*, der Keksdose, aus der man aus kalvinistischer Genügsamkeit heraus nur ein einziges einsames Plätzchen serviert bekam. Das niederländische warme Abendmahl um 18 Uhr war unantastbar. Zu dieser geheiligten Stunde saß die ganze Familie zum ersten Mal gemeinsam am Tisch und besprach den Tag. Fremde hatten dort nichts zu suchen, und man gab öffentlich seiner Irritation über den unangekündigten Besuch zur Essenszeit Ausdruck. Wer das nicht wußte, konnte Niederländer nicht anders als geizig, unzugänglich und ungastlich finden. Die Reserviertheit bei Niederländern äußerte sich auch in den Gesprächen, die fast immer an der Oberfläche blieben und kaum einmal in die Tiefe gingen. Und schlichtweg schockierend war für die Deutschen jener Tage die Unbeschwertheit, mit der Niederländer Verkehrs- und andere Regeln zu ihren Gunsten interpretierten.

Doch das positive Bild überwog bei weitem. Sie fanden Niederländer »kinderfreundlicher« und im Umgang miteinander sehr viel entspannter als die Deutschen. Das äußerte sich in einer Reihe von Phänomenen, die sie in Deutschland in dieser Form nicht kannten: Niederländer fanden sich stets zu einem Plausch bereit, auch wenn sie in Eile waren, zeigten für alles, wenn auch oberflächliches, Interesse, lachten viel, fuhren pfeifend und singend auf dem Fahrrad durch die Stadt, waren auf den Straßen, in den Läden sowie in Bussen und Bahnen freundlich, knüpften leicht Gespräche mit Fremden an, grüßten alle Nachbarn wie überhaupt jeden, den sie auch nur halbwegs kannten, sprachen jeden beim Vornamen an, fanden alles *leuk*, d. h. »nett«, und verfügten über viel verbalen Humor. Sie waren gesellig (und tranken deshalb den ganzen Tag Kaffee mit ihresgleichen), hilfsbereit, selbstbewußt und tolerant. Sie wohnten in kleinen, hellhörigen Häusern mit kleinen Zimmern und steilen Treppen, tranken ihr *pilsje* aus kleinen Gläsern und Kaffee aus kleinen Tassen, und sie waren zu jener Zeit offenbar auch noch religiös.

1988: Wende nach der Fußballeuropameisterschaft

Als die Niederlande im Jahre 1988 die Fußballeuropameisterschaft gewannen, ging die Fußballbegeisterung mit starken antideutschen Sentiments einher. Die deutschen Medien schickten ihre Reporter in die Niederlande, um die Hintergründe zu erfahren, und über Monate hinweg wurde Deutschland mit Informationen über die Niederlande überflutet. Und das zeigte sich auch an den Assoziationen, die die deutschen Kursteilnehmer in jenem Jahr auflisteten.

Plötzlich verfügten Niederländer über sehr viel mehr negative Eigenschaften. Sie ähnelten stark den Deutschen, litten ihnen gegenüber jedoch an einem Minderwertigkeitskomplex. Um ihn zu kompensieren, verhielten sie sich jedem, der Deutsch sprach, garstig und unfreundlich gegenüber. Es fehlte ihnen an innerer Bildung, sie waren unhöflich und kleinbürgerlich, litten kaum einmal an falscher Bescheidenheit und mischten sich in alles ein – weshalb es am Arbeitsplatz kaum so etwas wie eine Privatsphäre gäbe. Außerdem redeten sie an einem Stück, wobei es meist um fast nichts ging, und hörten anderen nicht zu. Hasch rauchen war für jedermann, egal, ob jung oder alt, eine ganz normale Sache, sie fuhren auf lebensgefährliche Weise Auto, überquerten mit ihren Fahrrädern immer bei Rot die Kreuzung, natürlich ohne Licht und zu zweit oder zu dritt auf einem Rad oder nebeneinander. Ferner fiel auf, daß es auf niederländischen Straßen fast keine Pelzmäntel zu sehen gab, man sich bei Abschied und Begrüßung dreimal auf die Wange küßte und an Geburtstagen nicht nur dem Geburtstagskind, sondern allen Anwesenden gratulierte.

1994: Holland-bashing im »Spiegel«

Im Februar 1994 reagierte das Nachrichtenmagazin »Der Spiegel« auf den 1993 veröffentlichten »Clingendael«-Report mit einem Schmähartikel gegen die Niederlande. In dieser sechsseitigen *Holland-bashing*-Reportage unter dem Titel »Frau Antje in den Wechseljahren« kamen die Niederlande sehr schlecht weg: Es herrsche Rassenhaß, Gesetzlosigkeit, Kriminalität, Drogenkonsum, Sittenlosigkeit, Fahrraddiebstahl und Moffenhaß – das Blatt nagelte die Niederlande förmlich an den Schandpfahl. Der Reporter, Erich Wiedemann, reagierte in einer langen Litanei all seine Frustrationen ab. Es gab nichts, was auch nur ein wenig taugte, alles war verlottert und verkommen.

Danach war in den Niederlanden alles erlaubt, was nicht ausdrücklich verboten war, und was verboten war, wurde trotzdem erlaubt: Kokain- und Heroinhandel wurden augenzwinkernd geduldet (gut drei Jahre zuvor, im Dezember 1990, hatte das Blatt den Amsterdamer Umgang mit der Drogenproblematik noch als »nüchtern und pragmatisch« bezeichnet und vom »Drogen-Modell Amsterdam« gesprochen), Hausbesetzer bezahlten noch immer nicht mehr als symbolische Mieten, Euthanasie wurde routinemäßig betrieben.

Die Qualität der niederländischen Waren war übel. Niederländer hatten keinen Geschmack, aßen *uit de muur* (wörtlich: aus der Mauer, d. h. sie zogen sich ihre Nahrung vorrangig aus Fastfood-Automaten) und besaßen Ernährungsgewohnheiten, bei denen man glauben möchte, sie hätten gerade den Krieg verloren.

Niederländisches Obst und Gemüse sei bestrahlt und genetisch manipuliert worden, die niederländische Tomate bilde den Inbegriff eines geschmacklosen und manipulierten Produktes.

Niederländer verhielten sich Ausländern gegenüber äußerst intolerant, obwohl sich sehr viel weniger Fremde im Land aufhielten als bei den Deutschen. Niederländer ließen Ausländer stets nur aus wirtschaftlichen Gründen herein.

Niederländer hätten kaum das Recht dazu, des Krieges zu gedenken, wenn man sich die geringe Zahl militärischer Opfer und die hohe Zahl umgekommener Juden betrachte.

Der Widerstand habe erst richtig angefangen, als die Besatzer bereits auf dem Rückzug waren.

Für Niederländer sei es schrecklich, im Ausland für Deutsche gehalten zu werden.

*Frau Antje-Karikatur von Sebastian Krüger aus dem »Spiegel«
vom 28.2.1994.*

Niederländer waren noch größer und blonder, jedoch weniger
trinkfest als die Deutschen.

Niederländer ähnelten den Deutschen so sehr, daß die Aversion
der Niederländer gegen ihre Nachbarn nichts anderes sein konnte
als eine verblümte Form des Selbsthasses.

Illustriert wurde der Artikel durch eine haschischrauchende Karikatur von »Frau Antje«, dem Käsemädchen aus der deutschen
Fernsehreklame, das dort seit 1960 für niederländische Milch-
erzeugnisse wirbt. Dieselbe Karikatur fand sich 1997 ebenfalls in

französischen Tages- und Wochenzeitungen – im Zusammenhang mit Angriffen gegen die niederländische Drogenpolitik – sowie in einem Artikel in der englischen Sonntagszeitung »Indepen-
dent Sunday«, in dem es um die Niederlande ging und der die
Überschrift trug: »Land of Dope and Glory«.

Die deutschen Teilnehmer an den Kursen des Goethe-Instituts
hatten, wie man es von gebildeten Leuten erwarten konnte, den
»Spiegel«-Artikel aufmerksam gelesen. Die negativen Ansichten
über die Niederlande, die darin zur Sprache gekommen waren,
fanden sich in den Folgejahren regelmäßig auf den Listen der
Kursteilnehmer wieder, wenn es um Assoziationen über die Niederländer ging.

Deutsche, die schon etwas länger in den Niederlanden waren
und dort das Arbeitsleben kennengelernt hatten, entdeckten, daß
die Niederländer sich nicht nur überall einmischten, sondern
auch gern ungefragt und auf eine moralisierende Art und Weise
Ratschläge erteilten. Ihre Plaudersucht war die Folge ihres geringen geistigen Tiefganges. Sie hatten soviel Angst vor Konflikten,
daß sie eine echte Diskussion als Streit betrachteten, was zu Ent-
schlußlosigkeit führte und zu endlos vielen und endlos langen Sitzungen. Niederländer waren in mancherlei Hinsicht schwam-
mig, feige, scheinheilig, inkonsequent, rückwärtsgewandt ohne
Zukunftsvision und noch bürokratischer als die Deutschen. Sie
hatten kaum Hemmungen, meinten, daß alles erlaubt sein müsse,
waren unverschämt, chauvinistisch, rechthaberisch, egoistisch,
unmoralisch, laut, unhöflich, obszön und selbstgefällig. Sie waren nicht nur noch immer antideutsch (vor allem die linken Intellektuellen), sondern hatten auch eine starke Abneigung gegen andere, größere westeuropäische Nachbarn. Zwar standen sie der
Religion inzwischen gleichgültig gegenüber, doch dafür hatten
sie eine besondere Vorliebe für Computerspiele, Quizsendungen
und Seifenopern entwickelt – so die Wahrnehmung der Deutschen.

2000: Differenzierte Wahrnehmungen

Im Jahre 2002 scheint das »Wissen« über die Niederlande im
Nachgang des »Spiegel«-Artikels wieder halbwegs abgeflaut zu
sein: die Anzahl der den Niederländern zugeschriebenen nega-

tiven Eigenschaften ist fast wieder auf dem Stand von vor 1994. Zugleich wird deutlich, daß das Wissen über die Niederlande für Deutsche, wenn sie nicht gerade nahe der niederländischen Grenze leben, keine allzu hohe Priorität besitzt und ein einziger vernichtender Artikel über die Niederlande in einem Leitmedium nicht ausreicht, um im Gedächtnis länger haftenzubleiben. Durch die Erfolge des »Poldermodells«, des niederländischen Job- und Wirtschaftswunders, sind die heutigen Teilnehmer an den Niederländischkursen des Goethe-Instituts sehr viel besser über die Niederlande und ihre Bevölkerung informiert. Außerdem werden sie nur noch selten mit antideutschen Empfindungen konfrontiert, und dies auch nicht heftiger als in anderen europäischen Ländern. Sie finden die Amsterdamer Toleranz geradezu atemberaubend, sehen zugleich aber ein, daß Amsterdam nicht die Niederlande ist und Toleranz auch zu weit führen kann. Am Arbeitsplatz haben sie Probleme mit den unklaren hierarchischen Verhältnissen. Sie loben die hohe Arbeitsmoral, die gute Organisation, die Kollegialität, den Sinn für Humor, die internationale Gesinnung, die geringe Statusorientierung sowie das bescheidene Auftreten und wundern sich darüber, daß man über alles sprechen kann und die Dinge nicht immer so todernst gesehen werden. Niederländer sind in ihren Augen umgänglich, scheinen mehr »aus dem Bauch heraus« zu leben, sind unkompliziert, flexibel, kreativ und sehr pragmatisch (»Alles ist relativ«).

Man fragt sich jedoch, ob ihre Oberflächlichkeit und der Mangel an kritischer Distanz auf Unbekümmertheit oder auf Naivität zurückzuführen ist. Und wie können sie einen so unverschämt selbstbewußten Eindruck machen? Leiden sie denn niemals unter Schuldgefühlen oder Selbstzweifeln? Die weitverbreitete Teilzeitarbeit wird nicht als eine Folge der Rationalisierung gesehen, sondern vor allem als Ausdruck einer emanzipierten und fortschrittlichen Gesellschaft. Sie bedauern die Distanz, die sich hinter der freundlichen Fassade der Niederländer verbirgt, sehen jedoch auch ihr Pendant, die Häuslichkeit und den Familiensinn.

Ferner zeigt sich, daß Niederländer viel über Schnäppchen (»Kaufen Sie drei, zahlen Sie zwei!«) und Geld reden, ebenso reisefreudig sind wie die Deutschen, einen individuelleren Modegeschmack haben (außer bei den Männern, die kümmert es nicht), jedoch dem Äußeren ansonsten weniger Bedeutung beimessen.

Von der niederländischen Küche sind sie nicht begeistert. Das Essen ist zu fettig und schmeckt schlecht, doch glücklicherweise ist die internationale Küche gut im Land vertreten. Niederländisches Gemüse assoziieren sie nach wie vor mit »künstlich«, pestizidhaltig und gentechnisch manipuliert, und die Tomaten werden trotz der jüngsten, günstigen Geschmackskontrollen noch immer als »Wasserbomben« bezeichnet. Niederländisches Brot gilt vielen als völlig ungenießbar, doch der Belag – süßer *hagelslag* (Schokoladenstreusel) in allen Farben und Geschmacksrichtungen, Käse und *pindakaas* (Erdnußbutter) – macht einiges wett. Daß Niederländer zu Pommes frites Mayonnaise statt, wie in Deutschland, Ketchup bevorzugen, ist für sie ebenso überraschend wie die niederländische Vorliebe für Kartoffelchips in der Geschmacksrichtung »Natur« anstelle von »Paprika«.

Bei »typisch niederländisch« denken sie an Wohnwagen, Coffeeshops, Drogen, Fahrräder, Verkehrsstaus, Parkplatzsuche, Grachten, Holzschuhe, Windmühlen, Polder, Strände, Dünen, Deiche, Wasser, Nebel, Wind, tiefhängende Wolken und Regen, hellerleuchtete Gewächshäuser, Blumenfelder, Tulpen, grüne Weiden mit Schafen und Kühen, schöne Altstädte mit hier und da einem Pissoir, Wohnboote oder *doorkijkhuizen* (Häuser mit großen, gardinenlosen Fenstern, durch die man hindurchsehen kann), an *hijsbalken* (Flaschenzüge an den Hausgiebeln, über die aufgrund der steilen Treppen der Umzug bewerkstelligt wird), die Schwulen- und Lesbenehe und die Treue zum Königshaus Oranien. Die Abtreibungs- und Euthanasiepolitik erstaunt bzw. schockiert sie jedoch ebenso sehr wie das »schlechte« Gesundheitswesen mit seinen Wartelisten und Notoperationen.

Das Klischee des häßlichen Niederländers, das im »Spiegel«-Artikel aus dem Jahre 1994 zum Ausdruck kam, hat die Deutschen vielleicht für immer ihrer Naivität im Hinblick auf die Niederlande beraubt. Deutsche wissen jetzt besser Bescheid oder können sich zumindest differenzierter informieren. Der »Spiegel«-Artikel und die »Clingendael«-Studien sorgten in beiden Ländern für große Betroffenheit. Die Niederlande wurden plötzlich zum Thema für die deutschen Medien. In der Presse erschien eine Flut von Artikeln, die das Wissen der Deutschen über das Nachbarland vertieft und das einseitig positive Niederlandebild nuanciert haben. Den Deutschen wurde einerseits bewußt, daß der Zweite Weltkrieg nicht nur in Deutschland, Frankreich und

Osteuropa stattgefunden hat, sondern daß die Niederlande ebenfalls schwer unter ihm zu leiden gehabt haben, andererseits erfuhren viele erstmals davon, daß die Niederländer die Augen vor den Taten in ihrer eigenen kolonialen Vergangenheit und der überwiegend passiven Haltung während der Besatzung verschließen. Sowohl in den Niederlanden als auch in Deutschland ist man sich dessen bewußt geworden, daß gute wirtschaftliche und politische Beziehungen negative Vorurteile nicht auszuschließen vermögen. Auf deutscher Seite gibt man zu, die niederländischen Ressentiments stark unterschätzt und die Aufmerksamkeit allzu einseitig auf die Verbesserung der Beziehungen insbesondere zu Frankreich gerichtet zu haben. Mit diesem Land wurden bereits kurz nach dem Krieg und mit großem Erfolg Vereinbarungen über einen intensiven Austausch von französischen und deutschen Schülern abgeschlossen. Dies hat wesentlich zur Normalisierung der Beziehungen zwischen den beiden »Erzfeinden« beigetragen. Austauschprogramme zwischen niederländischen und deutschen Schülern könnten auf die Dauer vielleicht denselben Effekt haben. In der beruflichen Bildung gibt es bereits einen ersten zarten Ansatz mit dem sogenannten Bilateralen Austausch Niederlande–Deutschland, kurz BAND, ein Programm, das Begegnungen zwischen deutschen und niederländischen Auszubildenden fördert.

Unterschiedliche Bilder

Die deutsch-niederländische Grenze als Informationssieb

Für die Entstehung der verschiedenen Deutschland- und Niederlandebilder hat Christian Graf von Krockow die Metapher eines Siebs gebraucht. Beim Wissen, das Niederländer und Deutsche voneinander haben, kann man von einer gewaltigen Asymmetrie sprechen, wobei die Grenze zwischen beiden Ländern als eine Art Informationssieb fungiert. Von den Niederlanden in Richtung Deutschland hat das Sieb sehr enge Maschen. Einmal abgesehen vom Grenzgebiet, dringen vom nordwestlichen Nachbarn nur wenig Informationen nach Deutschland. Die Korrespondenten der meisten großen deutschen Tageszeitungen bearbeiten die Niederlande von Brüssel aus mit. Wenn dort einmal etwas passiert, was für den deutschen Leser interessant ist, reisen die Journalisten an den Ort des Geschehens. Es gibt nur wenige »feste« Vertreter deutscher Medien in den Niederlanden, die von der Nachrichtenlage in diesem Land leben können. Deutsche Journalisten, die die Niederlande mit im Portefeuille haben, bekommen meist nur dann Platz in ihren Zeitungen eingeräumt, wenn sie über Themen berichten, bei denen das Land eine zentrale Rolle spielt oder einen Sonderweg geht, etwa bei der Arbeitsmarkt-, Drogen- und Euthanasiepolitik oder der Homo-Ehe.

Hinzu kommt noch, daß in Deutschland – bis auf die Popkanäle – fast alle zu empfangenden Fernsehsender deutschsprachig sind. Deutsche bekommen fast nie andere Sprachen im Fernsehen zu hören, denn ausländische Fernsehsendungen werden in aller Regel nicht untertitelt, sondern synchronisiert; bei Nachrichtenprogrammen wird meist auf eine sprachliche Überblendung oder eine Simultanübersetzung zurückgegriffen. Deutschland befindet sich damit in der Gesellschaft anderer großer Länder. Ein Nachteil dieser Praxis liegt darin, daß sie auch für die intellektuelle, mehrsprachige Elite die Wahlmöglichkeiten einschränkt. Der Kelch der Synchronisation ist nur deshalb an den Niederlanden vorübergegangen, weil es für ein kleines Land ein zu kostspieliges Verfahren ist.

Doch es gibt einen wichtigen Grund, weshalb lediglich Deutsche, die nahe der Grenze leben, (vielleicht) ein wenig mehr über das Nachbarland wissen und die große Mehrheit der Bevölkerung nur mäßig am Geschehen dort interessiert ist. Deutschland ist ein großes Land mit mehr als 80 Millionen Einwohnern und Grenzen zu neun großen, mittelgroßen und kleinen Staaten: Dänemark, Polen, Tschechien, Österreich, die Schweiz, Frankreich, Luxemburg, Belgien und die Niederlande. Für die Deutschen ist im Westen die Grenze zu Frankreich die wichtigste und im Osten die zu Polen. Die Grenze zu den Niederlanden ist nur eine der insgesamt neun und kaum von politischem, sondern vor allem von wirtschaftlichem Interesse. Weil in großen Ländern das Ausland weiter entfernt und relativ klein ist, nehmen die lokalen und regionalen Nachrichtenthemen einen wichtigeren Platz ein. Das erklärt auch den großen Unterschied im Interesse für das Land des jeweils anderen. Doch das ist keineswegs, wie Bewohner kleiner Länder häufig denken, typisch für die Arroganz ihrer großen Nachbarn. Der niederländische Soziologe Johan Goudsblom spricht über den »Einwegspiegel-Effekt«. Die Kulturträger kleiner Länder stehen als Beobachter hinter einem halbdurchsichtigen Spiegel und verfolgen alles, was bei den großen Nachbarn geschieht, doch es ist eine Art Einbahnstraße, denn der große Nachbar schaut kaum oder gar nicht zurück.

Was das Gros der Deutschen über die Niederlande weiß, wird vor allem durch zwei Dinge bestimmt: durch das, was die Hofberichterstatter in der deutschen Regenbogenpresse und den Frauenzeitschriften über das Königshaus zu berichten haben, sowie durch die Darstellung und das Auftreten von »Niederländern« im deutschen Fernsehen. Die bekannteste »Niederländerin« ist in Deutschland wahrscheinlich die bereits mehrfach genannte »Frau Antje«. Sie ist in der Tracht eines Käsemädchens gekleidet und bestätigt so das agrarische Bild der Niederlande, das ohnehin überall in der Welt existiert. Vor dem Krieg machte Johannes Heesters (Jahrgang 1902) als Star des Berliner Operettentheaters Karriere. Er wird zwar im »Brockhaus« erwähnt, nicht aber in dessen niederländischem Pendant, der »Winkler-Prins«-Enzyklopädie. Weil er in Deutschland unter den Nazis weiterarbeitete, gilt er in den Niederlanden als eine Art Kollaborateur. In

Deutschland erhielt er 2002 die »Goldene Kamera« der Fernseh-
zeitschrift »Hör Zu«. Seit den 1960er Jahren dient ein kontinu-
ierlicher Strom niederländischer Quiz- und Showmaster dem
Mammon im Osten: Lou van Burg (»Onkel Lou« bzw. »Mister
Wunnerbar«) in den 60er und 70er Jahren, der ehemalige Zaube-
rer und Bauchredner Rudi Carrell in den 80er und 90er Jahren
und zuletzt Linda de Mol und Marijke Amado. 1992 beklagte das
Hamburger Magazin »Tempo« auf satirische Weise die Invasion
niederländischer Fernsehunterhalter: »Die Holländer wollen uns
fertigmachen, lähmen, unterjochen. Via Fernsehen betreiben sie
die Niederlandisierung der Bundesrepublik Deutschland. Sie
schänden unsere Sprache: ›Sie solle eine Menge Ihre Köpsche zer-
breche‹ und ›Jetzt wolle wir mal klatsche‹. [...] Sie wollen sich an
uns rächen: 1940 marschierte die Wehrmacht bei den Tulpen-
pflanzern ein.«

Es gab in Deutschland, vielleicht mit Ausnahme Niedersach-
sens und Nordrhein-Westfalens, keine rechte Vorstellung von
dem, was die Niederlande eigentlich sind. In Bayern weiß man etwas mehr über die Österreicher, Schweizer oder Tschechen als im
Rest der Republik, in Baden-Württemberg, Rheinland-Pfalz und
dem Saarland über die Franzosen, in Schleswig-Holstein über die
Dänen und in Brandenburg und Sachsen über die Polen. In den
letzten Jahren ist das Interesse an den Niederlanden gewachsen,
weil man im Ausland und auch in Deutschland gemerkt hat, daß
es den Niederländern durch Vereinbarungen zwischen den Arbeitgebern und den Arbeitnehmern über Lohnzurückhaltung
gelungen war, mehr neue Arbeitsplätze zu schaffen als sonst
irgendwo in der EU. Aufgrund der steigenden Arbeitslosigkeit
im eigenen Land begann man sich in Deutschland für das sogenannte niederländische Poldermodell, eine aus dem Beratungs-
und Konsensdenken erwachsene Reform des niederländischen
Arbeitsmarkts, zu interessieren. Und in den Grenzregionen, wo
bisher vor allem Niederländer Richtung Deutschland pendelten,
läßt sich jetzt eine Tendenz zur umgekehrten Bewegung feststellen. Viele Deutsche suchen in den Niederlanden nach Arbeit und
finden sie dort auch.

Als Bewohner eines kleinen Landes wissen Niederländer verhältnismäßig viel über das Ausland. Von ihren beiden großen
Nachbarn sind ihnen die Engländer die liebsten, denn sie wohnen
auf der anderen Seite eines breiten Kanals. Auf dem Weg über Bel-

gien fielen in früheren Jahrhunderten die Franzosen in die Niederlande ein – zum letzten Mal geschah dies durch die Truppen Napoleons. Heutzutage ist Belgien für die meisten Niederländer ein Land für Tagesausflüge oder gar nur die Durchgangsstation nach Süd-Frankreich oder Spanien. Die Grenze zu den östlichen Nachbarn war viel länger eine wirkliche Grenze, vor allem, nachdem das zersplitterte Deutschland zum Kaiserreich geworden war. Nach dem Ersten Weltkrieg wurde mit dem Ausrufen der Weimarer Republik im Jahre 1919 endlich der Absolutismus der Fürsten beendet. Es war jedoch nicht mehr als eine Atempause in der Geschichte, denn 1933 ergriff Hitler die Macht und gründete das totalitäre Dritte Reich. Erst im Jahre 1945 entstand östlich der niederländischen Grenze ein stabiler, demokratischer deutscher Staat.

Wissen Niederländer auch viel über Deutschland? Sie könnten zumindest einiges darüber wissen, denn das Informationssieb von Deutschland in Richtung Niederlande hat deutlich weitere Maschen. Alle niederländischen Zeitungen, die etwas auf sich halten, haben eigene Korrespondenten in Deutschland. Im niederländischen Fernsehen laufen eine Vielzahl von niederländisch untertitelten deutschen Serien, die sich großer Popularität erfreuen. Außerdem können Niederländer ihr Wissen über das Geschehen in Deutschland jeden Tag aufs neue mit Hilfe von zwei oder drei deutschen Fernsehsendern auf dem aktuellen Stand halten. Dafür muß man jedoch Deutschkenntnisse haben, und die werden bei heutigen Schülergenerationen bereits immer weniger selbstverständlich.

Witze über Deutsche und Niederländer

Die großen Unterschiede im Wissen übereinander spiegeln sich auch im Spott, den die Deutschen und die Niederländer miteinander treiben. In Deutschland sind die Niederländer kaum Gegenstand von Witzen, und wenn sie es werden, sind diese eher unschuldig in ihrer Art. Weil Deutsche so wenig über Niederländer wissen, haben ihre Witze zumeist mit der bekannten holländischen »Knauserigkeit«, mit Rudi Carrell und mit dem für Deutsche wenig disziplinierten Verhalten der Niederländer im Straßenverkehr zu tun.

Knauserig:
Ein Engländer, ein Franzose, ein Deutscher und ein Niederländer sehen eine Frau auf einem Pferd.
Sagt der Engländer: »*What a horse!*« (Welch ein Pferd!)
Der Franzose: »*Quelle femme!*« (Was für eine Frau!)
Der Deutsche: »*Was für ein Sitz!*«
Der Niederländer: »*Dat zal wat kosten!*« (Das wird was kosten!)

Verhalten im Straßenverkehr:
Deutsche haben lieber *einen* Niederländer im Fernsehen als hunderttausend auf der Autobahn.

Das NL an niederländischen Autos bedeutet »Nur Linksfahrer«.

In Deutschland bekommt man bei Verkehrsübertretungen Strafpunkte. Wer eine bestimmte Anzahl solcher Punkte gesammelt hat, muß den Führerschein abgeben. Wer in den Niederlanden hundert Strafpunkte beisammen hat, bekommt ein gelbes (d. h. niederländisches) Nummernschild.

In den niederländischen Witzen über Deutsche kommt Freuds Narzißmus der kleinen Unterschiede zum Ausdruck. Bis 1989 gab es hierbei nur wenig Variationen. Die meisten dieser Witze haben mit Eigenschaften zu tun, die Niederländer als besonders charakteristisch für die Deutschen sehen. Sie bedienen die Stereotype und Klischees, in denen die Deutschen als dumm, arrogant und völlig humorlos bzw. großmäulig erscheinen. Ferner gibt es viele Witze, die sich auf den Zweiten Weltkrieg beziehen und auf die deutsche Sprache, die dort noch immer wie das laute Herrenmenschen-Deutsch der deutschen Besatzer klingt.

Zweiter Weltkrieg:
Am 4. Mai fragt ein Deutscher in Amsterdam einen Niederländer: »Was ist hier denn los?« Der Niederländer antwortet: »Wir gedenken heute unserer Toten und Gefallenen aus dem Zweiten Weltkrieg.« Sagt der Deutsche: »Ja, bei uns in Deutschland sind auch sehr viele Menschen umgekommen.« »Ja«, sagt der Niederländer, »das feiern wir morgen an unserem Befreiungstag.«

Herrenmenschen-Deutsch:
Wie öffnen die Deutschen Austern? Sie schlagen laut mit der Faust auf den Tisch und brüllen: »Aufmachen!«

Was sagen Deutsche, wenn sie eine Büchse »Judenkuchen« (ein flacher runder Kuchen aus Mürbeteig) öffnen wollen? »Raus, raus!«

Eine 90jährige Frau will Hebräisch lernen, weil sie im Himmel mit Petrus und Maria in deren Sprache reden möchte: »Wissen Sie denn überhaupt, ob Sie in den Himmel kommen?« fragt man sie. »Ach«, sagt sie, »wenn ich in die Hölle komme, macht es auch nichts. Ein paar Brocken Deutsch kann ich noch.«

Ein Niederländer sieht, wie ein Mann Wasser aus einem Graben trinkt, und er ruft: »*Niet doen, dat water is smerig*!« (Nicht, das Wasser ist schmutzig!) Der Mann schaut hoch und fragt: »Wie bitte?« Antwortet der Niederländer: »*Sie müsse met beide Hände trinke*!«

Gehorsam:
Der Kapitän des sinkenden Schiffes fordert seine Passagiere auf, in die bereits zu Wasser gelassenen Rettungsboote zu springen. Alle weigern sich. Der erste Steuermann sagt: »Lassen Sie mich mal ran« – kurz darauf sind alle in den Booten. »Wie haben Sie das denn fertiggebracht?« fragt der Kapitän. »Das war ganz einfach«, antwortet der Steuermann: »Den Japanern habe ich erzählt, daß es stark macht, den Amerikanern, daß sie versichert sind, den Engländern, daß es sportlich ist, den Italienern und Niederländern, daß es verboten, und den Deutschen, daß es ein Befehl ist.«

Humorlos:
Im Himmel ist der Koch Franzose, der Conferencier Engländer und der Monteur ein Deutscher. In der Hölle ist der Koch ein Engländer, der Monteur Franzose und der Conferencier ein Deutscher.

Großmäulig:
Ein Jungvogel, ein Jungfisch und ein Jungkrokodil reden darüber, was sie in den Ferien machen. Der kleine Vogel sagt: »Mein Vater fliegt, meine Mutter fliegt, alle andern fliegen auch, also werden wir wohl fliegen.« Der kleine Fisch sagt: »Mein Vater schwimmt, meine Mutter schwimmt, die ganze restliche Familie schwimmt, wir werden also wohl wieder schwimmen.« Sagt das junge Krokodil: »Mein Vater hat ein großes Maul, meine Mutter hat ein großes Maul, und der Rest hat auch ein großes Maul. Bei uns wird es wohl wieder Deutschland werden.«

Nicht alle Witze haben ein negatives Stereotyp zum Thema. Über Goethe macht bereits sehr lange dieser nur für Niederländischsprachige zu verstehen Witz die Runde:

> Goethe ist der arroganteste Schriftsteller der Welt, denn unter all seine Werke schreibt er: *Goet hé* (von *Goed hé* = Gut, was?)

Nach dem Fall der Mauer im Jahre 1989 kam ein neues Genre hinzu. Allerlei Witze machten die Runde, die sich auf das größere Deutschland bezogen:

> Welches Tier muß den Adler in der deutschen Nationalflagge ersetzen? Das Nilpferd, denn das hat das größere Maul.

> Warum muß man die Deutschen mit geschlossenem Mund begraben? Weil man sonst zuviel Sand braucht.

Als Anfang der 90er Jahre in Hoyerswerda, Mölln und Solingen Häuser von Ausländern und Asylanten in Brand gesteckt wurden, hielt eine neue Kategorie bösartiger »Witze« Einzug:

> In Deutschland wurde ein Asyl angezündet: 500 Hunde sind dabei umgekommen. Die Brandstifter hatten sich im Asyl geirrt.

> Ein Türke fragt einen Deutschen: »Hast du Feuer?« Antwortet der Deutsche: »Ja, wo wohnst du?«

Die Wirkung des Fußballs

Die Reibungen zwischen Niederländern und Deutschen kommen noch am deutlichsten im Nationalsport der beiden Länder zum Ausdruck: dem Fußball. Bis zum Erscheinen Johan Cruijffs Ende der 60er Jahre stellte der niederländische Fußball auf internationalem Niveau nicht so viel dar. Die Niederlande spielten in der zweiten europäischen Division. Bei den jährlichen Topevents handelte es sich um die beiden Freundschafts-Länderspiele gegen Belgien. Und auch gegen Luxemburg ging es spannend zu. Mit Deutschland konnten die Niederlande sich nicht messen. Die wenigen Male, bei denen man gegen Deutschland spielen mußte, waren die Niederlande chancenlos und bezogen Dresche.

Der Babyboom der Nachkriegszeit, der in den Niederlanden länger anhielt und stärker ausfiel als in anderen Ländern, brachte dem Land Mitte der 60er Jahre einen endlosen Strom von Talenten. Mit dem Phänomen Cruijff in den eigenen Reihen erwies man sich als ebenbürtiger Gegner Deutschlands, sieht man einmal von dem Ausreißer des verlorenen Weltmeisterschaftsfinales 1974 in München ab. Das ganze Land lebte in dem Gefühl, um die Weltmeisterschaft betrogen worden zu sein. Hatte die niederländische Mannschaft nicht den besseren Fußball gespielt, und war dem entscheidenden deutschen Strafstoß nicht eine Schwalbe von Hölzenbein vorausgegangen? Berti Vogts, im Endspiel der Manndecker Johan Cruijffs, hat es selbst später ritterlich eingestanden.

Im Jahre 1988 wurden die Niederländer Fußballeuropameister, nachdem sie Deutschland im Halbfinale besiegt hatten. Aus Sicht der Niederländer hatte der eigentliche Sieger von 1974 14 Jahre danach die Dinge wieder geradegerückt. Das gesamte Land stand kopf: auf den Autobahnbrücken hingen Transparente, auf denen deutsche Autofahrer lesen konnten, daß sie sich im Land des europäischen Fußballmeisters befanden; es wurde »O, was sind die Moffen stumm!« gesungen – von Leuten, die einen Eckstoß nicht von einem Elfmeter unterscheiden konnten. Am Tag vor dem Wettkampf schaltete ein niederländischer Autohändler eine Anzeige mit dem folgenden Text: »Zum Glück kann Beckenbauer den einzigen Deutschen, der in Topform ist, nicht aufstellen. Für eine Transfersumme von 70 000 Gulden sind die Deutschen bereit, dieses Ausnahmetalent zu verkaufen. Das neue Coupé von Audi.« Entlang der deutsch-niederländischen Grenze kam es noch Tage nach dem Spiel zu spontanen Schlägereien zwischen euphorischen niederländischen und enttäuschten deutschen Jugendlichen.

In Deutschland reagierte man geschockt, als Ronald Koeman sich nach Ablauf des Halbfinalduells sein Hinterteil mit dem Hemd abwischte, das er mit seinem deutschen Gegenspieler Olaf Thon getauscht hatte. In den Niederlanden wurde das Verhalten Koemans beschönigt und als Dummerjungenstreich abgetan. Bei den spontanen Äußerungen von Fußballfreude handelte es sich der niederländischen Presse zufolge nicht um eine Entladung tiefverwurzelter antideutscher Gefühle – es sei vor allem die jubelnde Reaktion auf die Überwindung der »Schmach« von 1974. Fußballanhänger reagierten nun einmal extrem. Die Animositäten zwischen niederländischen und deutschen Fußballern schmorten jedoch weiter. Im Viertelfinale der Weltmeisterschaft 1990 spuckte der sonst immer so beherrschte niederländische Mittelfeldspieler Frank Rijkaard in Richtung des deutschen Mittelstürmers Rudi Völler. Dieser Spuck-Anschlag und das Fußballhemd Koemans spielen eine sehr viel größere Rolle im kollektiven Gedächtnis der deutschen als der niederländischen Fußballfans und werden regelmäßig zitiert. Beispielsweise nach der Beinahe-Überflutung weiter Teile der östlichen Niederlande durch Maas, Waal und Ijssel. In der satirischen Monatszeitschrift »Titanic« vom April 1995 schreibt die Redaktion in ihrer Rubrik »Briefe an den Leser«:

Tja, Käsköppe,

jetzt habt Ihr's mit der Angst zu tun gekriegt, wie? Da seid Ihr zu Hunderttausenden aus Euren Poldern gekrochen, was? Weil unser Vater Rhein Euch beinah die Deiche durchweicht hätte, he? Das kommt davon, wenn man anderer Leute Nationalspieler anspuckt und sich mit anderer Leute Nationaltrikots den Hintern abwischt. Ein Fluß vergißt nicht. Sowenig wie

»Titanic«

Der niederländische Journalist H.J.A. Hofland spricht von der »Fußballisierung der Gesellschaft« als Umschreibung für die spezifisch antideutsche Einstellung niederländischer Fußballfans und die spezifisch antiniederländische Einstellung deutscher Fußballfans. Der deutsche Fußballfan reibt es den Niederländern gern unter die Nase, daß ihr Land sich nicht für die Fußballweltmeisterschaft 2002 qualifiziert hat. So entwarf Kurt Sigl aus Kösching hierfür speziell eine – in der Grundfarbe Orange gehaltene – Website unter der Adresse: www.ihr-seid-nicht-dabei.de. Der Besucher der Site hat die Möglichkeit, die niederländischen Nationalspieler mit Holzschuhen, Fischen, Käse, Joints und Eiern zu bewerfen. Kurz vor Beginn der Weltmeisterschaft kam in Deutschland ein Schlager auf den Markt, der vom deutschen Stadionpublikum sofort begeistert aufgegriffen wurde. Er trug den Titel »Ohne Holland fahr'n wir zur WM«. Von niederländischer Seite reagierte man auf die deutsche Häme mit einer eigenen Website: www.hupduitsland.nl.

Deutsche Fußballer sind aus niederländischer Fußballsicht roboterhafte Sprinter und Staubsauger, während Niederländer sich selbst als technisch und taktisch überlegene Kreativlinge sehen. Niederländische Fußballspieler haben keinen Killerinstinkt. Sie kommen aus einem kleinen Land, und da ist ein zweiter Platz schon ein Grund zum Feiern. Es ist ein kalvinistischer Gedanke und unbegreiflich für Fußballer aus großen Ländern. Lothar Matthäus ist für durchschnittliche niederländische Fußballfans die Verkörperung all dessen, was sie am deutschen Fußball hassen. Er hat sich 20 Jahre lang im internationalen Fußball herumgetrieben, und mehrere Generationen niederländischer Nationalspieler haben ihn fürchten gelernt. Er war unbeugsam, beinhart, taktisch und technisch auf dem höchsten Niveau, er war ein »Siegertyp«. Nicht umsonst sahen die Fans in ihm den arrogantesten Deutschen, der jemals ein Spielfeld betreten hatte, und begann man in England Fußball als ein Spiel zwischen zwei Mannschaften zu definieren, wobei die deutsche in der letzten Minute gewinnt. Doch damit scheint es seit ein paar Jahren vorbei zu sein.

Als Reaktion auf die Europameisterschaft von 1988 ist in den Niederlanden im Jahr darauf ein Buch mit Fußballpoesie erschienen. In den Gedichten von Fußballern, Fans, Funktionären und Dichtern bahnten sich der Calimero- bzw. David-gegen-Goliath-Effekt, der Minderwertigkeitskomplex sowie alle unverarbeiteten Traumen aus dem Zweiten Weltkrieg ihren Weg. In »Nederland-Duitsland voetbalpoëzie«, herausgegeben von Theun de Winter, faßt Michael van Praag, der jetzige Vorsitzende von Ajax Amsterdam, seine Gefühle in die folgenden – eng an die niederländische Nationalhymne angelehnten – Worte:

Wilhelmus von Nassauen
bin ich von deutschem Blut.
Das sing ich voll Vertrauen,
man kennt den Text nicht gut.
Nichtsdestotrotz, in dieser Stund
spürt Spieler, Fan und Funktionär,
und hat er noch so'n großes Maul,
den Frosch in seinem Schlund.

Spielt die Kapell jedoch *ihr* Lied,
und klingt der Ton in allen Höh'n,

fühl ich, daß mit mir nichts geschieht
und sage Dankeschön.
Das Überlegenheits-Geschmeiß,
es beißt und herrscht auch weiter.
Wie gut nur, daß mein »deutsches Blut«
von diesem Volk nichts will und weiß.

Bei echten Dichtern geht es etwas subtiler zu. Jules Deelder
schreibt:

21-6-88

O wie vergeblich
des Torwarts Hand
sich streckte zum Ball

der eine Minute
vorzeitig die deutsche
Ziellinie kreuzte

Sie, die fielen
erhoben sich jubelnd
aus ihren Gräbern

Und Jan Donkers:

Ich will es eigentlich nie wieder hören,
und sicher nicht, wenn sie jünger sind als ich:
die Moffrika-Sager,
die Ich-werde-nie-einem-von-ihnen-trauen-Rufer,
die Immer-geradeaus-Zeiger,
die Erst-mein-Fahrrad-zurück-Komiker,
all die Mitwogenden auf den ungeprüften Meinungen.

Doch nie hat ein Fußballspiel ein schöneres Ende
als dann, wenn wir die Deutschen besiegt haben.

Und schließlich noch ein Zitat von Theo van Gogh, Nachfahre des berühmten Malers:

Wiedergutmachung

100 000 Proleten
mit orangen Mützchen auf
marschieren wieder durch die Stadt
wenn wir die Moffen besiegen;
Kampfhundeblick auf scharf
und stampfen und tanzen

Nationaler Orgasmus

Ich weiß nicht, was schlimmer ist
eine Festrede von van Thijn*
oder das Geschwätz in meinem Café;
mein Kerzlein brennt
für das nette deutsche Volk
und den netten Menzo, der einen
Rückpaß vergeigt

Fünf Minuten vor Schluß

* Ed van Thijn, damaliger Bürgermeister von Amsterdam.

Historische Entwicklungen in den Niederlanden und Deutschland

Überraschende Kontraste

In Deutschland hat man die niederländische Nation lange Zeit als einen Sproß am deutschen Stamm betrachtet. Dadurch ist es für Deutsche jedesmal wieder eine Überraschung, wie sehr sich Niederländer von ihnen unterscheiden. Deutsche gehen häufig von drei Prämissen aus. Erstens, daß es sich bei den Niederlanden ursprünglich um ein »deutsches« Land handelt. Das ist insofern richtig, als die Niederlande bis zum Frieden von Münster im Jahre 1648 offiziell Teil des Heiligen Römischen Reichs deutscher Nation waren. Die zweite Prämisse jedoch, daß die Niederlande seit Menschengedenken ein Königreich sind, trifft nicht zu, denn das Land ist erst seit dem Jahre 1815 eine Monarchie und war davor über einen sehr viel längeren Zeitraum hinweg eine Republik, nämlich von 1588 bis 1806. Und auch die dritte Prämisse, daß das Niederländische ein deutscher Dialekt ist, stimmt nicht; Niederländisch ist eine dem Hochdeutschen gleichwertige Standardsprache.

Die Niederländer haben bereits sehr früh erkannt, in welchem Maße und worin sie sich von den Deutschen unterscheiden. Dem deutsch-niederländischen Soziologen Ernest Zahn zufolge gibt es wahrscheinlich keine zwei Nachbarländer in der westlichen Welt, die hinsichtlich ihrer historischen Entwicklungen einen größeren Kontrast aufweisen als Deutschland und die Niederlande. Darin liegen die Ursachen für die Unterschiede im Verhalten, in der Mentalität und in den Normen und Werten der Bevölkerung in den beiden Nachbarländern.

In den Seeprovinzen hat es, bedingt durch die periphere Lage in einem wasserreichen Deltagebiet, kaum so etwas wie eine Feudalisierung gegeben; nicht der Adel, sondern das humanistisch denkende, später kalvinistische Bürgertum bestimmte die Norm. In Deutschland dagegen, dem grenzenlosen »Land der Mitte« mit seinen unzähligen Binnengrenzen, blieben bis ins 20. Jahrhundert hinein Adel und Militär tonangebend; außer in den freien Reichsstädten spielte das Bürgertum lediglich eine ausführende und untergeordnete Rolle. In geographischer Hinsicht haben die Niederlande, ebenso wie Frankreich und Großbritannien, schon vor Hunderten von Jahren ihre heutige Form gefunden. Und auch im Bereich der internationalen Politik können die Niederlande und Deutschland auf sehr unterschiedliche Erfahrungen zurückblicken. Der Definition des englischen Historikers Eric Hobsbawn zufolge waren die Niederlande schon sehr früh eine »echte« Nation, nicht nur aufgrund ihrer Sprache und Kultur, sondern vor allem wegen der Erfolge, die das Land im Hinblick auf koloniale Eroberungen gehabt hatte. »Nichts ist besser geeignet, einer Nation das Bewußtsein ihrer eigenen kollektiven Existenz zu verleihen als ein Schuß Imperialismus.« Außerdem haben die Niederlande bis zum Zweiten Weltkrieg lediglich in der Zeit der französischen Besatzung (1795–1813) ausländische Invasoren im Land gehabt. Das zersplitterte Deutsche Reich war bis tief ins 19. Jahrhundert hinein ein Riese auf tönernen Füßen und Spielball ausländischer Mächte, die ihm regelmäßig ihren Willen aufzwangen: Franzosen und Schweden im Dreißigjährigen Krieg (1618–1648), Ludwig XIV. im Pfälzischen Erbfolgekrieg (1688–1697) und Napoleon während der französischen Besatzung (1795–1813). Und es ist sehr die Frage, ob die norddeutschen bzw. süddeutschen Staaten im 19. Jahrhundert die Herrschaft Preußens als eine positive oder negative Entwicklung betrachtet haben. Kolonien hat Deutschland kaum gehabt, und im 20. Jahrhundert wurde es nach zwei verlorenen Weltkriegen beide Male von den Alliierten besetzt.

Holland ist nur ein Teil der Niederlande

Die Bezeichnung »Holland« wird von Niederländern gern zu Reklamezwecken oder zum Anfeuern der eigenen Mannschaft bei Länderspielen benutzt (»Ha...Oo...eL...eL...Aa...eN... Dee..., Holland spreekt een woordje mee!«*, »HOL-LÁND... HOL-LÁND...HOL-LÁND«, »Hup Holland hup, laat de leeuw

---

* »Ha...Oo...eL...eL...Aa...eN...Dee..., Holland spricht ein Wörtchen mit!«

niet in z'n hempie staan«*, usw.) Ein- oder zweisilbige Schlacht-
rufe kommen nun einmal besser an als drei- oder viersilbige. Im
Ausland ist Holland über die Jahrhunderte hinweg das *pars pro
toto* für die gesamten Niederlande geblieben, obwohl es faktisch
nur der an der Küste gelegene westliche Teil der Niederlande
nördlich von Maas und Rhein (Waal) ist. Niederländer, die nicht
aus Holland, sondern aus einer anderen Provinz stammen, empfinden sich ganz gewiß nicht als »Holländer« und wünschen
auch nicht als solche bezeichnet zu werden.

Bis zum 11. Jahrhundert wurde die Bevölkerung Hollands in
den Quellen als »Friesen« bezeichnet. Als der Name Holland auf-
kam, verschwand die alte Bezeichnung. Holland (von *holt* =
Holz, also wörtlich »Holzland«) war ursprünglich der Name für
die waldreichen Geestgebiete zu beiden Seiten des alten Mün-
dungslaufs des Rheins. Der Rest des Landes bestand vornehmlich
aus Moor. Feudale Strukturen wie in Deutschland oder in den
östlichen und südlichen Teilen der Niederlande waren im unwirt-
lichen Holland jener Tage so gut wie unbekannt.

Landgewinnung durch freie Bauern

Ab dem 9. Jahrhundert zogen Bewohner der Sandgebiete in die
holländische Moorwildnis, die damals noch etwa drei Meter
über dem Meeresspiegel lag, um sie mit Hilfe des Pflugs, durch
Brandrodung und das Anlegen von Entwässerungsgräben urbar
zu machen. Es war eine außerordentlich beschwerliche Arbeit,
für die die Bauern mit dem Grafen von Holland einen Urbar-
machungsvertrag (*cope*) schlossen, der sie zu freien Männern
machte. Der Graf von Holland stellte sich außerhalb des Geistes
der Feudalzeit, indem er mit der Abgabe von *copen* die persönliche Freiheit der Bauern anerkannte. In den unzugänglichen, wasserreichen Gebieten Westfrieslands im Norden Hollands entstanden hier und da sogar kleine Bauernrepubliken. Woanders in
den Niederlanden hat die Hörigkeit sehr viel länger bestanden.

Durch die Veränderung der Konsistenz des Bodens im Zuge der
Urbarmachung begann das Erdreich abzusinken. Die Bauern

---

* »Hopp, Holland, hopp, laß den Löwen (das Wappentier) nicht im Hemd-
chen steh'n.«

zogen Gräben und Kanäle, bauten Deiche und setzten auf die Deiche wiederum neue Deiche, um ihren Grund und Boden gegen das Wasser zu schützen. Der Bau von Stauwehren und die Entwässerung stellten ein immer drängenderes Problem dar. Im Laufe des 12. und 13. Jahrhunderts fand man hierfür eine politisch-administrative Lösung, indem man *waterschappen*, Wasserschaften, einrichtete, in denen anwohnende Grundbesitzer gleichberechtigt zusammenarbeiteten. Das gemeinsame Motto lautete dabei: *Wie water deert, die water keert* (Wem das Wasser schadet, der muß das Wasser aufhalten).

Der holländische Adel erhielt nicht nur keine Unterstützung durch den Grafen, er bekam in Holland auch buchstäblich keinen Fuß auf die Erde. Wer zu Pferde sein Land bereisen wollte, mußte bei jedem größeren Wassergraben absteigen und in ein Ruderboot wechseln. Überall in dem sumpfigen, von Wasserläufen durchschnittenen Holland lag für geharnischte Lanzenträger und andere Liebhaber von Turnierspielen die Gefahr des Ertrinkungstods auf der Lauer. Der Adel mag kein Wasser, und wer aus diesen Kreisen es sich leisten konnte, blieb lieber auf den höhergelegenen Ebenen außerhalb Hollands. Bis auf 's Gravenhage, Den Haag, dem Wohnsitz des Grafen, gab es deshalb dort auch fast kein Hofleben.

Durch Schrumpfung und Salzgewinnung war das Land im 12. Jahrhundert soweit abgesunken, daß eine Reihe schwerer Sturmfluten große Teile Hollands, Zeelands und Frieslands wegspülen und unter Wasser setzen konnten. Die Nordsee brach über die Vlie bis zum Binnensee Almere durch, der sich von einem Süßwassersee in die salzige Zuidersee, das heutige Ijsselmeer, verwandelte. Die Überschwemmungen sorgten für die Entstehung des Wattenmeers und der Watteninseln, des Friesischen Seengebiets, der holländischen Seen und der Zeeländischen Inseln. Außerdem verschob sich die Mündung des Rheins vom heutigen Katwijk zum Deltagebiet unterhalb Rotterdams. Die Bauern verließen die überschwemmten und von Überschwemmung bedrohten Gebiete und suchten ihr Heil im Ausland. Viele von ihnen landeten in Frankreich im Mündungsgebiet der Gironde, in Norfolk in England, aber auch in Bremen, Hamburg, Brandenburg und Preußen. Und überall, wo sie sich niederließen, brachten sie ihr Wissen um Landgewinnung und Deichbau mit.

Frühe Blüte der freien Städte

Anders als im übrigen Europa bildeten die Städte, die ab dem
12. Jahrhundert allmählich in Holland entstanden, keine bürgerlichen Enklaven in einer ansonsten feudalen Umgebung. Die Bauern, die in die Städte zogen, nahmen ihre Freiheitsrechte und ihre
unter anderem in den Wasserschaften entwickelte Beratungs-
und Verhandlungskultur dorthin mit, und in Ermangelung eines
tonangebenden Adels entstand bereits früh eine bürgerliche
Gesellschaft mit einem egalitären Grundton. Die Grafen von
Holland traten mit den Städten in direkte Verhandlungen über
die Erhebung von Zöllen durch die Grafen und die Verleihung
von Privilegien an die Städte. Die Saat des humanistischen Denkens, in dem die *via media*, der goldene Mittelweg, das Schließen
von Kompromissen auf der Grundlage von Vernunft und Toleranz eine wichtige Rolle spielen konnte, fiel in einer derartigen
Struktur bereits früh auf fruchtbaren Boden. Und auch der ega-
litäre Kalvinismus des 16. Jahrhunderts knüpfte nahtlos an dieses
Denken an.

Die Grafschaft Holland, zu der auch Zeeland gehörte, war ab
dem 10. Jahrhundert Teil des Deutschen Reichs, wobei der Einfluß des Kaisers jedoch gering blieb. Die Provinz Friesland war
eine Gemeinschaft freier Bauern ohne spürbare feudale Einflüsse
und ohne Burgen oder befestigte Städte. Andere mächtige Fürsten in den Niederlanden waren die Bischöfe von Utrecht, die
Grafen von Gelre (Obergeldern, der deutsche Teil des Gelderlan-
des), die Herzöge von Brabant, die Grafen von Flandern und die
Herzöge von Burgund. Durch Hochzeit, Erbe und Diplomatie gelang es den Burgundern im zweiten Viertel des 15. Jahrhunderts,
die Niederlande fast vollständig unter ihre Kontrolle zu bringen.
Sie steuerten eine Zentralregierung mit einem gut ausgebildeten
Beamtenapparat an, stießen jedoch auf den Widerstand der
Städte und Staaten, die sich an ihren Privilegien festklammerten.
Im letzten Viertel des 15. Jahrhunderts schluckten die Habsbur-
ger mit Hilfe ihrer berühmten Heiratspolitik zuerst den größten
Teil des burgundischen Reichs und danach im Jahre 1504 auch
das spanische. *Bella gerant alii, tu, felix Austria, nube!* (Laß
andere Krieg führen, du, glückliches Österreich, schließe Ehen!)
Der Habsburger Karl V. wurde 1515 zum Kaiser des Heiligen Römischen Reichs, König von Spanien und Herrscher über die Nie-

derlande. Auch unter seiner Regentschaft dauerten die Konflikte zwischen dem Hof und den niederländischen Städten und Staaten um politische Zentralisierung und städtisch-regionale Autonomie an. Im Jahre 1555 übertrug Karl V. die Herrschaft über die Niederlande seinem Sohn Philipp II., der in Spanien aufgewachsen war und keinerlei Affinität zu den Niederlanden hatte. Philipp II. fühlte sich in erster Linie als – katholischer – König von Spanien; die Niederlande waren für ihn lediglich ein Anhängsel der spanischen Monarchie.

Der Aufstand Wilhelms von Oranien (1568)

Im Jahre 1555 hatten die deutschen Fürsten in Augsburg den Religionsfrieden geschlossen, wobei sie, um die Einheit des Reiches zu retten, dem Lutherspruch *cuius regio, eius religio* (wessen Gebiet, dessen Religion) folgten. Zu diesem Zeitpunkt waren die Niederländer überwiegend katholisch, mit starken täuferisch-pazifistischen Minderheiten – hauptsächlich in Holland, Friesland und Groningen – sowie hier und da ein paar versprengten Lutheranern. Als souveräner Herrscher setzte Philipp II. nicht nur die Politik der Zentralisierung und Stärkung der königlichen Macht fort, sondern beschloß auch, als katholischer Monarch den Kampf seines Vaters gegen die Reformation zu intensivieren und eine Kirchenreform durchzuführen, die den Hochadel von seinen gutdotierten Kirchenpfründen abschneiden sollte. Mit ihrem Anführer Wilhelm von Oranien – dem Statthalter des Königs in den Provinzen Holland, Zeeland und Utrecht – leistete der Hochadel Widerstand gegen die Bestrebungen Philipps II. Inzwischen war der Kalvinismus von Frankreich aus über die südlichen Niederlande – das heutige Belgien – in die nördlichen Niederlande eingedrungen. Das städtische Patriziat unterstützte den Adel aus Furcht vor Unruhen in den unteren städtischen Bevölkerungsschichten, die sich für die kalvinistische Lehre sehr empfänglich zeigten.

Die kalvinistischen Gemeinden wuchsen stark, und aufgrund von Calvins buchstabengetreuer Auslegung des zweiten Gebots, »Du sollst Dir kein Bildnis machen«, kam es in den Niederlanden 1566 zum Bildersturm, d. h. zur Vernichtung von Gottesbildern in den Kirchen. Philipp II. schickte seinen Feldherrn Alba, um die

Wilhelm I. (1533–1584), Prinz von Oranien, nach einem Gemälde von Adriaen Thomasz aus dem Jahr 1579.

Ordnung wiederherzustellen. Doch Hochverratsprozesse mit Todesstrafen, Ketzerverfolgungen, Inquisition und die gleichzeitigen Steuererhöhungen sorgten für einen enormen Unfrieden in der Gesellschaft. Noch heute legt man Graf Alba tagtäglich symbolisch den Strick um, wenn die Schiffe an den sogenannten Duckdalben (*Duc d'Albe*, eingerammte Pfahlgruppen am Hafenkai) festgemacht werden.

Der Hochadel war sich dessen bewußt, daß eine Volksregierung das Ende der Adelsherrschaft bedeuten würde, und stoppte deshalb, ebenso wie das Patriziat, das durch einen Bürgerkrieg die eigenen Handelsinteressen gefährdet sah, seinen Widerstand gegen den König. Wilhelm I. von Oranien wurde 1567 als Statthalter abgesetzt und flüchtete auf das Familienschloß derer von Nassau im hessischen Dillenburg. Tausende Mitglieder des niederen Adels und des reformierten Bürgertums, die den Aufstand getragen hatten, wichen aus, unter anderem nach Emden, wo eine große kalvinistische Flüchtlingsgemeinde zur Blüte kam. Doch der Geist war aus der Flasche, und im Jahre 1568 stellte Wilhelm I. von Oranien sich an die Spitze eines breiten Widerstands gegen die Spanier und fiel mit seinen Söldnertruppen in die Niederlande ein. Dies war der Anfang des Achtzigjährigen Kriegs (1568–1648) gegen die spanische Unterdrückung.

Religionsfreiheit seit dem 16. Jahrhundert

Zu Beginn des Aufstandes waren erst fünf bis zehn Prozent der Bevölkerung kalvinistisch, denn eine Kirchenbildung hatte bis dahin nur in sehr geringem Umfang stattgefunden. Die lokalen Machthaber verhielten sich aufgrund ihrer humanistischen Traditionen tolerant gegenüber Andersdenkenden, und auch die katholische Kirche in den nördlichen Niederlanden war nicht sonderlich militant. Die Bevölkerung hatte die Neigung, Glaubensangelegenheiten als eine freie Gewissensentscheidung zu betrachten.

Nach anfänglichem Hin und Her wendete sich 1572 das Blatt zugunsten der Aufständischen, und ein Jahr später bekehrte sich Wilhelm I. von Oranien (bzw. »Wilhelm der Schweiger«, wie er auch genannt wurde, weil er es verstand, im rechten Moment den Mund zu halten) zum Kalvinismus – nicht so sehr aus religiöser Überzeugung, sondern vor allem, weil es politisch opportun war. Im Jahre 1577 hatte sich das Gros der holländischen Städte bereits auf die Seite des Oraniers geschlagen. Um 1579 war klar, daß der Aufstand in den nördlichen Niederlanden als erfolgreich gelten konnte. In den wallonischen und nordfranzösischen Provinzen der südlichen Niederlande mußte er dagegen definitiv als mißlungen betrachtet werden: im Tausch für die Wiederherstellung der alten Privilegien erkannte der hiesige Adel den König von Spanien an. Mit dem Fall Antwerpens 1585 gerieten auch die niederländischsprachigen südlichen Niederlande in die Hände der Spanier. Von den 150 000 Flüchtlingen – vor allem aus der kulturellen Oberschicht und der Handelselite, darunter viele Katholiken – ließ sich die Mehrzahl in den Seeprovinzen im Norden der Niederlande nieder. Für die südlichen Niederlande bedeutete dies einen empfindlichen Aderlaß, während im Norden Handel, Kultur und Wissenschaft durch ihr Zutun aufblühten.

Während es im Jahre 1579 in Holland und Zeeland nur den Kalvinisten gestattet war, ihre Religion auszuüben, stand es der Bevölkerung in den übrigen nördlichen Provinzen frei, sich die Konfession zu wählen, denn niemand wurde dort seines Glaubens wegen verfolgt. Dies führte zu einer niegekannten religiösen Vielfalt. Noch ein Jahrhundert später kommt dies in Rembrandts Gemälde »De Staalmeesters« (1662) zum Ausdruck, auf dem die Vorsteher der Amsterdamer Tuchmacherzunft abgebildet sind: neben dem reformierten Vorsitzenden sieht man ein Mitglied der Remonstranten, einen Anhänger der Täufer und zwei Katholiken.

Durch das Fehlen eines königlichen Souveräns gelangte nicht der Adel an die Macht, sondern fiel diese – mehr oder weniger unfreiwillig – den Generalstaaten zu, die sich aus den sieben Provinzen zusammensetzten und in denen die Patrizier das Sagen hatten. Diese städtischen Regenten – von einem englischen Aristokraten jener Tage als die »hochwohlgeborenen Herren Müller und Käsekäufer« bezeichnet – standen dem kirchlichen Einfluß in gesellschaftlichen Angelegenheiten äußerst ablehnend gegenüber. Die »Reformierte« oder »Öffentliche Kirche« genoß als einzige in der Republik die Freiheit der öffentlichen Religionsausübung, doch die Mitgliedschaft blieb der persönlichen Entscheidung des einzelnen überlassen. Andersgläubige brauchten keine Angst vor Verfolgung zu haben. Angehörige nichtkalvinistischer Glaubensrichtungen wie Täufer, Lutheraner, Remonstranten, Sozinianer, Spiritualisten, Juden und sogar die Katholiken durften unbehelligt ihren Gottesdienst feiern, allerdings nur in nicht als Gotteshäuser erkennbaren Räumlichkeiten, den sogenannten Schlupfkirchen (*schuilkerken*). Jedermann wußte, wo sich diese Kirchen befanden, doch die Staatsgewalt griff nicht ein oder drückte gegen einen kleinen Obolus beide Augen zu.

Die religiöse Toleranz hatte vor allem politische und wirtschaftliche Gründe. Keine Religionsgemeinschaft hatte die Mehrheit der Bevölkerung hinter sich, nicht einmal – und das war ein völlig neues Phänomen – die offizielle Religion der Kalvinisten; die Katholiken blieben in der Republik sogar die größte Glaubensgemeinschaft. Die reformierten Religionsführer besaßen zwar keinen Einfluß auf die Andersgläubigen, doch dafür hatten sie ein um so schärferes Auge auf die eigenen Schäfchen. Sie verboten abweichende Auffassungen und Dissidententum innerhalb der eigenen Kirche. Es herrschte eine von oben auferlegte Toleranz gegenüber Andersgläubigen und eine ebenso große Intoleranz innerhalb der eigenen Gemeinde. Man hatte jedoch nicht die Macht, Mitglieder, denen es an der nötigen Disziplin gebrach, direkt zu bestrafen, sondern konnte sie lediglich vom Abendmahl – und damit aus der Gemeinschaft der Gläubigen – ausschließen. Mit solchen Sanktionen mußte jeder rechnen, der – auf welche Weise auch immer – Anstoß erregte; die Gemeindemitglieder wachten aufs schärfste darüber, daß ihre Brüder und Schwestern sich als »Kinder der Kirche« verhielten. Die Toleranz Andersdenkenden gegenüber war also eine Art Konfliktmanagement, jedoch nicht von einer positiven Überzeugung getragen, sondern aus einer Position der Stärke heraus und in der Einsicht, daß die Bekämpfung des anderen zu noch größerem Übel führen würde. Ernest Zahn schrieb dazu: »Die Toleranz, um die es hier geht, darf in der Tat nicht als eine persönliche Eigenschaft aufgefaßt werden. Sie ist deshalb auch keine nationale Tugend, die als eine wunderschöne Blüte dem Gemüt eines braven Volkes entsprossen ist und nun durch einen jeden verkörpert wird.« Im letzten Viertel des 16. Jahrhunderts gab es Beispiele im Überfluß, was eine strikte Reformation und die Unterdrückung Andersgläubiger an Unruhe und Elend verursachen konnten. Und schließlich waren Andersdenkende ja auch noch Kunden.

In der *Akte van Afzwering* widerriefen die Generalstaaten 1581 den Treueschwur an den König von Spanien. Durch dieses Dokument wurde bestimmt, daß »der Fürst dem Willen der Untertanen unterworfen ist, ohne die er kein Fürst ist, um sie zu lieben wie ein Vater seine Kinder und ein Hirte seine Schafe«. Sollte er versuchen, sie »ihrer alten Freiheit, Privilegien und alten Gewohnheitsrechte zu berauben, muß er also nicht als ein Fürst, sondern als Tyrann betrachtet werden«. Nach der Lehre Calvins stellte die unbeschränkte Macht einer einzelnen Person eine Beleidigung Gottes, des einzigen Herrn, dar. Der Widerstand der Niederlande gegen die Regierung Philipps II. wurde mit der Verteidigung traditioneller niederländischer Freiheiten gegen einen tyrannischen Fürsten begründet. Dieser hatte die Grenzen seiner Macht überschritten, also durften sich die Generalstaaten, als Vertretung des Volkes, von ihm abwenden und ihn absetzen. »Dieses ›Der Hirte ist für seine Herde da und nicht umgekehrt‹ ist bis heute tief in der niederländischen Gesellschaft verwurzelt. Es erklärt ihre ›antiautoritäre‹, zuweilen ›anarchistisch‹ scheinende Haltung gegenüber Behörden und staatlichen Verordnungen sowie ihre Abscheu vor dem angeblich deutschen blinden ›Befehl-ist-Befehl‹-Denken und -Handeln«, so die deutsche Kultursoziologin Anabella Weismann.

Die Republik der Vereinigten Niederlande

Die Provinzregierungen, »Staaten« genannt, entsandten ihre Vertreter in die Generalstaaten nach Den Haag. Nachdem Versuche gescheitert waren, ausländischen Fürsten die Souveränität über die Niederlande anzubieten (1577 Matthias von Habsburg, 1580 dem Herzog von Anjou), beschloß man, Wilhelm von Oranien als Souverän zum Grafen von Holland und Zeeland zu ernennen. Die Ermordung Wilhelms im Jahre 1584 setzte den Verhandlungen hierüber ein Ende. Als auch hintereinander König Hendrik III. von Frankreich und Königin Elisabeth I. von England die ihnen angebotene Form der Souveränität ablehnten, erklärten sich die Generalstaaten selbst zum Souverän und riefen im Jahre 1588 die Republik der Vereinigten Niederlande aus, bestehend aus den Provinzen Gelderland, Holland, Zeeland, Utrecht, Friesland, Overijssel und Groningen. Drente hatte nur eine Bauernvertretung und keine Stimme in den Generalstaaten, wo die staatliche Hoheit lag. Der sogenannte »Ratspensionär« war der leitende Beamte der holländischen Landstände und damit praktisch eine Art Ministerpräsident. Der Statthalter von Holland, Zeeland, Utrecht, Gelderland und Overijssel war der höchste Beamte des Landes. Er war Oberbefehlshaber der Flotte und der Landstreitkräfte, wurde von den Generalstaaten ernannt und war als höchster Beamter »der Diener der Staaten«. Die Provinzen Friesland und Groningen ernannten ihre eigenen Statthalter.

Die Republik glich einem losen Staatenbund oder einer Föderation autonomer Stadtrepubliken. In diesem föderalen System ging man vom Subsidiaritätsprinzip aus: um Dinge, die durch ein niedrigrangigeres Organ geregelt werden konnten, hatten sich die höheren Organe nicht zu kümmern. Bis 1795, als die Patrioten Statthalter Wilhelm V. den Laufpaß gaben und die Batavische Republik (1795–1806) ausriefen, waren die Städte und die Staaten (Regierungen) der Provinzen in ihrer Entscheidungsfreiheit nahezu autonom. Die Staaten von Holland als mächtigste Provinz hielten die mächtigste Stadt Amsterdam im Zaum und wurden selbst wiederum durch die Staaten der anderen Provinzen in Schach gehalten. (Amsterdam bezahlte fast die Hälfte der Steuern der Provinz Holland und Holland mehr als die Hälfte der gesamten Republik. Das erklärt vielleicht auch, weshalb bis zum Zweiten Weltkrieg die niederländische Verteidigungslinie an der Grenze zu Holland und den Befestigungen Amsterdams lag.) Beschlüsse der Generalstaaten konnten erst nach Rücksprache mit der eigenen Provinz, der eigenen Stadt, dem eigenen Bezirk oder der eigenen Interessengruppe gefaßt werden, und bestimmte Fragen wie etwa die über Krieg oder Frieden mußten einstimmig entschieden werden. Die träge und behutsame Entscheidungsfindung weckte den Unwillen der oft adeligen Diplomaten in Den Haag, wo der Statthalter residierte und die Generalstaaten sowie die Staaten von Holland ihren Sitz hatten. Sie klagten auch darüber, daß sie nicht wüßten, wen sie bestechen müßten, um Entscheidungen zu ihren Gunsten zu beeinflussen. Wie schwierig der Meinungsbildungsprozeß vonstatten ging, zeigte sich beispielsweise noch 1790, als der Statthalter und die Staaten von Gelderland mit Preußen paktierten, die Staaten von Holland mit Frankreich, die von Zeeland mit England und die Generalstaaten mit allen zusammen.

Hauptstadt Amsterdam – Hofstadt und Regierungssitz Den Haag
Den Haag ('s Gravenhage) war als Sitz der Generalstaaten gewählt worden, weil die Stadt durch ihre zentrale Lage genau zwischen den sechs großen holländischen Städten jener Tage (Dordrecht, Haarlem, Delft, Leiden, Amsterdam und Gouda) keinen Neid weckte und als neutrales Terrain betrachtet wurde.

Amsterdam war die mächtigste Stadt der Republik, und als Napoleon im Jahre 1806 seinen Bruder Louis Napoleon als Oberhaupt
des Königreichs Holland installierte, erklärte dieser Amsterdam
zur Hauptstadt. Vier Jahre später setzte Napoleon ihn wieder ab,
die Niederlande wurden Frankreich einverleibt. Amsterdam
wurde offiziell zur dritten Hauptstadt im französischen Kaiserreich. Ihre Funktion als Hauptstadt hat Amsterdam nach dem Abzug der Franzosen im Königreich der Niederlande behalten.

Das »Goldene« 17. Jahrhundert

Der Friede von Münster im Jahre 1648 bedeutete nicht nur das
Ende des Achtzigjährigen Kriegs gegen die Spanier sondern auch
die offizielle Anerkennung der Republik als souveränen Staat.
Die Niederlande wurden nun auch definitiv vom Heiligen Römischen Reich und von Niederdeutschland abgekoppelt. Die südlichen Niederlande blieben spanisch und gingen 1713 in den Besitz
der österreichischen Krone über. Vor dem Aufstand war der vom
Souverän ernannte Statthalter auf politischer Ebene dessen Vertreter und militärisch der Oberbefehlshaber der Armee gewesen.
In der Republik gab es jedoch keinen Raum mehr für eine zentrale Machtausübung. In den umringenden absolutistischen Reichen kam es dagegen zu einer immer stärkeren Zentralisierung,
so daß die dezentralen, föderalistischen Entwicklungen in der
Republik faktisch ein Anachronismus waren.

Die Republik erlebte im 17. Jahrhundert – dem Gouden Eeuw
(Goldenes Jahrhundert) eine Epoche ungekannten Wohlstands
und kultureller wie wissenschaftlicher Blüte. Die Niederlande
entwickelten sich dabei zu einer »Verhandlungsgesellschaft«,
denn keine Gruppe konnte der anderen ihren Willen aufzwingen.
So entstand eine bürgerliche Beratungs- und Konsenskultur, die
bis heute das Denken und Fühlen der Niederländer bestimmt und
jüngst durch das »Poldermodell« – bei dem über Vereinbarungen
zwischen Arbeitgebern, Gewerkschaften und der Regierung Arbeitsplätze geschaffen wurden – internationale Bekanntheit er-
langt hat. Für ihr Entstehen lassen sich vor allem drei Gründe an-
führen.

Erstens: die Trennung zwischen Steuer- und Gewaltmonopol. Das Patriziat verfügte in den Staaten zwar über das Steuermonopol, mußte sich das Gewaltmonopol jedoch mit dem Statthalter teilen, der das Heer und die Kriegsflotte anführte, aber auch »der Staaten Diener« war. Der Soziologe Wilbert van Vree behauptet, daß das Regententum sich dadurch notgedrungen mit dem Einsatz politischer Gewalt untereinander zurückhielt und durch das Streben nach Ruhe und Frieden leiten ließ: »Es entstand eine Oberschicht von Leuten, die sich in stärkerem Maße als die höfisch-aristokratischen Oberschichten im Rest Europas aufs Überzeugen, Überreden, Debattieren, Verhandeln und ähnliche, eher friedvolle Formen verlegen mußte, um gegenseitige Spannungen zu regulieren und Konflikte zu verhindern bzw. zu schlichten.«

Um die dynastischen Bestrebungen der Statthalter aus dem Hause Oranien und die Gelegenheiten zu einem Staatsstreich in Grenzen zu halten, stand die riesige Flotte der Republik unter dem Befehl von Kapitänen und Admirälen aus den eigenen, bürgerlichen Kreisen (der Adel hat es nun mal nicht so mit dem Wasser), während die Landstreitkräfte vornehmlich aus Söldnern bestanden, die im Osten und Süden des Landes ihre Lager hatten. Der Statthalter konnte vor allem auf die Unterstützung der Landprovinzen bauen, wo der Adel seine starke Position bewahrt hatte, doch in den Seeprovinzen hatten die Städte – und hier und da auch die Bauern – das Sagen. Angesichts der Macht der Regenten war die Republik alles andere als ein Land für königliche Ambitionen.

Zweitens: durch die Verstädterung, das dichte Verkehrsnetz und die geringen Standesunterschiede war in der Republik die Macht der Mittelschichten um vieles größer als in den umringenden Ländern. Sie hatten zu einem Großteil praktische Erfahrung in der Politik, waren aktiv am gesellschaftlichen Leben beteiligt, und ihre wohlhabenden Mitglieder hatten bis tief ins 17. Jahrhundert hinein wenig Mühe, ins Patriziat aufzusteigen. Das Regententum war auf ihre aktive Unterstützung angewiesen und gestand ihnen allerlei Formen der Mitsprache zu. Nicht der Befehl, sondern die Verhandlung wurde dadurch zur vorherrschenden Form des Umgangs miteinander, pragmatische Lösungen erhielten den Vorzug vor Prinzipientreue.

Bei den Steuern gab es, anders als in den absoluten Monarchien der Nachbarstaaten, wo die Abgaben ausschließlich bei den

Nichtadligen eingetrieben wurden, keinen Unterschied zwischen Bürger und Edelmann: alle wurden ohne Ansehen der Person und des Standes gleichermaßen zur Kasse gebeten. Für den Wohlstand einer breiten Schicht in der Bevölkerung sorgte auch das System der sogenannten Anteilsreederei, bei der Privatleute Anteilsscheine für eine Schiffsladung erwerben konnten, um so das wirtschaftliche Risiko auf möglichst viele Schultern zu verteilen; bis weit in die Landprovinzen hinein investierten Gruppen weniger kapitalstarker Anteilseigner in große Handelsunternehmen wie die Vereinigte Ostindische Compagnie. Die Freiheit, mit der überall in den Niederlanden von jedermann über politische Angelegenheiten diskutiert werden konnte, war für die an strenge Zensur gewöhnten Beobachter aus dem Ausland etwas völlig Neues. In der ersten Hälfte des 17. Jahrhunderts wurden in Amsterdam bereits jede Woche rund zehn verschiedene Zeitungen veröffentlicht – die Kaufleute mußten nun einmal wissen, wohin sie ihre Schiffe besser nicht schicken sollten. Für die Philosophen Descartes, Bayle und Locke war die Pressefreiheit auch der Grund, ihren Wohnsitz in die Republik zu verlegen, um dort – ohne Angst vor Zensur und Kerker – ihre bahnbrechenden Werke zu schreiben. Descartes lebte dort von 1628 bis 1649, Bayle von 1681 bis zu seinem Tod im Jahre 1706 und Locke von 1683 bis 1689. Doch auch andere Freigeister nutzten die Freiheiten, die das Land ihnen bot: so erschienen 1668 die Werke Thomas Hobbes' in den Niederlanden, und 1762 publizierte Rousseau dort seinen »Contrat social« (Der Gesellschaftsvertrag) und den Erziehungsroman »Émile«.

Die dritte Ursache für die Konsenskultur war die Auffassung der Kalvinisten über das Wesen der Welt. Ihr Credo: »Wir sind alle Sünder und gleich vor Gott« paßte ausgezeichnet in das damals herrschende Gleichheitsdenken. Niederländische Kalvinisten ließen hinsichtlich ihrer Glaubensüberzeugungen nicht mit sich spaßen. Der deutsche Historiker Helmuth Plessner glaubt, daß Kalvinisten – anders als die Lutheraner in den deutschen Landen – all ihre religiöse Energie in die Diskussion über den wahren Glauben steckten und auf diesem Gebiet stets und überall das letzte Wort haben wollten. »Dieses Land hat Sekten wie der Sommer Mücken«, sagte man schon im 17. Jahrhundert, und noch immer heißt es: »Drei Niederländer, zwei Kirchen«. Die Kalvinisten hielten die Haarspalterei in Glaubensangelegenheiten jedoch von den weltlichen Dingen strikt getrennt. Auf diesem letzteren Gebiet waren sie durchaus bereit, Kompromisse zu schließen und so ihren Beitrag zu einer Kultur der Mäßigung, Liberalität und Toleranz zu leisten. Der Kalvinismus hat als treibende religiöse Kraft und als ein wichtiger Machtfaktor großen Einfluß auf das gesellschaftliche Zusammenleben gehabt und auch dem niederländischen Katholizismus seinen Stempel aufgedrückt.

Übersicht der Statthalter (1572–1795) und Könige (seit 1815)

Statthalter:
Wilhelm I. von Nassau-Oranien (1533–1584)
    Ältester Sohn Wilhelms des Reichen, Graf von Nassau-Dillenburg
    Statthalter von Holland (1572–1584)
Maurits (1567–1625)
    Zweiter Sohn von Wilhelm I.
    Statthalter von Holland, Zeeland, Utrecht, Gelderland, Overijssel (1586–1625)
Friedrich Heinrich (1584–1647)
    Jüngster Sohn von Wilhelm I.
    Statthalter (1625–1647)
Wilhelm II. (1626–1650)
    Ältester Sohn von Friedrich Heinrich
    Statthalter (1647–1650)

(Erste statthalterlose Periode 1650–1672)

Wilhelm III. (1650–1702)
    Einziger Sohn Wilhelms II.
    Statthalter (1672–1702), König von England (1689–1702)
    (letzter Nachkomme des Geschlechts in männlicher Linie)

(Zweite statthalterlose Periode 1702–1747)

Erste Fortsetzung in der weiblichen Linie:
Wilhelm IV. (1711–1751)
    Ältester Sohn der Enkelin Friedrich Heinrichs
    Statthalter von Friesland (1731)
    Allgemeiner Erbstatthalter (1747–1751)

Wilhelm V. (1748–1806)
  Einziger Sohn Wilhelms IV.
  Erbstatthalter (1751[66]–1795)

(Batavische Republik 1795–1806)
(Königreich Holland 1806–1810)
(Einverleibung in das französische Kaiserreich 1810–1813)

Könige und Königinnen:
Wilhelm I. (1772–1843)
  Ältester Sohn des Statthalters Wilhelm V.
  König (1815–1840)
Wilhelm II. (1792–1849)
  Ältester Sohn Wilhelms I.
  König (1840–1849)
Wilhelm III. (1817–1890)
  Ältester Sohn Wilhelms II.
  König (1849–1890)
  (letzter Zweig des Geschlechts in männlicher Linie)

Zweite Fortsetzung in der weiblichen Linie:
Wilhelmina (1880–1962)
  Einzige Tochter Wilhelms III. (drei Halbbrüder aus der ersten
  Ehe Wilhelms III. starben vor dessen Tod)
  Königin (1890–1948)

Dritte Fortsetzung in der weiblichen Linie:
Juliana (* 1909)
  Einzige Tochter Wilhelminas
  Königin (1948–1980)

Vierte Fortsetzung in der weiblichen Linie:
Beatrix (* 1938)
  Älteste Tochter Julianas
  Königin seit 1980
Willem-Alexander (* 1967)
  Ältester Sohn Beatrix'
  Kronprinz

Das städtische Regententum

Die Oranier und das städtische Regententum sind über die Jahrhunderte hinweg immer wieder aneinandergeraten – wobei die Oranier sicher nicht immer die Verkörperung der nationalen Einheit darstellten, wie häufig behauptet wird. Sie stützten sich auf die Masse des Volkes, die rechtgläubigen Pfarrer, das Heer und den Adel, der vor allem in Gelderland eine starke Anhängerschaft behalten hatte. Der Statthalter stand in Diensten der Generalstaaten und war deshalb den Regenten – den eigentlichen Machthabern in den mächtigen Städten und Staaten der Republik – in mehrfacher Hinsicht untergeordnet.

Als nach dem Frieden von Münster im Jahre 1648 Wilhelm II. als neuer Statthalter und Oberbefehlshaber der Truppen das große Generalstaaten-Heer aufrechterhalten wollte, um gemeinsam mit Frankreich die südlichen Niederlande (das heutige Belgien) zu spalten, stieß er auf erheblichen Widerstand. Vor allem die Amsterdamer Regenten und die Staaten der Provinz Holland wollten die Truppenstärke nämlich gerade stark reduzieren. Sie betrachteten die südlichen Niederlande als einen ausgezeichneten Puffer zu Frankreich und fürchteten die Konkurrenz zu Antwerpen, das zu dem Zeitpunkt noch durch eine Blockade der Westerschelde von der freien Durchfahrt zum Meer abgeschnitten war. Außerdem war man besorgt, daß die Oranier das Heer dazu benutzen könnten, um ihren dynastischen Bestrebungen den nötigen Nachdruck zu verleihen. Nach einem mißlungenen Überraschungsangriff des Statthalters auf Amsterdam spitzte sich der Konflikt zu. Amsterdam und die Staaten gaben nach, doch als Wilhelm II. 1650 starb, sahen die Regenten ihre Stunde gekommen. Sie machten den Ambitionen der Oranier ein rasches Ende und verweigerten Wilhelms soeben erst geborenem Sohn die Ernennung zum Statthalter.

Die Republik hat mehrere radikal-republikanische und statthalterlose Perioden erlebt, in denen die Regenten die Macht an sich zogen. Unter dem Ratspensionär Johan de Witt wurde die Statthalterschaft 1667 per Edikt sogar für immer abgeschafft. Diese erste statthalterlose Periode endete jedoch bereits 1672, als die Republik im sogenannten *Rampjaar*, dem Katastrophenjahr, von allen Seiten gleichzeitig angegriffen wurde: von den Franzosen, den Engländern sowie den Truppen der Bischöfe von Münster und Köln. Um die vierfache Gefahr zu bannen, wurde Wilhelm III., Prinz von Oranien, zunächst zum Generalkapitän und anschließend zum Statthalter ernannt; im Jahre 1675 wurde er sogar der erste Erbstatthalter. Er setzte der Macht des Ratspensionärs und der Regenten ein Ende und ließ Johan de Witt und dessen Bruder Cornelis später gar vom Haager Mob lynchen. Schon früher, im Jahre 1619, hatte sein Onkel, Prinz Maurits, den damaligen Ratspensionär Johan van Oldenbarneveld enthaupten lassen. Oranier haben zwar Regenten gewaltsam ausgeschaltet, doch umgekehrt haben Regenten niemals Oranier umgebracht.

Im sogenannten Holländischen Krieg (1672–1678) eroberte der französische König Ludwig XIV. – der die Republik haßte und sie als »giftigstes Unkraut« bezeichnete – Utrecht, Gelderland und Overijssel. Durch die Eroberung Bonns 1673 drohte Wilhelm III. die Nachschublinien der Franzosen abzuschneiden, so daß Ludwig sich zurückziehen mußte. Im Jahre 1688 vertrieb Wilhelm III. auf Bitten der Protestanten seinen katholischen Schwiegervater Jakob II. vom englischen Thron – eine Episode, die auch als *Glorious Revolution* bekannt ist. Wilhelm wurde 1689 zum König von England gekrönt und schlug Jakob II. schließlich vernichtend in der Schlacht an der irischen Boyne. Dieser Sieg wird noch heute jedes Jahr von dem protestantischen Oranier-Orden in Nordirland mit Aufmärschen und Umzügen gefeiert.

1672 war inzwischen die dritte Regenten-Generation am Ruder, die nicht mehr viel mit der Genügsamkeit ihrer Vorgänger am Hut hatte und sich in ihrem Lebensstil lieber an der Haager Hofentourage orientierte. Die allmähliche Aristokratisierung des Patriziats machte es für die reichen Mitglieder der Mittelschicht immer schwieriger, in den Kreis der Regenten aufgenommen zu werden. Dennoch mußte auch die aristokratisierte Regentenklasse weiterhin Rücksicht auf die öffentliche Meinung nehmen, doch dies bereitete ihr kaum Probleme, denn Konsens und Beratung steckten diesen Sitzungshengsten gewissermaßen im Blut.

Wilhelm III. hatte keinen Nachfolger, und nach seinem Tod im Jahre 1702 gewann die radikalrepublikanische Strömung erneut die Oberhand. Diese zweite statthalterlose Ära dauerte fast ein halbes Jahrhundert, bis 1747. In dem Jahr geriet die Republik in den österreichischen Erbfolgekrieg, und Frankreich fiel auf niederländisches Territorium ein. Ebenso wie im Jahre 1672 rief das Volk nach dem Haus von Oranien. Daraufhin wurde der Statthalter von Friesland und Groningen, Wilhelm Karl Heinrich Friso von Nassau-Oranien, als Wilhelm IV. auch zum Statthalter der übrigen Provinzen ernannt. Die Ausrufung der Batavischen Republik und der spätere Einmarsch der Franzosen im Jahre 1795 bedeuteten das Ende der Regentenoligarchie und des föderalen Systems. An ihre Stelle trat ein zentralisiertes Staatswesen nach französischem Vorbild. Als das französische Besatzungsregime 1813 zusammenbrach, wurde Wilhelm Friedrich, der Sohn des letzten Statthalters Wilhelm V., zum souveränen Fürsten ernannt. Mit Unterstützung Englands, das sich einen starken Pufferstaat nördlich von Frankreich wünschte, forderte der Fürst – der sich 1815 als Wilhelm I. zum König der Niederlande hatte ausrufen lassen – auf dem Wiener Kongreß die Ausweitung des Königreichs auf das gesamte Territorium westlich des Rheins bis an die Mosel. Nach scharfen Protesten Preußens blieb die Ausdehnung schließlich auf die südlichen, österreichischen Niederlande (das spätere Belgien) und Luxemburg begrenzt.

Doch im Zuge des Pariser Juli-Aufstands regte sich 1830 auch in den südlichen, katholischen Niederlanden der Widerstand gegen den König aus den protestantischen nördlichen Niederlanden, und man erklärte sich für unabhängig. Erst 1839 erkannte Wilhelm I. das Königreich Belgien an, das seit 1831 seine Könige aus dem Hause Sachsen-Coburg stellt. Luxemburg wurde geteilt: in ein Deutsch-Luxemburg, das als Großherzogtum Wilhelm I. zugesprochen werden sollte, und ein Wallonisch-Luxemburg, das an Belgien ging. Nach dem Tode König Wilhelms III. im Jahre 1890 wurde das Großherzogtum Luxemburg aus Mangel an einem männlichen Erbfolger aus der Linie derer von Oranien Adolf von Nassau zugesprochen.

Das Haus Oranien

Orange, ein kleines, beschauliches Provinzstädtchen in der Vaucluse im Rhônetal nahe Avignon, ist die Hauptstadt einer Grafschaft, die im 12. Jahrhundert von Kaiser Friedrich Barbarossa zum Fürstentum erhoben wurde. Wilhelm von Nassau erbte

1544 den Titel »Prinz von Oranien«. So armselig das Fürstentum auch gewesen sein mag, der Titel machte ihn doch zu einem souveränen Fürsten. Sein jüngster Sohn Friedrich Heinrich trug als erster den Namenszusatz »Nassau-Oranien«. Als dessen einziger Enkel Wilhem III. 1702 starb, erlosch mit ihm die männliche Linie des Hauses Nassau-Oranien. Der Name wurde vom Statthalter von Friesland, Groningen und Drente, Johannes Wilhelm Friso von Nassau-Dietz übernommen, des Nachfahren eines Bruders von Wilhelm von Oranien. Er war von Wilhelm III. zu seinem Erbfolger bestimmt worden, einem echten Nassauer und dem Enkel einer Tochter Friedrich Heinrichs. Sein Anspruch auf das Erbe wurde übrigens sowohl durch das Haus Nassau-Siegen als auch durch die Hohenzollern bestritten. Auch dieses Geschlecht mit dem Namen Nassau-Oranien starb 1890, nach dem Tod König Wilhelms III., in männlicher Linie aus.

Bis ins 20. Jahrhundert hinein heiratete man nicht nur, um für die Nachkommenschaft zu sorgen, sondern vor allem, um dynastische Interessen zu regeln. Die Partner sollten vorzugsweise aus dem Adelsstand kommen, deshalb handelte es sich fast immer um Vernunftehen. Statthalter und Könige zeugten jedoch nicht nur eheliche Kinder, sondern auch eine ganze Reihe von Bastarden, die anschließend am Hof aufwuchsen und Titel erhielten. Im 19. Jahrhundert setzte sich die bürgerliche Moral gegen die aristokratische durch, und der Ehebruch wurde in der Folge verschleiert. Was die Promiskuität betrifft, trieb es König Wilhelm III. am wildesten: neben seinem Äußeren und seinen Manieren war dies auch einer der Gründe, weshalb er im Volk »König Gorilla« genannt wurde. Sein nicht sehr königliches Verhalten sorgte dafür, daß bei seinem Tod das Ansehen des Hauses Nassau-Oranien auf einem gefährlichen Tiefpunkt angelangt war. Bei der Partnerwahl für Wilhelms Tochter Wilhelmina und deren Tochter Juliana hatte man ebenfalls keine glückliche Hand, denn die zwei deutschen Prinzen Heinrich von Mecklenburg-Schwerin (wegen seiner Leidenschaft für die Wildschwein-Jagd im Volksmund auch »Schweine-Heintje« genannt) und Bernhard von Lippe-Biesterfeld, beide Mitglieder des verarmten deutschen Hochadels, lebten mit ihren Auffassungen von ehelicher Treue noch ganz in der adligen Vorstellungswelt des 19. Jahrhunderts. Doch sie taten ihre Pflicht und zeugten – neben einer Reihe unehelicher Kinder – königliche Thronfolger, wenngleich auch nur weibliche.

Anläßlich der bevorstehenden Hochzeit in Amsterdam aufgehängtes Riesenporträt von Willem-Alexander und Máxima Zorreguieta.

Königin Wilhelmina wurde durch ihre entschlossene Haltung im Zweiten Weltkrieg zu einem nationalen Symbol. Damit gelang es ihr, die sowohl von ihrem Vater als auch von ihrem Ehemann durch deren zahllose Frauenaffären verursachte Krise einzudämmen. Bernhard wurde 1976 bezichtigt, vom amerikanischen Flugzeughersteller Lockheed Schmiergeld angenommen zu haben. Königin Juliana mußte mit ihrer Abdankung drohen, um die Strafverfolgung Bernhards abzuwenden. Weil er sich leichtfertig auf Transaktionen eingelassen hatte, die den Eindruck erwecken mußten, er sei für Korruption anfällig – wie es Premier Joop Den Uyl seinerzeit diplomatisch formulierte –, erhielt er ein Uniformverbot (Bernhard war verrückt nach Uniformen) und mußte eine

Reihe ziviler Funktionen niederlegen. Zu seinem 80sten Geburtstag wurde dieses – immerhin ziemlich alberne – Verbot wieder
aufgehoben. Erst unter der Herrschaft von Königin Beatrix ist
wieder Ruhe im Königshaus eingekehrt. Sie heiratete – unter ihrem Stand – den deutschen Diplomaten Claus von Amsberg.
Claus hat viel für die Verbesserung des Deutschlandbildes in den
Niederlanden getan; außerdem hat er dafür gesorgt, daß durch
die Geburt dreier Söhne endlich wieder eine stabile männliche
Linie zurückkehrt. Normalerweise ist es nicht üblich, daß Familiennamen in weiblicher Linie weitergegeben werden, doch für
den Namen Nassau-Oranien wurden durch spezielle Königliche
Beschlüsse Ausnahmen geschaffen, und deshalb wird er auch von
den aufeinanderfolgenden weiblichen Linien Wilhelminas, Julianas und Beatrix' geführt.

Über die Jahrhunderte hinweg sind die Verbindungen zwischen
den Nassau-Oraniern und deutschen Adelshäusern sehr eng geblieben. Man suchte und fand seine Ehepartner vor allem in deutschen Landen. Nach dem Zweiten Weltkrieg hieß es spöttisch,
daß die einzigen »Deutschen«, die niemals das Risiko liefen, als
»Mof« beschimpft zu werden, die Mitglieder des Hauses Nassau-Oranien seien. 1964 mußte Irene von Lippe-Biesterfeld, die
jüngere Schwester von Königin Beatrix, durch ihren Übertritt
zum katholischen Glauben und ihre Hochzeit mit einem spanischen Prinzen noch auf ihre Ansprüche auf die Thronfolge ver-
zichten. Gut 350 Jahre nach dem Achtzigjährigen Krieg gegen
Spanien wurde im Jahre 2002 erstmals ein Thronfolger, Prinz
Wilhelm Alexander von Nassau-Oranien, mit einer spanisch-
sprachigen Katholikin bürgerlicher Abstammung getraut: der
Argentinierin Máxima Zorreguieta. Auch über die Wahl seiner
Partnerin sind in den Niederlanden heftige Debatten geführt
worden. Hintergrund ist die dubiose Vergangenheit ihres Vaters,
der als Landwirtschaftsminister Mitglied der argentinischen
Junta unter Videla war. Thronanwärter haben die Zustimmung
der Regierung nötig, um den Partner ihrer Wahl heiraten zu dürfen. Die Regierung erteilte ihre Genehmigung nur unter der Bedingung, daß der Vater der Braut nicht bei der Eheschließung zu-
gegen sein dürfe.

Die Hohenzollern, die der Ehe des »Großen Kurfürsten« Friedrich Wilhelms I. (1620–1688) mit Luise Henriette von Nassau-
Oranien – einer Tochter des Statthalters Friedrich Heinrich, nach

der auch die Stadt Oranienburg bei Berlin benannt wurde – entsprungen waren, durften sich nach langwierigen juristischen und finanziellen Streitigkeiten auch weiterhin Prinzen von Oranien nennen. Kaiser Wilhelm II. war, als er im Jahre 1918 niederländisches Asyl erhielt, bis zu seinem Tod 1941 der einzige echte Prinz von Oranien auf niederländischem Boden, und zwar nicht durch Königlichen Beschluß, sondern in direkter, wenn auch weiblicher Linie.

Die Nationalhymne, das Wilhelmus-Lied, stammt aus dem Jahre 1568 und ist damit die älteste Nationalhymne der Welt. Ursprünglich handelte es sich um ein Geusenlied (nach den aufständischen, verarmten Adligen, die sich *gueux* oder *geuzen*, d.h. Bettler, nannten), dessen Melodie auf ein altes Spottlied zurückging, das von Adriaen Valerius zu einer langsamen, feierlichen Hymne umgearbeitet worden war – so langsam, daß es keinem Orchester jemals die Chance bietet, dem gesungenen Text zu folgen: das Volk jubelt bereits, wenn sich die Musik noch ihrem Ende entgegenschleppt. Katholiken und Kalvinisten waren unterschiedlicher Ansicht über den Erfolg des Aufstands und der daraus entsprungenen kalvinistischen Vorherrschaft – als Nationallied war das »Wilhelmus« deshalb zunächst auch kein Erfolg. Erst im Jahre 1932 wurde es per Ministerialerlaß zur offiziellen Nationalhymne erklärt. Das »Wilhelmus« zählt 15 Strophen, doch nur die erste wird als Nationalhymne gesungen. Für Leute ohne ein historisches Hintergrundwissen ist der Text heute nicht mehr zu begreifen: viele können durch die Ich-Form und die Ereignisse im Zweiten Weltkrieg das Wort *Duitsche* nicht mehr über die Lippen bringen und finden auch die Ehrenbezeugung an den König von Spanien absurd:

Wilhelmus van Nassouwe Ben ik van Duitschen bloed.
Den Vaderlant ghetrouwe Blijf ick tot in den doet.
Een prince van Oranjen ben ick vrij onverveert;
Den Coninck van Hispanjen Heb ick altijd gheeert.

Wilhelm von Nassauen, Bin ich von deutschem Blut.
Dem Vaterland treu Bleib ich bis in den Tod.
Ein Prinz von Oranien bin ich recht unverzagt;
Dem König von Hispanien Hab ich stets behagt.

Viele Niederländer singen entweder etwas anderes als »*van Duitschen bloed*« oder sie verhaspeln sich, vergessen die Reihenfolge und schweigen deshalb betreten. Für die echten Kalvinisten ist das Lied mehr als eine Nationalhymne.

Der »Bibelgürtel«

Im 19. Jahrhundert spaltete sich die Reformierte oder Öffentliche Kirche in die liberale *Nederlandse Hervormde Kerk* – als größte – und die streng kalvinistische *Gereformeerde Kerk*, in der sich die sogenannten *kleine luyden* (kleine Leute) sammelten. Für letztere war Wilhelm I. von Oranien als Anführer des Aufstands gegen Spanien und Landesvater mit Moses vergleichbar, der sein Volk ins Gelobte Land führte. In ihrem Denken waren die Niederländer, wie die Juden, ein auserwähltes Volk.

»Alles für Gott und nichts für den Menschen«, lautete das Motto der Kalvinisten, und wer in ihren Augen zu ehrgeizig war, mußte mit ihrem Mißfallen rechnen. Denn das galt als Götzendienst, als ein Versuch, den HERRN zu übertrumpfen. »*Doe maar gewoon, dan doe je al gek genoeg*« (etwa: Bleib auf dem Teppich, dann fällst du noch hart genug) und »*Steek je kop niet boven het maaiveld*« (etwa: Halt den Kopf schön auf dem Boden) heißt es in den Niederlanden noch immer. Für diese strenggläubigen Kalvinisten gilt die doppelte Prädestination: die Menschheit ist von Gott bereits vor Anbeginn der Zeiten in zwei Gruppen unterteilt worden, die »Auserwählten« und die »Verworfenen«. Schon vor der Erschaffung von Himmel und Erde hat Gott bestimmt, wem das ewige Leben beschert wird und wer der Verdammung anheimfällt. Wohin die letzte Reise geht, offenbart ER dem Gläubigen während seines irdischen Lebens durch allerlei Botschaften und Einflüsterungen. Sollte dies nicht der Fall sein, weiß man erst dann sicher, ob man zu den Auserwählten zählt, wenn man vor SEIN Angesicht tritt. Der Psychoanalytikerin Aleid Schilder zufolge schreiben streng kalvinistische Gläubige Mißerfolge eher sich selbst, angenehme Dinge aber anderen zu. Sie fühlen sich schlecht und ohnmächtig und verantwortlich für ihr Scheitern. Mit einer Argumentation, die sich als »mentale Selbstabtötung« umschreiben ließe, legen sie es geradezu auf Depressionen an. Bei den weniger orthodoxen *Gereformeerden* und *Hervormden* ist

*Innenansicht der Thomas-Kirche, einer »hervormden« Kirche,
in Amsterdam-Süd aus dem Jahre 1966.*

das anders: ihr Gott ist nicht nachtragend, und sie sind auser-
wählt, wenn sie das Glaubensbekenntnis ablegen und danach zu
leben trachten.

Die Grenze zwischen protestantischen und katholischen Gebieten wurde durch den Frieden von Münster 1648 festgeschrieben und bildet die damaligen Machtverhältnisse ab. Was seinerzeit spanisch war, ist katholisch geblieben, und was zur Republik
gehörte, wurde überwiegend protestantisch. Entlang dieser De-
markationslinie befindet sich eine Art »Bibelgürtel«, in dem die
meisten orthodoxen *Gereformeerden* leben. Diese Bibelzone –
die von den zeeländischen Inseln in nordöstlicher Richtung über
das Gebiet zwischen Maas und Rhein (Waal), die Utrechter Hügellandschaft und die Veluwe in Gelderland bis nach Overijssel
verläuft – stellt eine Art Frontlinie zwischen Katholizismus und
Protestantismus dar. Seit Einführung der Polio-Schutzimpfung
im Jahre 1956 treten in den Niederlanden nur noch in diesen Gebieten Fälle von Kinderlähmung auf, weil die dort lebenden,
strenggläubig-pietistischen *Gereformeerden* ihre Kinder nicht
impfen lassen. »Es wird kein Spatz flügellahm, ohne daß Gott es
so will« ist ihre Überzeugung, und man darf sich deshalb auch
nicht gegen das wehren, was Gott mit einem vorhat.

Katholische Emanzipation

Die östlichen Teile Gelderlands und Overijssels waren während des Waffenstillstands (1609–1621) im Achtzigjährigen Krieg in den Händen der Spanier und sind bis heute hauptsächlich katholisch. Auch die Gebiete, die die Republik erst im Lauf des Krieges gegen die Spanier erobert hatte – die sogenannten »Generalitätsländer« Nord-Brabant, Zeeländisch-Flandern und Teile Limburgs –, sind nahezu monolithisch katholisch geblieben. In diesen Gebieten hält man noch immer Prozessionen ab und feiert Karneval. In den protestantischen Gebieten, außer in Friesland, Groningen und Drente, befinden sich zahllose große katholische Enklaven, weil es in den Niederlanden keinen Religionszwang gab. Die Generalitätsländer erhielten bis 1796 keine eigene Verwaltung, weil die Generalstaaten – vergeblich – hofften, sie zum Protestantismus bekehren zu können. Ebenso wie dissidente protestantische Gruppierungen wurden auch die Katholiken diskriminiert, und in den Generalitätsländern hatten die Katholiken sehr viel höhere Steuern zu zahlen. Durch die Annahme der niederländischen Verfassung von 1848 wurde das Verbot der katholischen Amtskirche aufgehoben, und es begann die katholische Emanzipation.

Auf Katholiken ruhte in den Niederlanden jahrhundertelang das Odium politischer Unzuverlässigkeit, bedingt einerseits durch die Haltung gegenüber Spanien, andererseits durch den Mordanschlag des Katholiken Balthasar Gerards auf Wilhelm von Oranien im Jahre 1584. Aus Sicht der damaligen Katholiken war Gerards ein Held und Tyrannenmörder. »Antipapismus« ist ein typisch niederländischer Begriff für eine antikatholische Gesinnung, die man im Ausland oft als »Antiklerikalismus« bezeichnet. Katholiken wurden aufgrund ihres Glaubens als Gegner der bestehenden gesellschaftlichen Ordnung betrachtet und galten daher als verdächtig. Das bedeutete übrigens nicht, daß Katholiken keine Karriere machen konnten. Adlige Kreise, die Kunstszene und die Wissenschaft konnten sich weitgehend den kalvinistischen Zwängen entziehen. Sowohl der größte Dichter als auch der größte Architekt des Goldenen Jahrhunderts, Joost van Vondel (1587–1679) und Philip Vingboons (1607 oder 1608–1678), waren beide katholisch.

Das 19. Jahrhundert und die »Versäulung«

Durch die Emanzipation des katholischen Bevölkerungsteils und der *gereformeerden* »kleinen Leute« sowie die Entstehung der Arbeiterklasse im 19. Jahrhundert kam es zu neuen, weltanschaulichen Machtblöcken neben dem der Regenten, die sich »Liberale« nannten. Bis in die 60er Jahre des 20. Jahrhunderts hinein fanden politische Verhandlungen ausschließlich zwischen den Führern dieser scharf voneinander abgegrenzten kirchlichen und politischen Interessengruppen statt, die als »Säulen« bezeichnet wurden. Sie waren es, die die Vereinbarungen trafen, und ihre Basis hielt sich daran. Man akzeptierte die Autonomie der anderen Gruppen und kümmerte sich nicht um die dort herrschenden Konflikte. Diese Trennung galt für alle Bereiche des gesellschaftlichen Lebens (sozial, politisch, religiös, wissenschaftlich). Jede Säule hatte ihre eigenen Zeitungen, Rundfunk-Vereinigungen, politischen Parteien, Gewerkschaften, Schulen, Universitäten, Krankenhäuser, Vereine und sogar ihre eigenen Einkaufsgeschäfte. Die Zugehörigkeit zur jeweiligen Säule ließ sich sogar an den Trinkgewohnheiten ihrer Mitglieder ablesen: die Katholiken tranken Bier, die Protestanten Genever (Wacholderschnaps, Gin), die Liberalen Wein, und die Sozialisten waren Abstinenzler. Inzwischen sind die Niederlande in hohem Maße säkularisiert, doch die Gesellschaft, die Politik, die Medien, die Wohlfahrtsverbände, das Bildungswesen und das Vereinsleben weisen noch immer Merkmale der »Versäulung« auf.

Die Tradition der »Versäulung« ist auch die Ursache dafür, daß jede gesellschaftliche Säule ihre eigene Auffassung über die nationale Geschichte hat. Das politische und gesellschaftliche Leben in den Niederlanden wurzelte von jeher in einer Kultur des Verhandelns, und die organisierte Versäulung war deren natürliche, bis ins 16. Jahrhundert zurückreichende Fortsetzung. 1848 brach überall in Europa die Revolution aus. Auch das Königreich der Niederlande erhielt eine neue Verfassung, die zugleich das Ende des autokratischen Staates darstellte, in dem sich der König und die Regentenoligarchie die Macht teilten. Seitdem ist der König zwar offiziell Mitglied der Regierung, nicht aber des Kabinetts. Starke Könige oder Königinnen erkämpfen sich erfahrungsgemäß immer etwas mehr Spielraum als schwächere. Königin Beatrix gilt als starke Königin, die ihre Aufgabe als Mitglied der Regierung ernst nimmt. Sie ist seit 1980 Staatsoberhaupt und kennt das politische Metier in all seinen Facetten. Allwöchentlich berät sie sich mit dem Ministerpräsidenten, überläßt nichts dem Zufall, ist ein echter Kontrollfreak und wurde deshalb von dem niederländischen Kabarettisten Paul de Leeuw einmal im Scherz, in Anlehnung an die Königsschlange Boa constrictor, als »Bea constrictor« bezeichnet. Obwohl die Niederlande überall auf der Welt als ein progressives Land gelten, herrscht dort noch immer ein merkwürdiges demokratisches Defizit: der König regiert mit, und die Kommissare der Königin (die Ministerpräsidenten der Provinzen) sowie die Bürgermeister werden nicht vom Volk gewählt, sondern von der Krone, d. h. der Königin und den Ministern ernannt.

Ausländer sind häufig geschockt über die Lässigkeit, mit der Niederländer bestimmten Glaubensrichtungen Charaktereigenschaften zuordnen. Die niederländischen Kabarettisten Koot und Bie stellten sich in den 80er Jahren in die antipapistische Tradition, als sie die »katholische« Lücke zwischen den Schneidezähnen des damaligen Ministerpräsidenten Lubbers analysierten, an der sich ihnen zufolge eine typisch katholische Unzuverlässigkeit ablesen lasse. Landwirte aus den protestantischen nördlichen Provinzen brachten in den 1980er Jahren ihren Widerstand gegen den Gülleüberschuß der Schweinezüchter aus den katholischen Südprovinzen durch die ironische Losung zum Ausdruck: *Geen katholieke stront op protestantse grond* (Kein katholischer Dreck ins protestantische Eck). Niederländer zeigten sich in den 70er Jahren des 20. Jahrhunderts ihrerseits schockiert über die Unverhohlenheit, mit der man in Deutschland Minderheiten, die sich radikal gegen die öffentliche Meinung stellten, als »Gesinnungsfeinde« oder »Sympathisantensumpf« diskreditierte.

Eine der – bis heute spürbaren – Folgen der Versäulung ist das Desinteresse großer Teile der niederländischen Bevölkerung an dem, was andere tun oder lassen. Typisch für diese Geisteshaltung sind Wendungen wie: »Kümmere dich um deine eigenen Angelegenheiten«, »Wenn du mich in Ruhe läßt, laß ich dich in Ruhe«, »Müssen sie selbst wissen« oder eben das *Moet kunnen* (Muß erlaubt sein). In den Niederlanden gibt es den Begriff *gedogen*, der soviel wie »dulden« oder »tolerieren« bedeutet. So wird etwa der Verkauf von Haschisch in den unzähligen Coffeeshops

des Landes (bis maximal 5 Gramm pro Kunde) *gedoogd*, obwohl
der Handel damit – also auch die Belieferung der Coffeeshops –
offiziell strafbar ist. Was in den Augen der Niederländer an Positivem in einem Begriff wie *gedogen* steckt, ist für ausländische Beobachter oftmals der Inbegriff an Gleichgültigkeit. Der eigenen
Gemeinschaft verbieten, was man Außenstehenden zugesteht,
eben das *Gedogen*, ist ein typisch kalvinistisches Relikt, das
schon für die relative Religionsfreiheit im 17. Jahrhundert galt,
als jedermann wußte, wo sich die Schlupfkirchen befanden.

Die »holländische Krankheit« im 20. Jahrhundert

Die Vollendung des niederländischen Sozialstaats in den 70er
Jahren wurde vornehmlich aus den Erträgen der kurz vorher in
der Provinz Groningen angebohrten Erdgasvorkommen finanziert. Die Träume wuchsen in den Himmel, und die Gewerkschaften stellten immer höhere Forderungen, was Löhne und soziale
Absicherungen betraf. Im Laufe von nur zehn Jahren geriet der
Wohlfahrtsstaat vollkommen aus den Fugen, die Lohnkosten ex-
plodierten, und die niederländische Konsens-Wirtschaft wurde
zum Sorgenkind der Nation. Man begann, von der »holländischen Krankheit« bzw. »Dutch disease« zu sprechen.

In den Niederlanden herrschte bis weit in die 70er Jahre hinein
die typische Arbeitsteilung: der Mann arbeitete, die Frau kümmerte sich um den Haushalt. Anfang der 80er Jahre kam es dann
zu einem verstärkten Zustrom von Frauen auf den schrumpfen-
den Arbeitsmarkt. Dadurch und durch die einsetzende Rezession
stieg die Arbeitslosigkeit dramatisch an.

Im Jahre 1982 schlossen die Vorsitzenden der beiden größten Arbeitgeber- und Arbeitnehmerorganisationen ohne große
Vorbesprechungen in einer Art »Bündnis für Arbeit« den sogenannten *Akkoord van Wassenaar*, eine Vereinbarung über Lohnzurückhaltung und Kostensenkung im Tausch gegen Arbeitsplätze. Solche in Hinterzimmern geschlossene persönliche Deals
gehen häufig der im niederländischen Beratungs- und Verhandlungsmodell notwendigen Bestätigung durch eine Versammlung
voran. Vor dem Abschluß solcher Vereinbarungen finden normalerweise in einer Vielzahl von Körperschaften dreiseitige Beratungen zwischen Regierung, Arbeitnehmern und Arbeitgebern

statt. Dort können sie auf nüchterne, sachliche Weise die Interessen ihrer Basis vertreten. In Deutschland fehlt ein solches Forum, in dem die Sozialpartner ohne Druck miteinander über die Lösung brennender Fragen philosophieren können. In der Vereinbarung von Wassenaar spielten die Umverteilung der Arbeit durch Teilzeit- und Leiharbeit, die Subventionierung niedrigproduktiver Tätigkeiten sowie Steuersenkungen für die unteren Einkommen eine wichtige Rolle.

Heute läßt sich in den Niederlanden von einer mit 73,2 Prozent »optimalen« Partizipation am Arbeitsprozeß sprechen. Dies ist vor allem den vielen Teilzeitstellen zu verdanken, die in der Mehrzahl an die Frauen gingen, weil sie als Nachzügler auf dem Arbeitsmarkt wenig Chancen hatten, an die in diesen Jahren noch knappen Vollzeitstellen zu kommen. Durch Zurückhaltung bei den Löhnen wurde eine effektive Lohnsenkung von 15 bis 20 Prozent gegenüber Deutschland erzielt, und es wurden Stellen geschaffen. Doch trotz der starken Senkung der Arbeitslosenquote in den letzten Jahren gibt es immer noch eine hohe, verkappte Arbeitslosigkeit, die sich in Arbeitnehmerpools und Teilzeit- oder Flexarbeit auf der Basis von Abruf-, Aushilfs-, Null-Stunden-, Stand-by-, Min-Max- oder Zeitarbeitsverträgen verbirgt, vor allem aber in der Arbeitsunfähigkeitsversicherung (WAO) und der Frühverrentung (VUT). In den Niederlanden gibt es derzeit fast eine Million Arbeitsunfähige, von denen ein hoher Prozentsatz aufgrund psychischer Probleme von der Arbeit befreit ist.

Das Poldermodell und seine Grenzen

Frits Bolkestein, seinerzeit Fraktionsführer der rechtsliberalen Volkspartei für Freiheit und Demokratie, VVD, benutzte in einem »Volkskrant«-Interview vom 3. Dezember 1996 als erster den Begriff Poldermodell, der sofort aufgegriffen wurde und es in den Jahren danach in alle Weltsprachen schaffte: statt *Holland-Modell, miracle hollandais* oder *Dutch Model* heißt es nun überall gleichermaßen Poldermodell. Das Poldermodell ist jedoch nur ein aktuelles Beispiel der jahrhundertealten niederländischen Art und Weise, Probleme anzugehen. Das Beraten und Verhandeln ist tief im kollektiven Denken der niederländischen Gesellschaft verankert, weil es in diesem kleinen, kommunikativen Land niemals eine Mehrheit gab, die über die Macht verfügte. Die sozialen und politischen Partner beraten, erklären, ordnen, stimmen ab oder suchen nach Kompromissen und haben dabei – jeder für sich – das Gefühl, die eigentliche Regie zu führen.

Im Jahre 1982 hieß das niederländische Beratungs- und Verhandlungsmodell noch *Dutch Disease*, weil es mit hoher Arbeitslosigkeit, unbezahlbar hohen Sozialausgaben und einer Lohnkostenexplosion gepaart war. Danach wurde es auch gelegentlich als »zähflüssiger Staat« bezeichnet, weil die Entscheidungsfindung durch das zähe Beraten unnötig viel Zeit in Anspruch nehme. Dieser Begriff ist erneut im Kommen, jetzt, da die *New Economy* nicht das gebracht hat, was von ihr erwartet wurde, und die Rezession wieder auf dem Vormarsch ist. Böse Stimmen behaupten sogar, daß die Poldereuphorie nur möglich war, weil sie zwischen 1995 und 2000 von einer niegekannten Hochkonjunktur getragen wurde. Inzwischen fordern eine ganze Reihe von Experten, das Poldermodell aufzugeben. Man fragt sich öffentlich, ob das maximale Haltbarkeitsdatum des Modells nicht längst überschritten ist, und spricht sogar von »Konsensdiktatur«, aus Protest gegen die Zähflüssigkeit und Trägheit der endlosen Diskutierzirkel. Doch man vergißt dabei gern, daß schnelle Entscheidungsprozesse allein noch nicht die Lösung bringen, denn ohne ausreichende Beratung können Interessengruppen die Sache in der Umsetzungsphase empfindlich verschleppen.

Die stärksten Einwände gegen das Poldermodell erheben sich nach der Einführung von Marktmechanismen unter anderem im Bildungs- und Gesundheitswesen, die sich als verheerend erwiesen haben. Die schlechte Bezahlung, die langen Arbeitszeiten und der niedrige Status von Lehrern haben zu einem dramatischen Lehrermangel geführt, der sich durch die allmähliche Pensionierung der Baby-Boomer-Generation in den kommenden zehn Jahren noch verschärfen wird. Das Gesundheitswesen ist kaputtsaniert worden: es gibt 200 000 Patienten auf Wartelisten, und Krankenhäuser müssen aus Personal- oder Geldmangel sogar schwerkranke Patienten abweisen. Der große niederländische Krankenversicherer Amicon hat für 2002 sogar einen Vertrag mit elf deutschen Krankenhäusern sowie der AOK geschlossen; niederländische Patienten, die zu Hause auf Wartelisten geführt werden – und allein für eine simple Leistenbruchoperation sind dies schon 700 –, können dort sofort behandelt werden.

In Deutschland spricht man – vielleicht auch infolge der wirtschaftlichen Probleme im eigenen Land – mit Bewunderung über
die Niederlande. Auch der »Spiegel« tut das, stellt dann jedoch
giftig und voll Schadenfreude fest, daß niederländische Patienten, wollen sie in ein Krankenhaus aufgenommen werden, von
ihrem Arzt den folgenden Rat erhalten: »Setzen Sie sich mit nas-
sen Haaren ins Auto, drehen Sie die Heizung voll auf, damit Sie
verschwitzt und schlecht aussehen. Dann fahren Sie an der Klinik
vor.«

Deutschland und seine feudale Prägung

Das Heilige Römische Reich des Mittelalters war politisch zer-
splittert und hatte durch seine Lage – als »Land der Mitte« von
Feinden umringt – eine Entwicklung durchgemacht, die stark zu
der des französischen Königreichs kontrastierte. Abgesehen davon, daß Frankreich nur eine unsichere Grenze besaß, den Rhein,
war es dem französischen Königshaus bereits im 12. Jahrhundert
gelungen, den Feudaladel unter seine Kontrolle zu bringen und
eine starke Zentralherrschaft zu errichten. Der deutsche Kaiser
mußte seine Macht dagegen mit den Fürsten teilen, die für ihre
militärischen Verdienste mit der Vergabe von Lehen in Form von
Grundstücken, Zollrechten, Ämtern und Steuereinnahmen be-
lohnt worden waren. In Deutschland entstand so ein Konglome-
rat unzähliger großer und kleiner Feudalstaaten, freier Städte
und Gemeinden, die sich über zahllose – selbst oftmals nicht weiter als das Auge reichende – Herrschaftsgebiete erstreckten und
das Reich mit Hunderten von Grenzen zerschnitten. Die Reformation führte im 16. Jahrhundert zu neuen religiösen Gegensät-
zen und verstärkte die Machtkonflikte zwischen dem Kaiser und
den Territorialfürsten des Reichs, die eine Konsolidierung ihrer
eigenen Machtsphäre anstrebten.

Mit seinem *cuius regio, eius religio* gestand Luther zwar dem
Fürsten Glaubensfreiheit zu, nicht aber dessen Untertanen. Die
Fürsten des Reichs waren mächtig genug, um sich gegen den katholischen Kaiser zu stellen, und erhielten im Religionsfrieden
von Augsburg 1555 das Recht, nach eigenem Gutdünken zu entscheiden, welches Glaubensbekenntnis in ihren Fürstentümern
herrschen sollte. Die Grenze zwischen protestantischen und ka-

tholischen Ländern folgte dabei weitgehend dem *Limes*, dem Grenzwall des früheren Römischen Reichs. Süddeutschland und das Rheinland blieben katholisch, Norddeutschland wurde protestantisch. Jahrhundertelang sollte es in der Verteilung der Konfessionen zwischen den deutschen Ländern keine Veränderungen mehr geben. Indem die Religion eine Staatsangelegenheit geworden war, blieben ganze Städte und Landstriche in Deutschland nahezu monolithisch lutherisch, katholisch oder kalvinistisch. Wer einer anderen Konfession anhing als seine Umgebung, hatte die Wahl zwischen einem heimlichen Glaubensbekenntnis oder der Emigration. Das änderte sich erst, als nach der Kapitulation 1945 gewaltige Flüchtlingsströme aus den »Ostgebieten« ihre Zuflucht im Westen suchten und dabei in Gegenden landeten, die vordem kaum Enklaven Andersdenkender gekannt hatten.

Der Dreißigjährige Krieg (1618–1648)

Im Dreißigjährigen Krieg war das Heilige Römische Reich das Schlachtfeld Europas. Nicht nur die katholischen und protestantischen deutschen Fürstenbünde standen einander gegenüber, sondern auch nahezu alle Großmächte Europas. Auf deutschem Boden fanden ununterbrochen Feldschlachten statt, Brandschatzungen und Plünderungen waren an der Tagesordnung. Der Westfälische Friede 1648 sorgte für eine definitive Regelung der religiösen Verhältnisse, wobei man sich auf den Religionsfrieden von Augsburg bezog und den Kalvinismus als drittes Glaubensbekenntnis anerkannte. Das Heilige Römische Reich existierte noch bis 1806, doch die Kaiserschaft war ein Titel ohne Macht, und die deutschen Fürsten wurden vollständig souverän. Während sich um Deutschland herum überall zentral regierte, absolutistische Reiche bildeten, kehrte Deutschland zur Zersplitterung des Mittelalters zurück, jetzt noch verstärkt durch den konfessionellen Riß. Nicht umsonst nannten die Franzosen das Deutschland jener Tage *Les Allemagnes* (die Deutschlande). In der deutschen Gesellschaft sollten die Folgen des Dreißigjährigen Kriegs noch Jahrhunderte nachwirken:

Ein Drittel der deutschen Bevölkerung war umgekommen, das verarmte Bürgertum und die Bauern lebten in einem permanenten Zustand der Angst. Hungersnöte, Epidemien sowie Diebes- und Söldnerbanden suchten auch in der zweiten Hälfte des 17. Jahrhunderts das Land heim. Über Hunderte von Jahren hinweg kam es immer wieder zu gigantischen Emigrantenströmen aus Deutschland in die umliegenden Länder und Übersee-Kolonien, die dem Land die dringend benötigte Arbeits- und Innovationskraft entzogen und die Struktur ganzer Regionen angriffen. (Von den ungefähr eine Million Menschen, die im Laufe der Zeit als Soldat, Matrose, Kaufmann, Kanzleiangestellter, Chirurg oder Lagerhausknecht bei der niederländischen Vereinigten Ostindischen Compagnie in Asien gedient haben, kam die Hälfte aus dem Ausland, und die meisten von ihnen waren Deutsche.)

Die großen deutschen Handelshäuser waren ruiniert, und als sie ihre Funktion als Drehscheibe im europäischen Nord-Süd-Handel wieder einnehmen wollten, waren wichtige Handelswege verlegt. Durch die Entdeckung des amerikanischen Kontinents und des Wasserweges nach Osten war die Bedeutung der Hanse und des Ostseehandels stark gesunken. Andere, interkontinentale, Schiffahrtsverbindungen und Häfen hatten dagegen an Wichtigkeit zugenommen; vor allem England und die niederländische Republik profitierten davon. Das Reich war als Handelspartner geschwächt, auch weil es ihm nicht gelang, sich zu einer Kolonialmacht zu entwickeln.

Die Angehörigen der Mittelschichten wurden zu drittrangigen Untertanen ohne Mitspracherecht und Macht. Der Adel verteilte die lukrativen Posten unter sich, denn er konnte kraft des Geburtsrechts Anspruch auf Privilegien und Ämter erheben. Im Gegensatz zu Ländern wie Frankreich und England, die ein Hofleben hatten, gab es in Deutschland nahezu keine Integration zwischen Adel und Bürgertum. Angehörige des gehobenen Bürgertums konnten lediglich als Beamte in ausführender Funktion Zugang zu den höheren Verwaltungsebenen erhalten. Die relative Machtlosigkeit des gehobenen Bürgertums auf politischem Gebiet führte in den darauffolgenden Jahrhunderten zur Formulierung eines apolitischen Bildungsideals, bei dem die innere geistige und kulturelle Bildung im Vordergrund stand. Die Bürger wandten sich vom Adel ab, sprachen, schrieben und lasen Deutsch und richteten sich gegen alles, was aus Frankreich kam, also auch gegen die Aufklärung. Sie reklamierten für sich die Rolle der geistigen Elite, kultivierten in einem ausgefeilten Titelsystem einen »Adel des Geistes« und schufen sich ihre eigene Kultur. Geist und Macht wurden zwei völlig voneinander getrennte Welten. Die bürgerlichen Intellektuellen konnten sich eine übertrieben idealistische Einstellung leisten und sich in utopischen Idealen verlieren, da es ihnen nicht um politisches Engagement, sondern um die Idee und die Reflexion ging. Als Madame de Staël Deutschland besuchte (1803–1808), schrieb sie über die deutschen Intellektuellen: »Die Gebildeten Deutschlands machen einander mit größter Lebhaftigkeit das Gebiet der Theorien streitig und dulden in diesem Bereich keine Fesseln, ziemlich gerne überlassen sie dafür den irdischen Machthabern die ganze Wirklichkeit des Lebens.«

Das deutsche Kaiserreich

Der Historiker Helmuth Plessner hat Deutschland die »verspätete Nation« genannt, weil es ihr erst unter Bismarck gelang, einen starken Staat hervorzubringen. Dieser entstand nicht durch eine Revolution von unten, sondern durch eine Revolution von oben, durch den herrschenden preußischen Adel und das Militär. Der Revolutionsversuch des liberalen Bürgertums im Jahre 1848 scheiterte, und es dauerte bis zum Ende des Ersten Weltkriegs, bis es diesen Schlag überwunden hatte. Bis dahin blieb die Politik eine reine Staatsangelegenheit. Der Bürger beschäftigte sich nicht mit Politik und zog sich auf den Bereich des geistigen Lebens zurück.

Im Jahre 1866 besiegte Preußen Österreich und markierte damit das Ende des großdeutschen Traums; fünf Jahre später, 1871, wurde die klein- oder preußisch-deutsche Einigung eine Tatsache, als in Versailles das deutsche Kaiserreich ausgerufen wurde. Damit war es mit der »Vielstaaterei« vorbei. Das Reich wurde kein zentralistisch regierter Staat, sondern ein Fürstenbund unter preußischer Führung. Im neuen Kaiserreich blieben die Krone und die alte feudale Oberschicht am Ruder, während das gesamte preußische Amtswesen vom Reich übernommen wurde.

Das Kastendenken des Offizierskorps, die Standesdünkel des Adels und die moralische Integrität der Beamtenschaft waren die

Pfeiler der preußischen Gesellschaft. Die preußische »Pflicht- und Dienstideologie« und die militärische Disziplin der Armee wurden vom Reich übernommen. Der preußische Philosoph Immanuel Kant hat eine besondere Auffassung über die Pflicht formuliert, die er den »kategorischen Imperativ« nannte: »Handle so, daß die Maxime deines Willens jederzeit zugleich als Prinzip einer allgemeinen Gesetzgebung gelten kann.« Auch wenn man die Neigung zu einem bestimmten Verhalten spürt, steht die Pflicht an oberster Stelle und darf nicht, auch nicht aus pragmatischen Gründen, beiseite geschoben werden. Diese Ideologie diente auch als Vorlage für das Denken der Beamtenschaft im Kaiserreich.

Erst nach dem Ersten Weltkrieg wurde in Deutschland das erste demokratische Experiment durchgeführt, die Weimarer Republik. Es mißlang, weil die Republik unmögliche Startbedingungen hatte. Sie erbte den völlig bankrotten Nachlaß des Kaiserreichs und mußte im Vertrag von Versailles äußerst harte Bedingungen (territoriale Verluste, hohe Reparationszahlungen, Beschränkungen im internationalen Handel) akzeptieren, weshalb der Vertrag auch das »Diktat« von Versailles, von den Gegnern der Republik sogar der »Verrat« von Versailles genannt wurde. Auch in den Niederlanden stießen die Bestimmungen des Vertrages auf starke Kritik. Der ausrangierte Adel und die militärischen Konservativen stellten eine große Gefahr für die Stabilität der jungen Republik dar. Als 1929 schließlich die Weltwirtschaftskrise ausbrach und Deutschland nicht mehr in der Lage war, die astronomisch hohen Wiedergutmachungszahlungen zu leisten, übernahmen wenig später, 1933, die Nationalsozialisten die Macht.

Der Zweite Weltkrieg

Der Zweite Weltkrieg ist der Krieg der grauenerregenden Zahlen. In deutschen Konzentrationslagern wurden sechs Millionen Juden umgebracht. Homosexuelle, Zigeuner und Geistigbehinderte teilten dieses Schicksal. Rund 55 Millionen Menschen starben während des Kriegs, etwa die Hälfte davon waren Zivilisten. Es sind allein 20 Millionen Bürger der Sowjetunion umgekommen, und auch die deutsche Bevölkerung blieb von den Verbrechen des Dritten Reichs nicht verschont: mehr als drei Millionen deutsche Soldaten fielen auf dem Schlachtfeld, über sieben Millionen wurden verwundet und anderthalb Millionen blieben vermißt. Das Land war vernichtet, ganze Städte waren dem Erdboden gleichgemacht worden, und die Bevölkerung war körperlich und geistig erschöpft. Am Ende des Kriegs mußten infolge der Grenzverschiebungen etwa zwölf Millionen Deutsche und Deutschstämmige aus den ehemaligen Ostgebieten ins deutsche Mutterland umsiedeln; zwei Millionen von ihnen kamen dabei um.

Doch man darf auch nicht vergessen zu erwähnen, daß während des Zweiten Weltkriegs 200 000 Deutsche den Wehrdienst verweigert haben und 30 000 von ihnen dafür hingerichtet wurden. 30 000 deutsche Soldaten wurden wegen Fahnenflucht verurteilt und 20 000 dafür umgebracht. Vor Ausbruch des Kriegs wurden 225 000 Männer und Frauen in politischen Prozessen zu insgesamt 600 000 Jahren Haft verurteilt. Es fanden 86 Massenprozesse gegen Mitglieder der sozialistischen Parteien statt, und ungefähr eine Million Deutsche saßen für kurze oder längere Zeit in den ursprünglich nur für sie errichteten Konzentrationslagern. In der späteren Bundesrepublik Deutschland hat es – anders als in Österreich und auch anders als nach dem Ersten Weltkrieg – niemals einen militärischen Veteranenkult gegeben, doch es wurde andererseits von offizieller Seite auch wenig Aufhebens um den aktiven und passiven Widerstand im Dritten Reich gemacht, vielleicht, um die gigantische Armee ehemaliger Hitleranhänger nicht zu vergrätzen. Inzwischen gibt es eine offizielle Gedenkfeier für die Opfer des 20. Juli 1944, also die Beteiligten am mißlungenen Anschlag auf Hitler aus Kreisen der Wehrmacht und bürgerlicher Konservativer. Und mittlerweile findet man auch lobende Worte für die Widerstandsgruppe um die »Weiße Rose« und den Zimmermann Georg Elsner, der noch vor dem Krieg ein Attentat auf Hitler verübte. Doch bis heute gibt es vergleichsweise wenig Wertschätzung für antifaschistische Gruppierungen aus dem sozialistischen und kommunistischen Lager.

Die Bundesrepublik Deutschland

Mit der Gründung der Bundesrepublik Deutschland im Jahre 1949 ließ sich zum ersten Mal in der Geschichte der deutschen Nation von einer atlantischen Ausrichtung sprechen. Jürgen Habermas hat dazu bemerkt: »Die unbegrenzte Öffnung der Bundesrepublik für die politische Kultur des Westens ist die große intellektuelle Leistung unserer Nachkriegsepoche.« Die Auffassungen der Amerikaner über die Staatsform der neuen Bundesrepublik paßten vorzüglich in das Muster der früheren »Vielstaaterei«. Die Bundesrepublik Deutschland wurde ein dezentralisierter föderaler Staat, in dem die Teilstaaten, die Bundesländer, über eine sehr viel größere politische und kulturelle Autonomie verfügen, als man anderswo häufig vermutet. Über ihre Vertreter im Bundesrat kontrollieren die Bundesländer einen Großteil der nationalen Gesetzgebung. Eine alles beherrschende »große« Metropole wie Paris oder London hat die Bundesrepublik nicht, wohl aber eine große Zahl an ehemaligen Residenzstädten. Durch seine früheren kulturellen Ansprüche steht das heutige Deutschland voll mit prächtig ausgestatteten Museen und Konzertsälen, und jede Stadt, die etwas auf sich hält, beherbergt eine Theaterbühne.

Zu den großen Wundern der Nachkriegsentwicklung in Deutschland gehört es, daß nach den Katastrophen in der ersten Hälfte des 20. Jahrhunderts eine in jeder Beziehung gelungene Republik entstehen konnte, ein »normaler« und wohlhabender Staat, in dem dem früheren »preußischen« Pflicht-und-Dienst-Denken der Stachel genommen ist und sich die Nachkriegsgenerationen in fast nichts mehr von denen in den Nachbarländern unterscheiden. Sie betrachten alte preußische Werte wie Ruhe, Ordnung, Kontrolle, Sicherheit, Fleiß, Disziplin und harte Arbeit nicht mehr als alleinseligmachend und pflegen, ebenso wie ihre Generationsgenossen jenseits der Grenzen, auch moderne, postmaterialistische Werte wie Selbstentfaltung, Reflexion, Entspannung, Mitbestimmung und sinnvolle Arbeit.

Als am 9. November 1989 die Berliner Mauer geöffnet wurde, herrschte zum ersten Mal nach dem Krieg allerorts Sympathie für die Deutschen. Durch die Wende wurden 17 Millionen Ostdeutsche zusammen mit den 65 Millionen Westdeutschen wieder *ein* Volk.

Die Verwendung des Begriffs »Wiedervereinigung« oder »Vereinigung« ist von der jeweiligen politischen Sicht abhängig. Gegner des Worts »Wiedervereinigung« behaupten, daß dies die Nichtanerkennung der Oder-Neiße-Grenze beinhalten könne sowie den Wunsch, zu einem Deutschland in den Grenzen von 1937 zurückzukehren. Um diesem Dilemma zu entgehen, benutzt man in den Niederlanden deshalb auch den Begriff *eenwording*, Einigung.

Nach der Wende und der Einigung der zwei deutschen Staaten wurden hier und da – vor allem in Großbritannien unter Margaret Thatcher und den kleineren Nachbarländern um Deutschland herum – Stimmen laut, die die Angst vor dem Vierten Reich zum Ausdruck brachten und auf die Gefahr einer »Renationalisierung« hinwiesen. Für sie galt noch immer die Sichtweise des französischen Schriftstellers und Politikers François Mauriac, der behauptete, Deutschland so sehr zu lieben, daß er froh sei, zwei davon zu haben. Diese Angst wurde und wird aber nur von wenigen geteilt. Die Bundesrepublik läßt sich nicht mit dem deutschen Kaiserreich oder dem Dritten Reich vergleichen, wo das Volk unmündig war, so etwas wie eine Mittelschicht kaum existierte und Unfreiheit herrschte. Außerdem gab es durch die bedingungslose Kapitulation des Dritten Reichs 1945 keine Chance auf einen neuen Mythos, wie es der »Verrat von Versailles« gewesen war. Und anders als in der Weimarer Republik wurde die Bundesrepublik auch nicht mit Wiedergutmachungszahlungen belastet und durch Streiks und Wirtschaftskrisen erschüttert. Im Gegenteil: das Land erhielt Hilfe nach dem Marschallplan und schuf mit dem »Wirtschaftswunder« eine Periode niegesehener und anhaltender wirtschaftlicher Blüte. Deutschland hat sichere Grenzen bekommen und ist militärisch, wirtschaftlich und politisch in Europa integriert. Die »Europäisierung« Deutschlands ist *das* große Verdienst der bundesdeutschen Politik und vor allem Altkanzler Kohls gewesen. Indem er für die Abschaffung der D-Mark und die Einführung des Euro warb, hat er Deutschland für immer nach Europa hineingelotst.

Die Schwäche der eigenen, schwer belasteten nationalen Identität ist für viele Deutsche ein Grund, sich eine europäische »Ersatzidentität« zuzulegen. Amerikaner haben sich, trotz des weitverbreiteten Bilds vom »häßlichen Amerikaner«, niemals für ihre Nationalität geschämt. Ihre Identifikation findet – wie bei nahezu allen anderen Völkern auch – über die Nation statt. Sie können das Adjektiv »typisch« problemlos in positivem Sinne auf sich beziehen. »Typisch deutsch« ist dagegen fast immer negativ besetzt, sowohl für Deutsche selbst als auch für ihre internationalen Nachbarn. Deutsche haben durch den Holocaust und das Dritte Reich eine problematische Beziehung zu ihrer Nation und ziehen es angesichts des bei anderen unterstellten negativen Deutschlandbilds vor, nicht mit ihrer Nationalität hausieren zu gehen. Durch die Zäsuren in ihrer Geschichte (»verspätete Nation«, Territorialisierung und Föderalisierung, zwei verlorene Weltkriege und vor allem das Dritte Reich mit seinem Holocaust) haben die Deutschen – und zwar sowohl Wessis wie Ossis – eine stärkere regionale Identität entwickelt und weniger eine, oft als auferlegt erfahrene, nationale Identität. Dasselbe gilt für die mehr als zwölf Millionen Flüchtlinge, die in den Jahren 1945 und 1946 aus dem Sudetenland, Schlesien, Pommern und Ostpreußen in das übrige Deutschland kamen und dort seßhaft wurden. Und auch die Ostdeutschen werden wohl noch einige Zeit brauchen, um sich mit der neuen Bundesrepublik Deutschland identifizieren zu können. Doch andererseits: wie lange haben die Bayern sich gegen die »Einverleibung« in das deutsche Kaiserreich aufgelehnt!

Typisch deutsch ist für einen Deutschen denn auch eine *contradictio in adjecto*, ein Widerspruch in sich. »Für einen ›Deutschen‹ gehalten zu werden, bedeutete eine Gleichsetzung mit einer Identität, die ich bis dahin so nicht kannte und nach der ich auch niemals ein Bedürfnis gehabt habe«, gesteht der deutsche Niederlandist Bernd Müller, der sich in den 80er Jahren in den Niederlanden aufgehalten hatte. Viele Deutsche bringen dies im Ausland dadurch zum Ausdruck, indem sie bei den Angaben über ihre Herkunft die Begriffe »deutsch« und »Deutschland« vermeiden. Engländer, Franzosen, Amerikaner und auch Niederländer antworten auf die Frage, woher sie kommen, daß sie aus England, Frankreich, den USA oder den Niederlanden sind, und präzisieren dies im folgenden. Deutsche nennen lieber das Bundesland oder die Stadt und erzählen, daß sie Bayer, Schwabe, Berliner oder Brandenburger sind.

Inzwischen sind jedoch erste Anzeichen für eine Veränderung erkennbar, denn für die jüngere Generation sind die Begriffe »Deutscher« oder »Deutschland« nicht mehr tabu. Als die

»Ein großer Tag – endlich VW-Besitzer« (Plakat aus dem Jahr 1955). Populär wurde der »Käfer« in den Niederlanden bereits seit 1949 als Dienstwagen von Beamten und als Polizeifahrzeug.

Werbung für den DDR-Volkswagen »Trabant«, der von 1961 bis 1973 insgesamt 16 000 mal in die Niederlande verkauft wurde.

rechtsradikale FPÖ von Jörg Haider im Oktober 1999 die Wahl gewann, war Österreich plötzlich zu einem heiklen Gesprächsthema geworden – insbesondere für Österreicher, die im Ausland lebten oder Kontakt zu Ausländern hatten. Deshalb beschlossen junge Österreicher, die in den Niederlanden lebten und es satt hatten, von ihren Altersgenossen ewig auf ihr Österreichischsein angesprochen zu werden, eine andere Identität anzunehmen, die sie als weniger problematisch empfanden: sie gaben sich als Deutsche aus.

Deutsche umgehen die Identifikation mit der politischen Nation und dem nationalen Staat meist durch ein starkes, regional geprägtes »Heimat«gefühl. Um in den Niederlanden, ihrer »Wahlheimat«, nicht erkannt zu werden, lernen Deutsche so schnell wie möglich Niederländisch, oder sie sprechen Englisch. Denn Deutschland mag zwar eine große Anzahl von Völkern in sich vereinen, die sich in sozialhistorischer und mentalitätsgeschichtlicher Hinsicht stark voneinander unterscheiden – im Ausland sind alle Deutschen einfach Deutsche, wo immer sie auch herkommen mögen und trotz ihrer lebendigen regionalen Identität.

Die Deutsche Demokratische Republik

In der DDR rechnete man mit der alten Elite ab und leistete treu seine Wiedergutmachungszahlungen an die russische Besatzungsmacht. Die mittleren und unteren Kader aus der nationalsozialistischen Hierarchie wurden in die neuen Strukturen integriert und blieben dadurch erpreßbar. Dennoch hat die DDR sich von Anfang an als das »andere«, »bessere«, das antifaschistische Deutschland angepriesen, als das Land, das mit dem Nationalsozialismus konsequent aufgeräumt hatte und nicht mehr für die Taten des Hitler-Regimes verantwortlich war. Der Schriftsteller Jurek Becker hat dazu einmal bemerkt: »Im Dritten Reich gab es 50 000 Antifaschisten, davon allein schon in der DDR 17 Millionen.« In den Niederlanden brachte man in der Zeit des Kalten Kriegs bis etwa Mitte der 1960er Jahre kaum Sympathien für die DDR auf; sie galt als ein undemokratisch zustandegekommener Vasallenstaat der Sowjetunion, eine Art Sowjetdeutschland. Die erbarmungslose Niederschlagung des Juni-Aufstands 1953 weckte Erinnerungen an die Besatzungszeit. Durch den Bau der

Mauer, des »antifaschistischen Schutzwalls«, im Jahre 1961 wurde das Bild der DDR als eines Polizeistaats und »Gefängnisses« für seine eigenen Bürger noch verstärkt.

Im Laufe der 60er Jahre wuchsen in linken Kreisen jedoch die Sympathien für sozialistische Modelle, wie sie sich in Ländern wie der DDR, Kuba und Tansania herauszubilden schienen. Der DDR war es gelungen, sich zu dem in ökonomischer Hinsicht erfolgreichsten Ostblockland zu entwickeln. Die Wiederbewaffnung des sehr viel größeren Westdeutschlands erzeugte dagegen viel böses Blut und rief Ängste wach, die sehr viel stärker waren als die gegenüber der kleinen DDR. Das trügerische »antifaschistische« ostdeutsche Selbstbild war von hohem propagandistischem Wert und übte eine starke Anziehungskraft auf Jugendliche, linke Sozialdemokraten, Sozialisten und Protestanten aus. In Ost-Berlin ist bis auf den heutigen Tag eine niederländische Kirchengemeinde aktiv, die zu DDR-Zeiten nicht unwesentlich zur Entstehung eines positiven und optimistischen Bilds der ostdeutschen Gesellschaft beigetragen hat. Dies zeigt sich an der damals äußerst positiven und naiven Einstellung vieler niederländischer Linker zur DDR. Die niederländische Schriftstellerin Lizzy Sara May schrieb 1966 anläßlich ihres Besuchs in der DDR:

»Und jetzt, in diesem Moment, läuft man, o Wunder, ohne Gefühle des Grolls inmitten der Deutschen. Das heißt: ohne Groll gegen diese Deutschen. Denn im Hinterkopf wird immer das Bild der anderen haftenbleiben, des Soldatenvolks, der Geschäftsleute, fett und säuisch, der Gretchen-Frauen. Das Germanenvolk. Hier aber weiß man, hier sind sie verurteilt worden, hier brauchen 20 Jahre nach dem Krieg keine Auschwitzprozesse mehr geführt zu werden, hier haben sie sie nicht laufen lassen.«

Und der Schriftsteller, Kriminologe und ehemalige Widerstandskämpfer J.B. Charles schrieb 1976:

«In der Ostzone ist es, glaube ich, vorbei. Dort könnte sich etwas Neues abspielen. Dies ist vielleicht der wichtigste Vorteil der Existenz der DDR, daß sie einen anderen Typus des Deutschen kreiert.«

Wegen des »Radikalenerlasses« und des »Berufsverbots« standen in den 70er Jahren viele Niederländer der Bundesrepublik äußerst kritisch gegenüber und betrachteten die DDR in der Tat als das »bessere« Deutschland. Diese Form der Identifikation wurde dadurch vereinfacht, daß die DDR, ebenso wie die Niederlande, ein Underdog war, der mit Westdeutschland einen in wirtschaftlicher und militärischer Hinsicht mächtigen Nachbarn besaß. Die Fremdbilder, die Niederländer von Deutschen haben, sind nahezu identisch mit den Stereotypen, die die heutigen Ossis gegen die Wessis benutzen. Danach sind die Wessis arrogant, dominant und besserwisserisch, eben »Besserwessis«; Niederländer haben dieselbe Vorstellung von allen Deutschen, inklusive der Ossis. Für Ausländer sind alle Deutschen gleich, denn Stereotypisierung bietet keinen Raum für Nuancierung. Es ist der Versuch des kleineren Volks, einem Volk gegenüber, das größer, stärker und erfolgreicher ist, ein positives Selbstbild zu bewahren.

Die Niederlande machten ihrem Namen als Handelsnation alle Ehre. Bereits 1947 schloß das Land – als eines der ersten westlichen Staaten – ein Handelsabkommen mit der damaligen sowjetischen Besatzungszone und entwickelte sich nach der Gründung der DDR zu einem der größten Abnehmer von DDR-Produkten. Andererseits haben die niederländischen Regierungen sich stets ohne Wenn und Aber hinter das Streben der Bundesrepublik nach Wiedervereinigung gestellt. In den 70er Jahren fand auch in den Niederlanden eine gewisse Gewöhnung an die Tatsache statt, daß es zwei deutsche Staaten gab, so daß die Unterstützung der Wiedervereinigungspolitik allmählich einen mehr oder weniger rituellen Charakter annahm. Dies galt jedoch auch für andere westliche Verbündete der Bundesrepublik: eigentlich war man mit dem Status quo ganz zufrieden und hatte viel mehr Bedenken, was geschehen würde, wenn es zu *einem* großen Deutschland käme.

Im Jahre 1976, mit der Ausbürgerung Wolf Biermanns und anderer Künstler sowie den anschließenden Versuchen, Dissidenten wie Robert Havemann und Rudolf Bahro mundtot zu machen, geriet das positive Bild der DDR jedoch gefährlich ins Wanken. Nach der Anerkennung der DDR im Jahre 1973 wurde es möglich, das Land zu besuchen. Beobachter schwelgten in der 50er-Jahre-Atmosphäre, die das Land kennzeichnete, genossen das scheinbare Fehlen jeglichen Konsumstrebens sowie die Intensität der Gespräche und Begegnungen. Auch manch intime Beziehung wurde daraus, so daß es auffallend viele Eheschließungen mit anschließendem Ausreiseantrag gab. Viele niederländische Besucher warfen neidvolle Blicke auf die »Errungenschaften« der ostdeutschen Nischengesellschaft, ohne zu sehen, daß diese im wesentlichen der anhaltenden Waren- und Rohstoffknappheit sowie einer überbordenden staatlichen Kontrolle ihrer Bürger zuzuschreiben waren. Der Braunkohletagebau in der Brandenburger Lausitz, der Uranbergbau in Sachsen und das Chemiedreieck um Bitterfeld in Sachsen-Anhalt haben vor allem in den Jahren kurz vor dem Zusammenbruch der DDR im Westen den Eindruck erzeugt, daß Ostdeutschland ökologisch am Ende sei. Doch bizarrerweise sind gerade durch den enormen Geldmangel und die Knappheit in der DDR sehr viel mehr und sehr viel größere Naturlandschaften als im Westen erhalten geblieben. Die alten Straßen wurden kaum verbreitert, Flüsse wurden nicht begradigt oder umgeleitet, und die Natur wurde in sehr viel geringerem Umfang für Siedlungs- oder wirtschaftliche Zwecke ausgebeutet. Die großräumigen, intakten Naturgebiete, die unzähligen Alleen und die inzwischen herrlich restaurierten Dörfer und Städte vermitteln dem heutigen Besucher noch immer das Gefühl, eine Reise in die Vergangenheit anzutreten.

Die Sprache

Die Herkunft des Wortes »deutsch«

Das Wort »deutsch« kommt ursprünglich vom lateinischen *theodiscus*. Es taucht zum ersten Mal in einem lateinischen Text aus dem Jahre 786 auf und bezieht sich auf die germanische Sprache in England. Um das Jahr 1000 herum hielt dann der Begriff *diutisk* seinen Einzug. Anfänglich wurde er nur in Verbindung mit der Sprache benutzt, später jedoch immer öfter auch im Zusammenhang mit Land und Leuten. *Diutisk* stammt vom althochdeutschen Wort *Thud* ab und bedeutet soviel wie »Volk«. Aus *diutisk* sind *Deutsch*, *Duits*, *Diets* und *Dutch* hervorgegangen. »Niederländisch« heißt im Englischen *Dutch*, und englische Gelehrte waren es auch, die im 16. Jahrhundert das Hochdeutsche erstmals als *German* bezeichneten. Der alte Name für die deutsche Sprache war *Fränkisch*, doch als die Bevölkerung Frankreichs den Begriff im Mittelalter für sich reklamierte (*françois*, *francesche*), geriet dieser für das Deutsche aus der Mode und wurde durch »deutsch« ersetzt. Deutsch war die Sprache des Volkes und bezeichnete ursprünglich die Umgangssprache. In der Wissenschaft, im Klerus und bei der Obrigkeit sprach man Latein. Becanus, ein Gelehrter des 16. Jahrhunderts aus Hilvarenbeek, hatte eine spitzfindige Erklärung für die Herkunft des Wortes *Duits*: es käme von *Douts*, und das heiße einfach *de oudste taal*, die älteste Sprache.

Hochdeutsch und Niederdeutsch

Germania Magna bzw. *Germania Libera* umfaßte das Gebiet zwischen Rhein, Donau und Weichsel sowie Skandinavien. Zur Zeit der Römer war es größtenteils unerforscht, und da diese nie sonderlich weit darin vorgedrungen waren, blieb auch der Einfluß des Lateinischen verhältnismäßig gering. Dennoch haben die germanischen Stammessprachen und das Latein viele Wörter voneinander übernommen.

Zwischen 500 vor Christus und dem 3. Jahrhundert nach Christus fand im germanischen Sprachraum die erste oder auch »germanische« Lautverschiebung statt, bei der die germanischen Sprachen sich von der indogermanischen Ursprache lösten. In den Jahrhunderten danach kam es zur zweiten oder »hochdeutschen« Lautverschiebung, die im 7. Jahrhundert abgeschlossen war. Die sogenannte Benrather Linie – die in west-östlicher Richtung von der Gegend um Aachen über Benrath bei Düsseldorf, Wuppertal, Münden, Magdeburg und Wittenberg bis nach Fürstenberg/Havel im Norden Berlins verlief – bildete die fiktive Trennungslinie, die im germanischen Sprachraum das südliche Hochdeutsch vom nördlichen Niederdeutsch trennte.

Die Niederlande lagen nördlich der Benrather Linie, also sprach man dort Niederdeutsch. Die Begriffe »Niederdeutsch« und »Hochdeutsch« selbst wurden erstmals im 15. Jahrhundert in den Niederlanden benutzt und später ins Deutsche übernommen. Der Grammatiker Johann Bödiker (1641–1695) hatte noch eine andere Einteilung der Dialekte der höher gelegenen Gebiete Deutschlands: »Ich teile die teutsche Sprache, dasz ich itzt von der altteutschen und auch niederländischen nichts sage, inner Teutschland ab: 1. die niederteutsche, 2. oberteutsche, und 3. hochteutsche.« Viele Deutsche, auch hochgebildete, glauben fälschlicherweise, daß »hoch« und »nieder« Werturteile beinhalten und Hochdeutsch eine dem Niederdeutschen überlegene Sprache ist. Bei »hoch« und »nieder« handelt es sich jedoch einfach um geographische Bezeichnungen. Hochdeutsch wurde in den höhergelegenen südlichen Regionen gesprochen, Niederdeutsch dagegen in den Gebieten an den nördlichen Unterläufen der großen Flüsse.

Bei hochdeutschen Wörtern wurden unter anderem *p*, *t* und *k* nach Vokalen zu *f*, *s* und *ch*, nach Konsonanten oder am Beginn eines Wortes zu *pf*, *ts* (*z*) und *k*. Ein *p* nach einem *r* oder *l* wurde zum *f* (nicht zum *pf*). Das niederländische und niederdeutsche *ik*, *maken*, *dorp*, *dat*, *appel*, *pond* ist im Hochdeutschen »ich«, »machen«, »Dorf«, »das«, »Apfel« und »Pfund«. Für Niederländer und Deutsche ist es sehr einfach, sich den Wortschatz des Nachbarn selbst zusammenzubasteln. Niederländer müssen, um deutsche Wörter zu bilden, lediglich die Lautverschiebung nachträglich auf das Niederländische anwenden – Deutsche dagegen müssen die Lautverschiebung in der eigenen Sprache wieder rückgängig machen. Und wenn man außerdem noch weiß, daß beispielsweise das niederländische *o* und *t* im Deutschen oft *u* und *d* sind, kommt man mit ein paar einfachen Ersetzungsregeln in der Sprache des anderen schon ein ganzes Stück weiter. Das niederländische Wort *doek* z. B. wird dann einfach zu »Tuch«.

Das Hochdeutsche, wie es im Beamtenapparat des kaiserlichen Hofs in Prag geschrieben wurde, war von großem Einfluß auf die Schriftsprache. Als Luther sich im 16. Jahrhundert für seine Bibelübersetzung dieser Schriftsprache bediente, wurde sein geschriebenes Hochdeutsch auch in den Regionen, in denen bisher Niederdeutsch geschrieben und gesprochen worden war, rasch zur Norm. Die höchsten Gerichte befanden sich am kaiserlichen Hof, also im hochdeutschen Sprachraum, und der Süden gewann nach dem Niedergang der norddeutschen Hanse nicht nur wirtschaftlich stark an Bedeutung, sondern spielte auch auf kulturellem Gebiet eine Vorreiterrolle. Der niederdeutsche Adel und das gehobene Bürgertum aus dem niederdeutschen Sprachraum begannen sich deshalb in zunehmendem Maße in Richtung Süden zu orientieren. Alle nördlichen Staaten und Städte akzeptierten schließlich das Hochdeutsch, zunächst als Gelehrtensprache, im Laufe der Zeit jedoch auch als Standardsprache. Um 1700 herum hatte das Niederdeutsch als Schriftsprache ausgedient.

An den deutschen Höfen wurde – wie an den übrigen Herrscherhäusern Europas auch – Französisch gesprochen. Gegen Ende des 16. Jahrhunderts, im Zeitalter des Barock, wuchs der Einfluß des französischen Hofs noch, und viele junge Adlige reisten nach Frankreich, um ihre Allgemeinbildung zu verbessern. Wie der deutsche Adel über die deutsche Sprache dachte, illustriert eine Äußerung Karls V., von 1515 bis 1555 Kaiser des Heiligen Römischen Reichs: »Mit Gott rede ich Spanisch, mit Frauen Italienisch, Französisch mit Männern und Deutsch mit meinem Pferd.« Der preußische König Friedrich der Große (1712–1786), betrachtete 200 Jahre später das Hochdeutsch als eine plumpe, hölzerne Sprache, *une langue à demi-barbare* (eine Sprache für Halbbarbaren) und entschuldigte sich bei seinen Gästen für das sonderbare Kauderwelsch seiner Untertanen. Auch der Philosoph Leibniz (1646–1716) schrieb nicht auf hochdeutsch, sondern auf französisch und lateinisch.

Den gehobenen bürgerlichen Kreisen war der Zugang zu den Höfen mehr oder weniger verwehrt. Sie sahen auf das geistlose Geschwätz des französisch sprechenden Adels herab; bürgerliche Intellektuelle bildeten an den Universitäten eine eigene exklusive Gegenaristokratie des Geistes und bedienten sich bewußt des Deutschen als Schrift- und Verkehrssprache. Dadurch gewannen die Universitäten einen außerordentlich großen Einfluß auf die deutsche Schriftsprache.

Der Dreißigjährige Krieg (1618–1648) hatte eine enorme Zersplitterung des Reichs zur Folge. Es entstanden Dutzende von kleineren und größeren Staaten mit eigenen Hauptstädten und eigenen Höfen. Und weil es, anders als in Frankreich, England und Spanien, keinen zentralen Hof mehr gab, hat sich in Deutschland nie ein allgemein akzeptierter *upper-class*-Akzent der Herrschenden entwickeln können. Deutsche können ihren Stand nicht durch ihre Aussprache ausdrücken, und das ist unter anderem der Grund, weshalb sie mehr Wert auf Titel, Kleidung oder Statussymbole legen. In Deutschland gilt es geradezu als schick, das eigene Hochdeutsch mit dem Dialekt der Region oder der Stadt einzufärben, aus der man kommt, oder sogar untereinander Dialekt zu sprechen. Jeder zweite Deutsche beherrscht den Dialekt seiner Region. Bayerisch, Plattdeutsch, Berlinerisch, Schwäbisch oder Rheinländisch sind äußerst populär, nur das Sächsische hat ein negatives Image: der Historiker Arnulf Baring nannte den sächsischen Dialekt das »Idiom des deutschen Sozialismus«. Das dies einmal anders war, zeigt die Widmung in einem Wörterbuch des deutschen Schriftstellers und Sprachforschers Kaspar von Stieler (1632–1707): »Sie redeten so feines hochteutsch, als ob sie geborne Sachsen waren.«

Das Niederdeutsch oder Niedersächsisch hat letztlich nur als Dialekt überlebt. Es heißt jetzt »Plattdeutsch« und wird noch immer von etwa acht Millionen Menschen gesprochen. 1994 hat der Deutsche Bundestag die niederdeutschen Dialekte als Regionalsprachen anerkannt. Seit 1995 sind auch die ostniederländischen Dialekte (Gronings, Drents, Stellingwerfs und Twents), die von etwa anderthalb Millionen Menschen gesprochen werden, offiziell als Regionalsprache unter dem Sammelnamen *Neder-Saksisch* (Niedersächsisch) anerkannt. Die niedersächsischen Sprachen in den Niederlanden und in Deutschland ähneln sich in vielen Punkten, haben sich jedoch unter dem Einfluß der Standardsprachen stark auseinanderentwickelt. In den Niederlanden wird neben dem Niederländischen auch noch Friesisch gesprochen; das Sprachgebiet, in der offiziell zweisprachigen Provinz Friesland, umfaßt etwa 300 000 Menschen.

Niederländisch als eigene Kultursprache

Unter den Römern bildeten die Niederlande das *Germania Romana*. Später, als das Land von Burgund aus regiert wurde, war es starken Einflüssen aus dem französischen Sprachraum ausgesetzt. Im Mittelalter sprach man in den Niederlanden westlich der Ijssel Mittelniederländisch; östlich der Ijssel war die Verkehrssprache das Mittelniederdeutsch der Hansestädte, das bis tief nach Deutschland hinein gesprochen wurde. In dem auf die Niederlande hin orientierten kalvinistischen und mennonitischen Teil des deutschen Ostfrieslands war das Niederländische bis zum 19. Jahrhundert, als die Region an Preußen fiel, Schul- und Kirchensprache; und auch in der Grafschaft Bentheim war das Niederländische bis ins 19. Jahrhundert hinein Verwaltungs-, Kirchen- und Unterrichtssprache. Die ostniederländische Schriftsprache, die in Gelderland, Overijssel und Groningen geschrieben wurde, konkurrierte mit der flämischen (Brabanter) und holländischen Schriftsprache und unterschied sich nur wenig von dem im angrenzenden Norddeutschland gesprochenen und geschriebenen Hansedeutsch.

Von der niederländischen Sprache wird gesagt, daß sie in Flandern geboren wurde, in Brabant aufwuchs und in Holland ihre endgültige Gestalt erhielt. Bis zum 15. Jahrhundert stand die niederländische Schriftsprache vor allem unter dem Einfluß der südlichen Niederlande (das heutige niederländischsprachige Brabant und Flandern in Belgien). Nach der spanischen Eroberung Antwerpens 1585 ging die führende Rolle Brabants auf die nördlichen Niederlande über. Während des Achtzigjährigen Kriegs gegen die Spanier Ende des 16. Jahrhunderts fanden etwa 100 000 Flüchtlinge ihren Weg in den Norden. Diese sogenannten »Flamen« kamen aus dem heutigen Belgien und Nordfrankreich und fanden Unterschlupf in Städten wie Amsterdam, Haarlem, Leiden, Middelburg und Gouda. Die meisten von ihnen gehörten zu den höheren Kreisen und zur Mittelschicht, und sie brachten ihre

Sprache, ihr Wissen, ihr Kapital und ihre Macht mit. Ihre Sprache hat lange Zeit einen Stempel auf die niederländische Schriftsprache gedrückt, denn das Übernehmen von Wörtern aus einer Sprache in eine andere geschieht stets aus der Sprache, die Macht und Autorität hat. Das heutige Niederländisch verfügt immer noch über eine Vielzahl von Wörtern aus dem Brabantischen jener Tage, die jedoch für unsere Ohren etwas zu vornehm und altmodisch klingen und meist nur noch in der Schriftsprache Anwendung finden:

Brabantisch	Holländisch	Deutsch
fraai	*mooi*	schön, hübsch
gaarne	*graag*	gern
gelijk	*zoals*	wie
gij	*jij, u*	du, Sie
heden	*vandaag*	heute
heffen	*optillen*	heben
huwen	*trouwen*	heiraten
lieden	*lui*	Leute
lommer	*schaduw*	Schatten
reeds	*al*	schon
spoedig	*gauw*	bald
wenen	*huilen*	weinen
werpen	*gooien*	werfen
zenden	*sturen*	senden, schicken

Ab 1582 wurden alle Verordnungen der Generalstaaten auf niederländisch erlassen. Das Französische hatte damit als Norm ausgedient und wurde bis tief ins 19. Jahrhundert hinein nur noch am Hof des Statthalters und der Könige gesprochen. Benedict Anderson behauptet: »Der Druckschrift-Kapitalismus schuf Sprachen der Macht. Bestimmte Dialekte standen zweifellos näher bei der betreffenden gedruckten Sprache und hatten einen entscheidenden Einfluß auf ihre letztendliche Form.« In den Niederlanden war dies das Holländische, der Dialekt, der in der mächtigen Provinz Holland gesprochen wurde. Im Lauf des 17. Jahrhunderts wird diese Sprache zur Norm. Der Sprachwissenschaftler J. Verdam-Stoett behauptet, daß, im Gegensatz zum Deutschen, das Niederländische in den Niederlanden wild gewachsen sei – als Sprache der Kaufleute, Bauern, Seeleute und Pfarrer. Adlige Kreise am Hofe oder kaiserliche Gerichte hätten darauf keinen Einfluß gehabt, wohl aber Brabanter Emigranten wie etwa der Dichter Vondel.

Das Niederländisch hat sich im *Gouden Eeuw*, dem Goldenen Jahrhundert, also der Blüteperiode der Republik der Vereinigten Niederlande, zu einer Kultursprache mit internationaler Ausstrahlung entwickelt. Dennoch hat die Republik ihre Sprache, außer in Surinam, nicht in den niederländischen Kolonien hinterlassen. Für die absoluten Monarchen der übrigen Kolonialmächte in Europa waren Sprache und Kultur Machtinstrumente ihrer Kolonialpolitik. In der Republik war der Kolonialhandel privat organisiert, und die Kaufleute kümmerte es nicht, in welcher Sprache und Kultur sie ihren Geschäften nachgingen. Der Beamte Maetsuyker schrieb im Jahre 1674 aus Indonesien: »Die Fortführung der niederländischen Sprache [...] haben wir durchweg beherzigt [...], doch bisher, so scheint es, war alles vergeblich, da die portugiesische Sprache dagegen andringt und hinlänglich die Überhand behält, meist durch Dummheit unserer eigenen Niederländer, die es für eine so große Ehre halten, eine Fremdsprache sprechen zu können.«

Die niederländische Übersetzung der Calvin-Bibel aus dem Jahre 1637, die sogenannte *Statenvertaling*, hat großen Einfluß auf das Niederländisch gehabt. In der Republik war der Kalvinismus die dominierende Religion, und niederländische Kalvinisten studierten Gottes Wort auf das genaueste. Kinder wurden mit der Bibel erzogen, in vielen Familien wurde dreimal am Tag die Bibel gelesen. Nicht nur die Reformierten, sondern auch diejenigen, mit denen sie umgingen, übernahmen zahlreiche Worte und Ausdrücke aus der »Sprache Kanaans«.

Das heutige gesprochene Niederländisch der Flamen unterscheidet sich vor allem deshalb von dem der Niederländer, weil die Flamen katholisch geblieben sind und die niederländische Bibelübersetzung nicht kannten oder lasen. Außerdem hat ihr Niederländisch bis in die 60er Jahre des 20. Jahrhunderts hinein unter der Bedrohung und Unterdrückung durch das Französische gelitten. In der ersten Hälfte des 19. Jahrhunderts sprachen nur 15 Prozent der »Belgier« französisch, heute sind es etwa 40 Prozent. Die französisch-niederländische Sprachgrenze verläuft quer durch Belgien. Flandern ist seit Mitte des 19. Jahrhunderts die Bezeichnung für den nördlichen, niederländischsprachigen Teil, der südliche französischsprachige Teil Belgiens heißt Wallonien. Brüssel ist offiziell zweisprachig, wird jedoch als europäische Hauptstadt immer französischsprachiger. So etwas wie einen Sprachenstreit, in dem die Flamen gelernt haben, für ihre Sprache zu kämpfen, ist den Niederländern unbekannt. Im gesamten niederländischsprachigen Teil Belgiens gibt es blühende »Diktiervereine« mit einer Rechtschreibkultur auf Wettkampfniveau. So ist es denn auch kein Wunder, daß es jahrein jahraus immer wieder die Flamen sind, die am Abend des *Groot Dictee der Nederlandse Taal* (Großes Diktat der niederländischen Sprache) den Sieg davontragen.

Bis tief ins 19. Jahrhundert hinein wurde Niederländisch (die verkürzte Form für Niederländisch-Deutsch) vor allem *Neder-Duits*, »Niederdeutsch«, genannt. »Vom Hochdeutschen ins Niederdeutsche übersetzt« hieß es beispielsweise in Büchern, die aus dem Deutschen übertragen wurden. Selbst der niederländische Dichter und Gelehrte Willem Bilderdijk bezeichnete in seiner *Nederlandsche Spraakleer* aus dem Jahre 1826 das Niederländische als »unser Niederdeutsch«. Als es dem Hochdeutsch im Verlauf des 18. Jahrhunderts in Deutschland definitiv gelungen war, das Niederdeutsche auch als gesprochene Sprache zu verdrängen, begann man dort, das Niederdeutsch, daß in den Niederlanden gesprochen und geschrieben wurde, als *Holländisch* zu bezeichnen und in ihm einen ursprünglich deutschen Dialekt, eine Art degeneriertes Hochdeutsch, zu sehen. Deutsche Intellektuelle äußerten sich im 18. und 19. Jahrhundert ebenso herablassend über den »Holländer« als die Verkörperung des beschränkten Kleinbürgers wie über seine Sprache, das »Holländische«:

»Ihre Sprache ist versumpft und in Gurgellauten ausgeartet, ihr Geist ist nur der feuchte Niederschlag des Deutschen mehr.« (Ludolf Wienbarg, 1802–1872)

»Für die niederländische Sprache gilt, daß sie irgendeinmal in Herrengesellschaft gegen drei Uhr am Morgen erfunden worden sei. Ihre Grundlage ist tölpelhaft. Wie tief dieses Tölpelhafte wurzelt, sieht man auch an der besonderen Art, wie Holländer falsch deutsch reden oder schreiben.« (Hermann Graf Keyserling, 1855–1918)

Johann Gottfried Herder (1744–1803) meinte, es sei unmöglich, Homer ins Niederländische zu übersetzen, »ohne ihn zu travestieren«.

August Wilhelm Schlegel (1767–1845) gestand, eine solche Abneigung gegen das Niederländische zu haben, »daß mir davor ekelt, ein holländisches Buch nur in die Hand zu nehmen. Indessen wären selbst in diesem Misthaufen vielleicht Perlen zu finden, womit wir unsere eigene Sprache schmücken könnten; wer nur Geduld hätte, sie heraus zu suchen.«

»Der Esel kommt mir vor wie ein Pferd ins Holländische übersetzt.« (Georg Christoph Lichtenberg, 1742–1799)

»Natürlich gibt es keine niederländische Oper! Wer hätte jemals etwas von niederländischen Komponisten, Sängern oder Sängerinnen gehört. Die Sprache, wenn sie gesungen würde, hätte einen unüberwindlich komischen Effekt.« (Albert Wild, 1862)

Heinrich Heine (1797–1856) konstatierte mit Erstaunen, daß Niederländer ihre Sprache als das ursprünglichere Deutsch betrachteten, und sah sich zu dem folgenden Seitenhieb genötigt: »Die Affen sehen auf die Menschen herab wie auf eine Entartung ihrer Rasse, so wie die Holländer das Deutsche für verdorbenes Holländisch erklären.«

Ähnliche Urteile ließen sich in den Niederlanden jedoch auch über die deutsche Sprache hören. So schrieb Willem Bilderdijk 1825 über das Hochdeutsch: »Dieser Auswurf eines mangelhaften Deutsch, mit verschiedenen Dialekten aus dem Sorbischen und Lettischen angereichert, unverdaut und unverarbeitet wieder ausgekotzt und aufgetischt.«

Noch immer assoziieren Deutsche den Klang der niederländischen Sprache mit den plattdeutschen Dialekten aus dem Norden Deutschlands und finden sie »ulkig« oder »süß«. (Niederländer denken ähnlich über das in Südafrika gesprochene Afrikaans.) Man hat jedoch Mühe damit, eine Sprache wie das Niederländische, das in amtlichen und wissenschaftlichen Verlautbarungen und sogar in Regierungserklärungen »Dialektwörter« benutzt, ernst zu nehmen. Wörter wie *fiets* (Fahrrad), *bromfiets* (Moped), *mens-erger-je-nieten* («Mensch ärgere dich nicht« spielen), *badmintonnen* (Badminton spielen) sowie die vielen Verkleinerungswörter und idiomatischen Wendungen verleihen der niederländischen Sprache für deutsche Ohren etwas von einer Kindersprache.

Über die Herkunft des Wortes *fiets* herrschte lange Zeit Unklarheit. Jetzt vermutet man, daß *fiets* vom deutschen Wort *Zentrifuge* stammt. Diese aus Deutschland eingeführte Maschine wurde in Limburg und Brabant zur Butterherstellung benutzt und wurde mit zwei Fußpedalen angetrieben. Das Wort hierfür wurde wie *fidsche* ausgesprochen, und daraus hat sich *fiets* entwickelt, denn damals gab es noch kein gutes Wort für das Fahrrad, das schließlich auch zwei Pedale hatte.

Erst im Laufe des 19. Jahrhunderts gehen die Niederländer offiziell dazu über, ihre Sprache »Niederländisch« zu nennen; der bis dahin gebräuchliche Begriff »Niederdeutsch« geht verloren. Interessant ist vor diesem Hintergrund die heutige Entwicklung. Die Erfahrung lehrt, daß viele Ausländer die Begriffe *Dutch* und *Deutsch* durcheinanderbringen – verständlich, wenn man bedenkt, daß in »The New Lexicon Webster's Dictionary« von 1991 »Hochdeutsch« und »Niederdeutsch« noch als *High Dutch* und *Low Dutch* bezeichnet werden. Um Mißverständnissen vorzubeugen, haben eine ganze Reihe von Institutionen und Organisationen deshalb das Wort *Dutch* durch *Netherlands* ersetzt. Die Nederlandsche Bank heißt im Englischen offiziell *The Netherlands Bank*, das Außenministerium *Netherlands Ministry of Foreign Affairs*, die Niederländische Übersetzervereinigung *Netherlands Society of Translators* und Nijenrode University nennt sich *The Netherlands Business School*.
Bis in die 60er Jahre hinein war die Aussprache des früheren *Algemeen Beschaafd Nederlands*, also des Standard-Niederländisch, durch den zu vollen Vokal und eine fast unerträgliche Kultiviertheit gekennzeichnet. Wer diese Sprache nicht beherrschte, konnte in der Radiostadt Hilversum nicht vor das Mikrophon treten. Jüngere Generationen empfanden die Diskriminierung aufgrund der Aussprache als Übel und kokettierten mit einer Art herausgeputzter »Gossensprache«. Inzwischen haben sich die Grenzen, insbesondere durch den Einfluß der Medien, immer weiter in Richtung einer »normalen Sprache« verschoben. In den Schlagzeilen der Tages- und Wochenpresse wird mittlerweile gern von dieser Toleranz gegenüber dem Straßenjargon Gebrauch

gemacht: *Bouwvakkers bereid de hele klerezooi plat te gooien* (Bauarbeiter bereit, den ganzen Rotz plattzumachen), *Niet lullen jongens, gewoon poetsen* (Nicht labern, Jungs, sondern putzen), *Strontoverschot leidt tot grappen onder politici* (Scheißeüberschuß führt zu Späßen unter Politikern), *Wie niet mee wil doen, sodemietert maar op* (Wer nicht mitmachen will, soll bloß abhauen).

Die Aussprache des jetzigen Standard-Niederländisch paßt sich immer mehr der Umgangssprache in der *Randstad*, also der Region um Rotterdam, Den Haag, Leiden, Amsterdam und Utrecht, an. Das rollende *r* ist auf dem Rückzug und wird nur noch in der Gegend um Amsterdam und im belgischen Flandern gesprochen. Das »faule«, hinten im Rachen gebildete *r* hat dafür das Rennen gemacht. Das stimmhafte *v* entwickelt sich allmählich – ein Graus für das *Algemeen Beschaafd Nederlands* – zum *f*, in die Richtung einer stimmlosen Aussprache, an der die Stimmbänder nicht mehr beteiligt sind. Standard-Niederländisch ist dem flämischen Soziolinguisten Hans van de Velde zufolge »die Sprache der intellektuellen Mittelschicht außerhalb des häuslichen Rahmens«. Der Adel kann sich in den Niederlanden noch immer durch zu volle Vokale oder Wortwahl (*grootmámá* statt *oma, taartje* statt *gebakje* [Tortenstück]) vom Normalbürger unterscheiden. Der Sprachwissenschaftler Coenraad van Haeringen sagte dazu im Jahre 1924 folgendes: »Gutes, kultiviertes Niederländisch spricht der, bei dem man nicht heraushören kann, aus welcher Gegend er kommt.« Und letzteres gilt noch immer und nahezu ausschließlich für die Regentenklasse. Die Bewohner der südlichen Landesteile und Flanderns halten an ihrem *zachte g*, ihrem »weichen g«, fest, das irgendwo zwischen dem deutschen *ch* und dem *j* liegt. Die Flamen betrachten die Niederländer als das schroffste Volk, das den Erdball bevölkert, und achten darauf, nicht wie sie zu sprechen; sie halten an ihrer eigenen Aussprache und Wortwahl fest.

Deutsche Einflüsse auf das Niederländische

Bis auf die Luther-Bibel im 16. Jahrhundert sind die sprachlichen Einflüsse des Deutschen auf die niederländische Sprache begrenzt geblieben. Niederländer zeichnen sich durch eine Phobie vor Germanismen aus, die als »verwerflicher deutscher Einfluß« gelten. Auch wenn die Sprache von Gallizismen und Anglismen nur so wimmelt, die »holländische Sprachlinie« wird bis aufs Blut verteidigt, um sie vor fremden, germanistischen Flecken zu schützen. Die niederländische Sprache kennt zwar die Wortpaare »anglophil«/»anglophob« bzw. »frankophil«/»frankophob«, nicht aber das Wortpaar »germanophil« und »germanophob«. Die Vorliebe für alles, was deutsch ist, findet man »manisch«, das Substantiv dazu heißt »Germanomanie«. Der *horror germanismi* kommt auf treffende Weise in dem Stoßseufzer eines Leserbriefschreibers in der »Volkskrant« aus dem Jahre 1990 zum Ausdruck: »Germanismen? Gott bewahre! Dann lieber falsches Niederländisch.«

In *Rondedans om een doodskist* (Reigen um einen Sarg), einem Gedicht aus dem Jahre 1820, warnt der Dichter Willem Bilderdijk bereits vor der »Mofferei«, vor hochdeutschen Einflüssen:

Nun mit neuer Kraft und Macht
Das Zerstörungswerk vollbracht.
Maß und Ton und viel Verstand,
Verlor'n, verbannt aus diesem Land!
Jauchzet nun, Poetenschaft:
Mit dem Hollandsch ist's vorbei,
Glänzet jetzt durch Mofferei,
Scholastier'n in neuer Pracht!

Im Deutschen läßt sich ohne weiteres ein ungebeugtes Adjektiv mit einem Substantiv verbinden (Dunkelkammer, Großstadt, Neueinstudierung, Trockenzeit), während man im Niederländischen hierfür Wortgruppen bevorzugt (*donkere kamer, grote stad, het opnieuw instuderen, droge tijd*). Dennoch ist der Kopplungsmechanismus auch im Niederländischen bereits seit Jahrhunderten aktiv: *nieuwbouw* (Neubau), *hoog- en laagbouw* (Hoch- und Tiefbau), *rauwkost* (Rohkost). Auch Vor- und Nachsilben werden im Niederländischen, wie im Deutschen, gern gebraucht: *sfeervol* (stimmungsvoll), *stijlvol* (stilvoll), *clichématig* (klischeehaft), *vakmatig* (fachmännisch), *cijfermatig* (zahlenmäßig), *watergekoeld* (wassergekühlt), *doorsneeprijs* (Durchschnittspreis), *neveneffect* (Nebeneffekt), usw. Vor allem niederländische Werbetexter greifen dankbar zu dieser sprachlichen Möglichkeit.

Das Deutsche sucht häufig seine Zuflucht zur sprachlichen Synthese, um komplexe Beugungsformen zu vermeiden: »Zeitarbeitsvermittlungsbüro« oder »Prüfungsgebührenbefreiung«; würde es diese Möglichkeit nicht geben, müßte es »Büro für die Vermittlung von Zeitarbeit« bzw. »Befreiung von der Zahlung der Prüfungsgebühren« heißen. Im Niederländischen läßt sich dieses synthetische Prinzip nicht immer gleichermaßen »schamlos« anwenden, dennoch ist die Sprache durchaus empfänglich für solche Konstruktionen, wie bereits an den Wörtern *voetbalsupportersvandalismebestrijding* (Fußballanhängervandalismusbekämpfung) oder *uithuisplaatsingsbeschikking* (Heimunterbringungsverfügung) deutlich wird.

Auch die starke Vorliebe der Deutschen für die Substantivierung von Verben ist im Niederländischen auf dem Vormarsch: *het denken* (das Denken), *het gebeuren* (das Geschehen), *het weten* (das Wissen). Und trotz des anfänglichen Widerstands gegen – inzwischen längst eingebürgerte – Wörter wie

aanhangwagen (Anhänger), *alleenverkoop* (Alleinvertrieb), *autosnelweg* (Autobahn), *beduidend* (bedeutend), *beïnvloeden* (beeinflussen), *benadrukken* (den Nachdruck legen), *buitendienst* (Außendienst), *eenakter* (Einakter), *geëigende* (geeignete), *geldontwaarding* (Geldentwertung), *hoogwaardig* (hochwertig), *inboeten* (einbüßen), *inzet* (Einsatz), *klassieker* (Klassiker), *liefdesbrief* (Liebesbrief), *meerdere* (mehrere), *minstens* (mindestens), *noodgedwongen* (notgedrungen), *opgave* (Aufgabe), *opvallend* (auffallend), *parlementariër* (Parlamentarier), *regelmatig* (regelmäßig), *school maken* (Schule machen), *speciaalzaak* (Spezialgeschäft), *spervuur* (Sperrfeuer), *stekker* (Stecker), *spitsuur* (Verkehrsspitzenzeit), *toename* (Zunahme), *voorwoord* (Vorwort), *warenhuis* (Warenhaus)

schleichen sich auch jetzt noch regelmäßig solche »Germanismen« in die niederländische Sprache ein:

aansprekend (ansprechend), *afbouwen* (abbauen), *begeestering* (Begeisterung), *bemerken, doordrukken* (durchdrücken), *doorvoeren* (durchführen), *eerstens*, gelijkberechtiging (Gleichberechtigung), *glanzend* (glänzend), *inschatten* (einschätzen), *steekwoord* (Stichwort), *de tachtiger jaren* (die 80er Jahre), *totaalbeeld* (Gesamtbild), *uitproberen* (ausprobieren), *voorradig* (vorrätig), *vrouwvijandig* (frauenfeindlich), *wetenschapper* (Wissenschaftler).

Aus dem deutschen Wortschatz des Zweiten Weltkriegs haben nur wenige Wörter einen allgemein akzeptierten Platz in der niederländischen Sprache erhalten. *Bunker* hat das Wort *kazemat* verdrängt und *blindganger* den *doodloper*. Auch das Wort *kwark* findet sich erstmals 1943 verzeichnet, als Ersatz für *wrongel*. Dennoch wurden während des Kriegs eine ganze Reihe deutscher Wörter benutzt, die heute als Besatzungsvokabular betrachtet werden, von denen aber viele nach der Besatzung wieder in Vergessenheit geraten sind, Wörter wie: *afwerpterrein* (Abwurfterrain), *arbeidsinzet* (Arbeitseinsatz), *arbeidskamp* (Arbeitslager), *arisering* (Arisierung), *Ausweis*, *Endlösung*, *Führer*, *nazi*, *Oostfront*, *spergebied* (Sperrgebiet), *spertijd* (Sperrstunde), *stoottroepen* (Stoßtruppen), *V-man*. Als die Deutschen die Niederlande besetzten, ließen sie alle STOP-Schilder entfernen und durch HALT-Aufforderungen ersetzen, weil Stop angeblich Englisch sei. Nach der Besatzung wurde alles wieder ordnungsgemäß in STOP zurückverwandelt.

Unter welchen Voraussetzungen benutzen Niederländer dennoch vorzugsweise deutsche Lehnwörter (die sich entweder groß oder klein geschrieben eingebürgert haben)?

1. Wenn es kein Äquivalent gibt: *aha-erlebnis*, *draufgänger*, *einzelgänger*, *langlaufen*, *müsli*, *salonfähig*, *schmieren*, *schwalbe* (beim Fußball), *weltschmerz*.
2. Um durch Lauteigenschaften die Wortbedeutung zu verstärken: *Ausweis*, *Aufmachen!*, *Fremdkörper*, *gefundenes Fressen*, *zum Kotzen*, *Kampfgeist*, *rücksichtslos*, *het is schluss!*
3. Wenn das deutsche Wort international gebräuchlich ist: *fundi*, *Gründerzeit*, *Wende*, *Wessi*, *Ossi*.
4. Um Ironie auszudrücken: *gründlich*, *Lumpenproletariat*, *Macher*, *Übermensch*.
5. Zur Verlebendigung der Sprache: *an sich*, *Augenweide*, *ausdauer*, *ins Blaue hinein*, *fundgrube*, *sowieso*, *überhaupt*.
6. Wenn das deutsche Wort kürzer ist als das umschreibende niederländische Äquivalent: *angstgegner*, *Fremdkörper*, *Schönfilmerei*, *Schöngeisterei*, *fingerspitzengefühl*. Für den letzten Begriff kann man hier und da bereits das niederländische Wort *vingertoppengevoel* hören.

Der Sprachwissenschaftler Jan Kuitenbrouwer behauptet, daß die deutsche Sprache bei niederländischen Jugendlichen wieder salonfähig werden könne, da die Aversionen gegen das Deutsche zusammen mit dem allmählichen Aussterben der Kriegsgenerationen im Verschwinden begriffen sei. Und manchmal erfinden Niederländer sogar neue Wörter, die wie Deutsch klingen, es aber nicht sind: *im Frage* (statt: in Frage, denn *im* klingt irgendwie »deutscher«), *unheimisch* (eine Kreuzung aus »unheimlich« und »heimisch«) oder *Wichtigmacherei*.

Niederländische Einflüsse auf das Deutsche

In der *Alamodezeit*, wie die Zeitspanne zwischen 1600 und 1800 in Deutschland auch genannt wird, drohte das Französisch als Kultur- und höfische Sprache das Hochdeutsch im territorial zersplitterten Deutschland zu überflügeln. An den deutschen Höfen galten die Sitten und Moden des französischen Hofs, im Zuge der Hugenottenkriege suchten viele französische Flüchtlinge aus den niederen Ständen Asyl in deutschen Landen, und als Folge des Dreißigjährigen Kriegs trieb sich viel ausländisches Soldatenvolk in Deutschland herum. Nicht nur die gebildeten Schichten begannen sich des eindringenden Französisch zu bedienen, auch in die Sprache des gewöhnlichen Volks sickerten immer mehr französische Ausdrücke ein. Als Voltaire sich am preußischen Hof Friedrichs des Großen aufhielt, schrieb er 1750: »Ich bin hier in Frankreich, man spricht unsere Sprache, das Deutsch ist nur für die Soldaten und Pferde.«

Deutsche Dichter und Schriftsteller wie Gryphius, Opitz und von Zesen haben sich im 17. Jahrhundert dafür eingesetzt, den Einfluß des Französischen zurückzudrängen. So preist etwa Opitz den niederländischen Dichter Daniel Heinsius als Retter der »teutschen Poesy«, als den, der »unsre Muttersprach in ihren werth gebracht« hat. »Ich auch, weil ihr mir seyt im Schreiben vorgegangen, was ich für Ruhm und Ehr durch Hochteutsch werd erlangen, will meinem Vatterlandt bekennen, ohne scheu, das eure Poesy der meine Mutter sey.« Sie hatten in der Republik der Niederlande studiert, gelebt und gearbeitet, waren dort Mitglied der sogenannten *Rederijkerskamers* gewesen – einflußreiche literarische (und politische) Vereinigungen – und hatten für ihre Übersetzungen der Werke niederländischer Dichter und Schriftsteller eine große Anzahl niederländischer Ausdrücke eingedeutscht, u. a. Abstand (*afstand*), Augenmerk (*oogmerk*), Bollwerk (*bolwerk*), Bücherei (*boekerij*), Gegenfüßler (*tegenvoeter* = Antipode), Sinnbild (*zinnebeeld*), Staatsmann (*staatsman*), Trauerspiel (*treurspel*), Wörterbuch (*woordenboek*), Wissenschaft (*wetenschap*). Eine Reihe mathematischer Begriffe wurde aus didaktischen Gründen Ende des 16. Jahrhunderts von dem flämischen Flüchtling Simon Stevin verniederländischt und kurz darauf auch eingedeutscht: *middellijn* (Mittellinie) statt Diameter, *driehoek* (Dreieck) statt Triangulum, *gelijkbenig* (gleichschenklig) statt isosceles. Auch wurden über die Jahrhunderte hinweg von allen Weltsprachen, also auch vom Deutschen, viele maritime Ausdrücke sowie Begriffe aus der Wasserwirtschaft aus dem Niederländischen übernommen: baggern, Brackwasser, Brandung, Deich, Düne, Dünung, Ebbe, Gracht, Küste, Pumpe. Ferner Wörter wie Bier, Branntwein, Pottasche, die Käsesorten Gouda und Edamer, die Apfelsorte Boskop, Bakelit (nach dem in Gent geborenen Erfinder Leo H. Baekeland) sowie Fischnamen wie Anchovis, Bückling, Garnele, Hai, Kabeljau, Matjeshering, Makrele oder Pottfisch. Aus dem Niederländischen stammen schließlich auch Begriffe wie Börse (*beurs*), Droge (*drug*), Fernglas (*verrekijker*), Flagge (*vlag*), Frikadelle (*frikadel*), Gardinenpredigt (*gordijnpreek*), Hast (*haast*), Imker (*imker*), Jaß (*klaverjassen* = ein Kartenspiel), Kakadu (*kaketoe*), Kakerlak (*kakkerlak*), Kork (*kurk*), Krapp (*krap* = eine Färberpflanze), Lackmus (*lakmoes*), Muff (*mof*), Reiter (*ruiter*), Waffel (*wafel*) und Walroß (*walrus*).

Darüber hinaus hat das Niederländische großen Einfluß auf den Berliner Dialekt gehabt. Nach einer Reihe furchtbarer Hochwasserkatastrophen im 12. Jahrhundert, bei der die niederländische Provinz Zeeland zum Archipel wurde und das Wattenmeer, die Zuidersee, das friesische Seengebiet sowie der Beemster-, Schermer- und Purmersee entstanden, zogen viele Bauern aus Zeeland, Holland und Friesland fort. Sie ließen sich unter anderem in The Walsh in England, im Mündungsgebiet der Gironde in Frankreich sowie in Bremen, Hamburg und in Obergeldern nieder. Auf Einladung der Markgrafen zu Brandenburg zogen sie bis ins 16. Jahrhundert hinein zu Tausenden ins Elbegebiet und die Gegend rund um Berlin, um dort die Moorgründe urbar zu machen, Deiche zu bauen, Sümpfe trockenzulegen und Flüsse zu kanalisieren. Sie wollten nicht als Hörige gelten und erhielten ausgezeichnete Niederlassungsbedingungen, Erbrechte, persönliche Freiheiten und Steuerrabatte. Im Berliner Dialekt sind eine Reihe niederländischer Spracheigenheiten erhalten geblieben. Berliner sagen nicht *ich*, sondern *icke* (niederländisch *ik*), nicht *auch*, sondern *ooch* (von *ook*), *koofen* statt *kaufen* (im Niederländischen: *kopen*), *Ooge* (*oog*) statt *Auge* sowie *dat* und *wat* statt *das* und *was*. Der deutsche *ei*–Laut ist im Berlinerischen wie im Niederländischen oft *ee*: *keene* (*geen*), *weeß* (*weet*) und *Meester*. Auch der Name der Hügellandschaft Fläming, an der Grenze zwischen Brandenburg und Sachsen-Anhalt, stammt von den Kolonisten, die hier nach dem *ius flamingorum* im 12. Jahrhundert angesiedelt wurden.

Gemeinsamkeiten der beiden Sprachen

Niederländisch und Deutsch sind Schwestersprachen. Diese Verwandtschaft macht es den Niederländern und Deutschen besonders leicht, sich wenigstens ein passives Wissen über die Sprache des anderen anzueignen. Sie brauchen dabei nur ein paar einfache Regeln zu beachten:

Wenn man das niederländische oder deutsche Wort nicht kennt, benutze man einfach dasselbe Wort in der eigenen Sprache oder dessen wörtliche Übersetzung. Das gilt für etwa 70 Prozent des niederländisch-deutschen Wortschatzes. Englische und französische Lehnwörter können in beiden Sprachen verwandt werden. Die Deutschen müssen alle Umlaute weglassen, und die Niederländer müssen die Pünktchen wieder draufsetzen. Eine niederländische Juristin brachte ihre Probleme mit dem Deutschen zum Ausdruck, als sie seufzte: »Im Deutschen weiß man nie, ob *Umläute* drauf müssen oder nicht!« Für Niederländer ist Deutsch wegen seiner komplizierten Beugungsformen und Pluralbildungen die »Mathematik der Sprachen«. Der niederländische Soziologe Chorus hat in den 1960er Jahren die Ansichten der Niederländer über die deutsche Sprache untersucht. Sein Fazit: »Die hochdeutsche Sprache ist schwerfällig, umständlich, bombastisch, mustergültig, bühnengerecht, in komplizierten Konstruktionen künstlich, in der korrekten Diktion und Akzentuierung der flektierten Formen dienstlich, schneidend oder zackig. Die deutsche Sprache hat sogar in der einfachen Konversation etwas Didaktisches und Belehrendes.« Deutsch gilt außerdem als Synonym für *schwere Wörter* – so auch der Titel eines früher vielbenutzten Wörterbuchs deutscher Idiome.

Deutsche, die Schwäbisch, Alemannisch oder einen anderen, vom Hochdeutsch abweichenden Dialekt sprechen, haben keine Probleme mit der Schreibweise des niederländischen *ij* bzw. *ei* (die beide gesprochen werden wie *äi*). Um sie voneinander zu unterscheiden, werden sie als *lange ij* und *korte ei* bezeichnet. Das *ij* ist nur piktographisch länger, nicht aber in der Aussprache. Wörter mit einem *lange ij* werden im Schwäbischen wie *äi* ausgesprochen (*schrijven* = schräibe), Wörter mit einem *korte ei* dagegen wie *ai* (*heilig* = hailig).

In dem nachfolgenden Gedicht der niederländischen Teilnehmerin eines Abendkurses des Goethe-Instituts kommt die Angst der Niederländer vor der komplexen deutschen Grammatik – und Orthographie – schön zum Vorschein:

Der Deutschkurs

Die Wörter die, das und der
machen die Deutsche Sprache sehr schwer.
Die Fälle eins, vier, drei und zwei
sind auch wohl immer irgendwo dabei.
Aber ein n hinter dem Adjektiv is meistens gut,
Doch nicht wenn man das bei állen Geschlechtern tut.
Was halten Sie von: wo, wohin, woher?
Und wir gehen ins Gebirge, aber ans Mer?
Wir fahren in die Schweiz, aber aus den Vereinigten Staten,
Ach manchmal soll man auch nur etwas raten.
Das kann man müssen und das kan man sollen,
ich bleibe denn noch lieber bei wollen.

Die Gans, die Gänze, die Katze, die Katzen, der Baum, die Bäume
Ja, von dem Mehrzahl kriegt man noch bösen Träume.

Wen, wem, wer?
Fragen nach jemandem ist auch noch ziemlich schwer.
Ist er in bewegung, oder steht er still?
Ich frag mir, nein mich, warum ich Deutsch lernen will.

Ein alter niederländischer Germanistenwitz über die Präposition »in« in Verbindung mit dem Kasus problematisiert diese Angst:

Schaukasten des Goethe-Instituts in Amsterdam

Zwei Männer rudern auf der Elbe. Einer von ihnen fällt ins Wasser. Fällt er in *die* Elbe oder in *der* Elbe? In der Elbe, denn es ist *da tief*. Sie rudern weiter, nachdem der Mann wieder ins Boot geklettert ist, aber er fällt wieder ins Wasser. Fällt er in *die* Elbe oder in *der* Elbe? In der Elbe, denn es ist der *zweite Fall*. Er klettert wieder ins Boot, und sie rudern weiter. Landen sie in *die* Ostsee oder in *der* Ostsee? In die Nordsee.

Manchmal ist die Angst bei Niederländern so groß, daß sie lieber überhaupt nichts mehr sagen oder auf Englisch umschwenken.

Natürlich sind Grammatikkenntnisse wichtig. Für den niederländischen Leser ist es nützlich, den Unterschied zwischen »die Macht der Gewohnheit« und »das macht die Gewohnheit« zu kennen. Wer sich jedoch in der Sprache einfach nur unterhalten will, kann ungeniert alle Sorgen fahren lassen. »Die Stuhl worauf die Mann sitzt steht in die Ecke« ist grammatikalisch natürlich nicht ganz korrekt, doch dieses »schlechte« Deutsch wird von den Deutschen selbst ausgezeichnet verstanden, besser sogar noch als manche deutschen Dialekte. Das Hochdeutsch besticht durch seine Regeln, doch deutsche Dialektsprecher stören sich kaum an ihnen. »Nisch mit die Füße auf die Bank!« sagt der Schaffner im Zug in der Gegend von Duisburg. Und aus dem Wuppertaler Dialekt kommt das folgende: »Komm bei misch bei und spiel mit misch, dann lern isch disch wat Deutsch.«

Deutsche und Niederländer können die jeweils andere Sprache auch deshalb leicht erlernen, weil der Satzbau nahezu identisch ist. Im Niederländischen steht das Verb, ebenso wie im Deutschen, am Ende des Satzes. Deutsch und Niederländisch sind so faszinierende Sprachen, weil sie sich – anders als das Englische, das schon gleich am Satzanfang ausplaudert, worum es sich dreht – die wichtigste Information, die im Partizipium verborgen liegt, bis zum Schluß aufheben. Romanischsprachige und Engländer haben über die Jahrhunderte hinweg immer wieder darüber geklagt. Der amerikanische Schriftsteller Mark Twain hatte nicht sehr viel für die deutsche Sprache übrig und machte ein paar abfällige Bemerkungen darüber:

»Wenn ein Deutscher in einen Satz eintaucht, sieht man ihn erst wieder, wenn er auf der anderen Seite des Atlantischen Ozeans wieder an die Oberfläche kommt und das Verb im Mund hat.«

und:

»Deutsch ist eine Sprache mit endlosen Sätzen, die enden auf ... *gekonnt gewollt zu haben zu sein.*«

Eine bekannte Anekdote zu diesem Thema handelt von der Nichte Queen Victorias:

Sie will den berühmten Redner Bismarck im Reichstag sprechen hören und hat einen Dolmetscher engagiert, um seine Rede zu übersetzen. Bismarck legt los und redet und redet – doch der Dolmetscher schweigt. Unruhig stachelt sie ihren Übersetzer an und zischelt ihm schließlich zu: »Was sagt er?« Worauf der Dolmetscher antwortet: »Madame, ich weiß es nicht, er hat das Verb noch nicht genannt.«

Die große Verwandtschaft der beiden Sprachen führt jedoch zu einem bekannten Problem: den *faux amis* oder »falschen Freunden«. Das sind Wörter, die ähnlich oder sogar identisch geschrieben werden, jedoch oft eine völlig andere Bedeutung haben. Hier einige Beispiele:

Niederländisch	deutsche Entsprechung	Deutsch	niederländische Entsprechung
als	= wenn, wie	als	= toen, dan, als
bellen	= anrufen, klingeln	bellen	= blaffen
brutaal	= frech	brutal	= hard, gemeen
deftig	= vornehm	deftig	= copieus
doos	= Karton	Dose	= blikje
durven	= sich trauen	dürfen	= mogen
extra	= zusätzlich	extra	= expres, speciaal, apart
klappen	= klatschen	klappen	= lukken
mogen	= dürfen	mögen	= lusten, aardig vinden
net	= gerade, soeben	nett	= leuk, aardig
raar	= seltsam	rar	= zeldzaam
zeldzaam	= selten	seltsam	= raar
slim	= schlau	schlimm	= erg
tapijt	= Teppich	Tapete	= behang
uur	= Uhr (Zeit), Stunde	Uhr	= uur, klok
verstaan	= hören	verstehen	= begrijpen
wie	= wer	wie	= hoe, als

Manchmal können die klanglichen Übereinstimmungen für den ahnungslosen Sprecher zu peinlichen Situationen führen. Anders als im Deutschen ruft etwa das Wort *borsten* im Niederländischen erotische Gefühle wach, weil es »Brüste« bedeutet. Das Wort *reet* steht im Niederländischen für »Arsch«; der Spielplatz, der »Unterm Reetdach« heißt, löst also bei einem Niederländer leichte Verwunderung aus. Und wenn ein Deutscher fragt: »Kommst du klar?«, will er wissen, ob eine Sache gelingt, und nicht, ob man Orgasmusprobleme hat. Hat man *pijn in het kruis*, handelt es sich nicht um »Kreuzschmerzen«, sondern um eine Beschwerde, die sich der Urologe einmal ansehen sollte.

Ein Deutscher, der in einem niederländischen Chor nach einer bestimmten Melodie gefragt wurde, kannte das niederländische Wort für »pfeifen« nicht und hielt sich an die Faustregel, nach der man, wenn man das niederländische Pendant nicht kennt, einfach auf den deutschen Begriff in seiner wortwörtlichen Übersetzung zurückgreift. Also sagte er: »*Ik kan het niet zingen, maar ik kan het wel pijpen.*« Die Heiterkeit, die er damit auslöste, begriff er erst, nachdem man ihm erklärt hatte, daß *pijpen* keineswegs »pfeifen« (fluiten), sondern »blasen« – und zwar in seiner vulgärsten Form – bedeutet.

Deutsche können vieles »total geil« finden, ein Begriff, für den das Niederländische Wendungen wie *onwijs gaaf* oder *hartstikke goed* kennt – »geil« hat hier die sehr viel engeren Bedeutungen »fruchtbar« bzw. »wollüstig«. Und Herausgeber von Lehrbüchern im Fach Deutsch lassen bereits seit vielen Schülergenerationen den »Truthahn« lieber weg, da *trut* im Niederländischen »dumme Kuh« bzw. »Fotze« bedeutet.

Levi Weemoedt benutzt in seinem Lyrik-Band »Ken uw klassieken!« in einem Gedicht mit dem Titel »Duits op Wintersport« eine Art Deutsch, das die meisten Niederländer aus ihren Caravan- und Skiurlauben kennen:

Hals und Beinbruch, Alpenkreuzer!
Servus! Bergheil! Wiedersehn!
Tschüss! Grüss Gott! Auf Wienerschnitzel!
Danke schön. Auf Winterpehn! *

Und in dem berühmten pseudodeutschen Gassenhauer »Da hoch in die Berge« heißt es:

Da hoch in die Berge
Da steht ein Gerät
Da werden die Mädels
Elektrisch genäht

wobei »genäht« (*genaaid*) natürlich genau das bedeutet, was der aufmerksame Leser schon vermutet hat.

---

* *Winterpenen* sind Spätmohrrüben; Anm. des Übers.

Unterschiede in der Aussprache:
Allegro-legato und Stakkato

Große Unterschiede gibt es auf dem Gebiet der Aussprache. Im
Gegensatz zum Deutschen ist das Niederländische durch Assimi-
lation gekennzeichnet. Dabei finden Lautveränderungen unter
dem Einfluß anderer Laute statt:

> *keppetem gezegd = Ik heb het hem gezegd* –
>   Ich habe es ihm gesagt
> *kwaukemat = Ik wou dat ik hem had* –
>   Ich wollte, ich hätte ihn
> *gegeement = op een gegeven moment* –
>   zu einem bestimmten Zeitpunkt
> *dakankniezien = Dat kan ik niet zien* –
>   Das kann ich nicht sehen
> *kweenie =Ik weet het niet* – ich weiß es nicht
> *tuukwel =natuurlijk wel* – natürlich!

Neben diesem Allegro-legato gibt es im Niederländischen auch
die Synkope, d. h. es fallen in der Mitte des Wortes Laute weg:
hoof(d)doek, *vrien(d)schap*, *fees(t)je*, *lich(t)ste*, *pos(t)zegel*,
va(st)staat.

Das gesprochene Standard-Niederländisch zeichnet sich durch
den Wegfall des Schluß- und Plural-*n* aus. Es ist eine Allegro-
legato-Aussprache mit einem Tonhöhenunterschied von einer
halben Oktave und der Musikalität eines Truthahns. Für Außenstehende klingt es wie eine Aneinanderreihung von Kratz-,
Schluck- und Räuspertönen – so wie bei dem Wort *schapen-
scheerdersgereedschap*, das sich anhört wie *Schraape'schreeders'-
chrereed'schrapp*, oder wie in Sätzen, die man Niederländern
überall auf der Welt und an den obskursten Orten zuzischelt:

> *Als ze maar geil is mag alles,*
> *Prachtig, allemachtig achtentachtig.* *
> *(gesprochen: Als se maar chräil is, mach alles,*
> *Pracht'chr, allemacht'chr achtentacht'chr.)*

---

* Wenn sie nur geil ist, ist alles erlaubt / Herrlich, allmächtig achtundachtzig.

133

Im Deutschen hat man die sogenannte Silbentrennung, d. h. alle Silben werden getrennt ausgesprochen, das Schluß- und Plural-*n* ist gut zu hören, und das vorausgehende *e* wird verschluckt. Durch die Silbentrennung klingt das Deutsche ein wenig stakkatohaft. Jede Silbe muß gewissermaßen aufs neue geformt werden, für die Artikulation hat man mehr Energie und Muskelspannung nötig. Dadurch reden Deutsche auch tatsächlich etwas lauter, wie der französische Germanist Pierre Brachin gezeigt hat. Er verweist auf Messungen, wonach der Geräuschpegel in gutbürgerlichen Cafés und Restaurants in Deutschland mit acht Dezibel etwa 30 Prozent höher liegt als in vergleichbaren Etablissements der Niederlande, Frankreichs oder Englands, wo man immerhin noch sechs Dezibel schafft. Die Journalistin Anet Bleich schrieb am 5. Oktober 1988 in »de Volkskrant«: »Haben Sie schon mal echt bayerisch zu Mittag gegessen? [...] Die Figuren um einen herum sehen aus wie Menschen, nur daß sie allesamt ein paar Nummern zu wuchtig geraten sind. Ihre Gespräche haben den Geräuschpegel einer Disco. Ihr Lachen klingt wie das quietschende Bremsen eines Flugzeugs. Das Geräusch ihrer Messer und Gabeln ähnelt dem Gestampfe von Elefanten.«

Die deutsche Aussprache ist dynamischer und präziser: vorne im Mund, hinter den Zähnen und über der Unterlippe, wobei die Zunge sehr aktiv ist. Das Klare, Stimmhafte und Aspirierende der deutschen Sprache (»Gepäckträgerspannband«) steht der dumpfen, weniger feuchten und weniger behauchten Aussprache des Niederländischen gegenüber. Niederländer, die Deutsch lernen, können die Laute nicht mehr brummelnd aus der Tiefe des Rachens hochgurgeln und über den Unterkiefer nach draußen rollen lassen, sondern müssen sie vorn im Mund aktiv formen. Sie schämen sich für die korrekte Aussprache des Deutschen, die so diametral der des Niederländischen gegenübersteht, daß sich das Deutsch für sie wegen des Tonhöhenunterschieds und der Aussprache vorn im Mund feminin und affektiert anhört.

Bildsprache und grammatikalische Sprache

Der deutsche Germanist Werner Abraham weist darauf hin, daß Niederländer, die eine Fremdsprache lernen wollen, sich durch allerlei Bücher mit endlosen Listen von Idiomen, d. h. Redewendungen, kämpfen und sie auswendig lernen müssen. In anderen Ländern gibt es solche Bücher nicht, auch nicht über andere Sprachen. Abraham zufolge könnte dies bedeuten, daß das Niederländisch reicher an Idiomen ist als jede andere Sprache. Hier führt die Idiomatik ein besonders dynamisches Leben. In den Niederlanden wird, viel mehr als im Deutschen, auch in der amtlichen oder formellen Sprache und in den Zeitungen Bildsprache benutzt. *Potloodventer opgepakt in het Rembrandtpark* (Hausierer mit Bleistiften im Rembrandtpark verhaftet) heißt es beispielsweise in großen Lettern in der lokalen Presse. Für Nichtniederländer eine völlig unverständliche Nachricht, denn warum sollten Hausierer mit Bleistiften verhaftet werden? Daß ein *potloodventer* vor allem ein Exhibitionist ist, geht aus diesem Satz nicht hervor.

Niederländer sind auch verrückt nach Abkürzungen, die sowohl in der gesprochenen als auch in der Schriftsprache den Platz des Begriffs selbst einnehmen. Menschen können *tbs'ers* (Häftlinge in Sicherungsverwahrung), *AOW'ers* (Rentner), *65+'ers* (65jährige und ältere), *WAO'ers* (Invalidenrentner) oder *PvdA'ers* (Mitglieder der sozialdemokratischen Partei) sein; Schüler besuchen den *vwo*, *havo* oder *mavo* (d.h. einen der drei Bildungsgänge im Sekundarbereich), und viele Niederländer können es nicht mehr ohne *gsm*, ihr Handy, aushalten – jüngster Neuzugang in einer Flut allgemein verwendeter Abkürzungen.

In der niederländischen Politsprache werden Metaphern vor allem aus der Schiffahrtssprache entlehnt, wie z.B. *Het was kantje boord* (Die Sache befand sich am äußersten Rand der Reling = Das ist gerade noch einmal gutgegangen), *tussen wal en schip vallen* (zwischen Ufer und Schiff fallen = sich zwischen zwei Stühle setzen), *De wal moet het schip maar keren* (Dann muß eben das Ufer das Schiff wenden = Die Umstände müssen eine weitere unerwünschte Entwicklung verhindern), *We zien wel waar het schip strandt* (Wir schauen mal, wo das Schiff strandet = Schauen wir, wie die Sache endet), *Er is geen land mee te bezeilen* (Damit läßt sich kein Land besegeln = Etwas ist schwer handhabbar), *hoogtij vieren* (Tidehochwasser feiern = eine Blüte erleben), *Er is nog geen man-over-boord* (Noch ist kein Mann über Bord = Noch ist nichts verloren), *meevallen, tegenvallen, meezitten* und *tegenzitten* («halb so schlimm« bzw. »hinter den Erwartungen zurückbleiben«, »klappen« bzw. »nicht gelingen«; all diese Ausdrücke haben mit günstigem oder ungünstigem Wind zu tun), *voet bij stuk houden* (mit dem Fuß das Geschütz [*het stuk*] abstützen = auf seinem Standpunkt beharren), *De beste stuurlui staan aan wal* (Die besten Steuermänner stehen am Ufer = Alle wissen Rat, nur der nicht, der ihn nötig hat). Sie machen auf Niederländisch geführte Gespräche und niederländische Texte für Außenstehende nicht eben transparenter, nicht einmal, wenn man den Kontext versteht. Für Niederländer sprechen die Bilder für sich, doch wer nur die Wörter und nicht die Bilder kennt, ist hoffnungslos überfordert. Die Äquivalente für das maritime Idiom sind im Deutschen die Militär- und Obrigkeitssprache sowie Wendungen, die sich um das Verb »führen« drehen: »eine scharfe Klinge führen«, »aus aller Herren Länder«, »den Sieg davontragen«, »das Regiment führen«, »von der Fahne laufen«, »Führungszeugnis«, »eine glückliche Ehe führen« oder »Führerschein«.

Dweilen met de kraan open (Wischen bei offenem Kran) ist offizielles Niederländisch für »reine Symptombekämpfung«, *op het matje roepen* (auf die Matte rufen) ist »herbeizitieren«, und *voor het zingen de kerk uit* (die Kirche vor dem Singen verlassen) ist der gebräuchliche Ausdruck für das »vorher Aussteigen«, den Coitus interruptus. Doch auch gewöhnliche Alltagswörter sind im Deutschen oft deutlicher: »Gepäckträgerspannband« ist das schöne Wort für den niederländischen *snelbinder*, unter einem »Flugschreiber« kann sich auch der Nichtzeitungsleser mehr vorstellen als unter einer *zwarte doos*, die wörtliche Übersetzung der englischen *black box*, und eine »Notrufsäule« bezeichnet ihren Zweck besser als ein *praatpaal*, ein »Sprechpfahl«.

Das Deutsche ist eine grammatikalische Sprache mit einem sehr umfangreichen Vokabular, in dem das Bild nur eine untergeordnete Rolle spielt. Da die Bedeutung der Wörter eindeutig ist, sind keine unterschiedlichen Assoziationen möglich. Wer die Wörter kennt, begreift den Satz. Dadurch sind die Texte oft fachlicher und konkreter, und die Information steht stärker im Vordergrund.

Im idiomatischen Sprachgebrauch, den Sprichwörtern und den Redewendungen, zeigt sich viel vom jeweiligen »Nationalcharakter«. Der distanzierte, hierarchische Umgang in der deutschen Gesellschaft äußert sich im »höfischen« Wort *höflich*. Im Niederländischen, Französischen und Englischen gibt es dazu noch eine bürgerliche Variante: *hoffelijk/beleefd, courtois/poli*,

Herman van Veen
Das Leben ist ein Wunder
und andere persönliche Bekenntnisse

Ch.Links

Werbeplakat für den Sprachakrobaten Herman van Veen, der nicht nur als Musiker, sondern auch als Autor in Deutschland ein großes Publikum hat.

courteous/polite. Außerdem finden sich in der niederländischen Sprache auffallend viele Ausdrücke, die das Behutsame, Bedächtige, Vorsichtige, Bürgerliche und Kommerzielle akzentuieren:

> *Baat het niet, dan schaadt het niet* (Nützt es auch nicht, so schadet es wenigstens nicht)
>
> *Doe maar gewoon, dan doe je al gek genoeg* (Sei normal, dann bist du schon verrückt genug – etwa: Bleib auf dem Teppich, dann fällst du schon hart genug)
>
> *'t Ene doen en het andere niet laten* (Das eine tun, und das andere nicht lassen)
>
> *Ze dronken een glas, ze deden een plas en lieten de zaak zoals hij was* (Sie tranken ein Glas, leerten die Blas und ließen alles, wie es war)
>
> *Haastige spoed is zelden goed* (Große Eile ist selten gut)
>
> *Hardlopers zijn doodlopers* (Schnelläufer sind Blindgänger – etwa: Übertriebene Hast schadet nur)
>
> *Hollen is voor knollen* (Rennen ist etwas für Pferde)
>
> *Ik ben maar een gewone boerenlul, maar ...* (Ich bin nur ein einfacher Bauernlümmel, aber ...)
>
> *Kalmpjes aan, dan breekt het lijntje niet* (Eile braucht Weile)
>
> *'t Kan altijd nog slechter* (Es geht immer noch schlimmer)
>
> *De kost gaat voor de baat* (Die Kosten kommen vor dem Nutzen)
>
> *Nee heb je, ja kun je krijgen* (Das Nein hast du schon, das Ja kannst du noch kriegen)
>
> *Niet over één nacht ijs gaan* (Nicht über dünnes Eis gehen)
>
> *Pappen en nat houden* (Einkleistern und naß halten – etwa: Immer am Ball bleiben)
>
> *Traag rijmt op graag* (Träge reimt sich auf gern)
>
> *Het zal zo'n vaart niet lopen* (etwa: Nichts wird so heiß gegessen, wie es gekocht wird)

In der deutschen Sprache gibt es viele Redensarten, die Ordnung, Pflichtgefühl und Fleiß verherrlichen:

> *Am Anfang war die Tat* (Goethe)
> *Ohne Fleiß kein Preis*
> *Dem Tüchtigen gehört die Welt*
> *Morgen, morgen, nur nicht heute, sagen alle faulen Leute*
> *Erst die Arbeit, dann das Vergnügen*
> *Sich regen, bringt Segen*
> *Arbeit adelt*
> *Arbeit ist des Bürgers Zier*
> *Arbeit macht das Leben süß*

Rastlos vorwärts mußt du streben, nie ermüdet stille stehen, willst
du die Vollendung sehen (Schiller)
Es ist mehr zu lernen und zu tun, als zu genießen (Goethe)
Daß wir nicht enden können, macht uns groß (Goethe)
Wer befehlen will, muß gehorchen können
Es muß alles seine Ordnung haben
Ordnung muß sein
Ordnung ist das halbe Leben
Ordnung regiert die Welt
Ordnung ist die Seele aller Dinge
Wo keine Ordnung ist, ist auch kein Sieg
Ruhe ist die erste Bürgerpflicht

Schimpfwörter

Auch bei den Schimpfwörtern gibt es große Unterschiede. Wer
sich fragt, welche der beiden Sprachen *Doutste*, die älteste, ist,
kann hier vielleicht die Antwort finden. Niederländer schimpfen
genital und geschlechtsbezogen: *lul!* (Schwanz, Penis), *zak!* ([Ho-
den-] Sack), *trut!* (Fotze), *kut!* (Möse, Muschi) in der Bedeutung
des deutschen »Arschloch!«. Und sie sagen ebenfalls *kut!* oder
auch *klote!* (von *kloten* = Eier, Hoden), wenn Deutsche ein
»Scheiße!« herausrutscht. Im Niederländischen gibt es zwar fä-
kale Spitznamen, doch die sind als Kosebezeichnungen gemeint –
poepie (von *poepen* = kacken), *scheetje* (*scheet* = Furz), als Ausruf
der Freude – *Joepiedepoepie* – oder als positive Verstärkung: *rete-
goed* (von *reet* = Arsch). Deutsche schimpfen meist anal und nicht
geschlechtsgerichtet, und wenn sie einmal genital schimpfen,
dann meist, um die sexuellen Möglichkeiten des anderen in ein
schlechtes Licht zu rücken: »Wichser!« Seit Freud wissen wir, daß
die genitale Phase auf die anale folgt. Sollte das auch für Sprachen
gelten, ist das Niederländische vielleicht die entwickeltere der
beiden Schwestersprachen.

Daß es sich bei Niederländern um Kalvinisten handelt, zeigt
sich an der masochistischen Art und Weise, in der sie den Namen
Gottes mißbrauchen. Sie rufen den Herrn an, sie persönlich zu
verdammen. Das tut man nirgendwo sonst – außer in der ebenfalls kalvinistischen Schweiz. Niederländer sagen *Verdomme!*,
die Schweizer *Verdammi!* (von »Verdamm mich!«). Die Deutschen gehen auf Nummer Sicher mit ihrem »Verdammt noch

mal«, ebenso wie die Engländer mit *Damn it!* bzw. *Damn you!*
Kalvinisten haben es nicht leicht mit ihrem übermächtigen Herrn,
der alles sieht und von dem viele gerufen, aber nur wenige auser-
wählt sind. Der Ausruf *Godverdomme!* ist Ausdruck der totalen
Ohnmacht, ein Mißbrauch des Namen Gottes, und wer es sagt,
wandert geradewegs in die Hölle. Wenn man flucht, zerstört man
ein wenig die Beziehung, die man zu Gott aufgebaut hat – sagt der
1917 gegründete »Bund gegen das Fluchen«. Diese interkonfes-
sionelle Stiftung mit 25 000 Mitgliedern erhält unter anderem
Spenden von den Kirchen. Wer scheinbar unschuldige Ausrufe
wie *Jeetje, Ojé, Jeminee* (von »Jesus«), *Gôh, Gossie, Getsie* oder
Gatsie (von »Gott«) ausstößt, kann seine Pläne auf ein ewiges Leben getrost vergessen. Auf den populären Plakaten des Bundes,
die überall im Land hängen, sieht man etwa einen Papagei mit
dem Text: »Fluchen ist angelernt – Plapper nicht alles nach«; von
Gegnern wurden diese Plakate mit einem Spruch überklebt, auf
dem es kurz und bündig heißt: »Beten auch«. In den 70er Jahren
hatte der Bund schon einmal versucht, statt des *Godverdomme-*
Fluchs den Ausruf *Rhododendron!* einzuführen.

Niederländer sind die einzigen Europäer, die das Tabu auf
Krankheit und Tod durchbrechen, indem sie anderen die ab-
scheulichsten Ansteckungskrankheiten an den Hals wünschen:
Kankerlijer, krijg de pest (Du sollst die Pest kriegen, du Krebspa-
tient). Sie sind Meister der »infektiven Invektive«. Die Lässigkeit,
mit der ein Niederländer mehrere Leiden aneinanderreiht – wie
etwa in *Krijg de cementpokken op je borst, dan kan je bunkers
bouwen, vuile pestpokkenteringlijer!* (übersetzt etwa: Ich wünsch
dir die Zementpocken auf deine Brust, dann kannst du Bunker
bauen, du dreckiges, schwindsüchtiges Pockengesicht!) –, zeigt
die kabarettreife Routine des Experten, der damit zu erkennen
gibt, daß er nicht wirklich böse ist, denn sonst hätte er eine Serie
viel kürzerer Kraftausdrücke benutzt.

Understatement und Overstatement

Das Deutsche hat eine Vorliebe für Übertreibungen und klaren,
unverhüllten Sprachgebrauch. Während Niederländer eine
Schwäche für den Begriff »optimal« haben, sind Deutsche eher
für das »maximal« zu haben. Auf die Frage, wie es geht, antwor-

tet man: »Bestens!« Sie wollen ihre Couch »möglichst morgen«
schon geliefert haben, finden, daß »die wenigsten« wissen, was
zu tun ist, haben etwas »dringlichst« nötig und behaupten, daß
man »das herrlichste« Wetter habe und zur »vollsten« Zufrie-
denheit bedient werde. Man sagt offen und direkt, was man zu sagen hat. Niederländer empfinden die deutsche Bestimmtheit oft
als zu kraß; selbst bedienen sie sich lieber des Understatements
oder benutzen Euphemismen. Deshalb auch die Popularität des
Wörtchens *leuk*, das eigentlich »schön« oder »nett« bedeutet,
aber im Prinzip auf alles Anwendung finden kann, von einer
Weltsensation bis hin zum Begräbnis. Dem deutschen »So geht
das nicht!« stellt der Niederländer sein *Moet kunnen! –* Muß erlaubt sein! – gegenüber, denn: »Wer bin ich schon, daß ich darüber urteilen darf?« Was ein Deutscher »schlimm« findet, ist für
einen Niederländer *niet om over naar huis te schrijven –* nicht, um
darüber nach Hause zu schreiben –, er ist »nicht froh« damit und
findet, daß es »keinen Schönheitspreis verdient«. Und wenn
Deutsche bereit sind, etwas von der Tagesordnung zu streichen,
ist es dasselbe, als wenn die Niederländer sagen, daß sie »ein
anderes Mal vielleicht noch darauf zurückkommen werden«.
Deutsche bekunden einfach, daß sie mit einer Sache absolut nicht
einverstanden sind, doch ein Niederländer sagt eher: *Het is maar
hoe je het bekijkt –* es kommt darauf an, wie man die Sache betrachtet. Doch auf Völker, die noch indirekter sind, machen die
Niederländer einen durchaus direkten Eindruck. Das zeigen die
Erfahrungen von Asiaten, Afrikanern, Franzosen, Engländern
oder Spaniern. Der Brite Ian McEwan etwa drückt es folgender-
maßen aus: »Niederländer sind weniger witzig. Sie sagen die
Dinge so direkt, daß für Nettigkeiten kein Raum bleibt. Engländer wollen in ihrer Konversation gern amüsant sein, hierbei lassen sich Niederländer und Deutsche nicht oft ertappen.« Auch in
der Schriftsprache verfügt das Niederländische über eine Strategie des Indirekten. Eine Aussage wie »Alle haben sich bemüht,
den Besuch von Herrn A. zu einem Erfolg werden zu lassen« wäre
im Deutschen vermutlich direkter formuliert worden: »[...] daß
der Besuch von Herrn A. ein Erfolg geworden ist.« Im Niederländischen muß das positive Ergebnis aus der Handlung abgeleitet
werden, im Deutschen ist es eine Tatsache.
  Die überwältigende Zahl an Diminutiven, Verkleinerungswör-
tern mit der Endung *-je*, im Niederländischen wird gelegentlich

mit dem bürgerlich-kalvinistischen Hintergrund der Niederländer in Verbindung gebracht. Die Welt besteht nur aus Eitelkeit, alles Menschliche ist vergänglich, und der Mensch ist weniger als ein Staubkorn auf der Waagschale des Herrn. Diese Vermutung wird durch die Schweizer gestützt, die ebenfalls verrückt sind nach Diminutiven – obwohl sie nur Substantive verkleinern. Dagegen spricht allerdings, daß die katholischen Belgier ebensoviele Verkleinerungswörter haben wie die Niederländer. Niederländische Frauen benutzen häufiger als ihre deutschen Geschlechtsgenossinnen Verkleinerungsworte für ihren persönlichen Besitz – *spulletjes* (Dinge), *truitje* (Pullover), *slipje* (Slip, Höschen), *sjaaltje* (Schal), *bloesje* (Bluse) –, und ebenso die Männer, wenn sie über Frauen sprechen: *vrouwtje* (Frau), *wijffie* (Weib), *blondje* (Blondine). Wie auch immer, Niederländer und Belgier verkleinern nicht nur Substantive, sondern auch (fast) alle anderen Satzbestandteile. Hier einige Beispiele:

Vorsilben wie *uit* (aus-) oder *toe* (zu-): *uitje* (Ausflug) oder *toetje* (Nachtisch);

Adverben wie *laat* (spät), *tussendoor* (zwischendurch) oder *vlug* (schnell): *latertje* (*het zal een latertje worden* = es wird spät werden), *tussendoortje* (Imbiß), *vluggertje* (eine schnelle Nummer);

Pronomen wie *ons* (uns): *onderonsje* (Gespräch unter vier Augen);

Zahlen wie *een* (eins) oder *tien* (zehn): *in zijn eentje* (allein); *tientje* (10-Gulden-Schein);

Verben wie *moeten* (müssen) oder *weten* (wissen): ein *moetje* ist eine Mußehe, ein *weetje* ist etwas, das es zu wissen lohnt;

Adjektive wie *geel* (gelb) oder *groen* (grün): ein *geeltje* ist ein 25-Gulden-Schein, ein *groentje* ist ein Grünschnabel;

Substantive, die als Verkleinerungswort eine völlig andere Bedeutung bekommen: *telefoontje* oder *belletje* (was nicht »Telefon« oder »Klingel« bedeutet, sondern »Anruf«).

Die Deutschen finden das alles »witzig« und »niedlich«.

Wie einem der Schnabel gewachsen ist und Wissenschaftsjargon

Die niederländische Wissenschaftssprache ist eigentlich eine um Fachbegriffe angereicherte Alltagssprache. Andere Sprachen zeichnen sich dadurch aus, daß sie verschiedene Register haben:

vor Gericht wird der juristische Diskurs gepflegt und beim Milchmann der »Milchmann«-Diskurs. Glaubt man dem Leidener Literaturwissenschaftler H. Steinmetz, kennt die niederländische Sprache keine unterschiedlichen Sprechkategorien: »Natürlich weicht das wissenschaftliche Niederländisch von der Alltagssprache ab, doch meine These ist, daß es ihr näher steht, als das in anderen Sprachen der Fall ist. Leute, die wissenschaftliches Niederländisch in eine andere Sprache übersetzen, klagen darüber, daß die Wortwahl so wenig ›erhaben‹ anmutet.« Das Niederländische hat so gut wie keine rhetorischen Tradition. Rhetorik hat etwas Geziertes und Theatralisches und steht im Widerspruch zu den kalvinistischen Leib- und Magensprüchen wie: *Spreek je moerstaal!* (etwa: Rede, wie dir der Schnabel gewachsen ist) bzw. *Doe maar gewoon, dan doe je al gek genoeg* (etwa: Bleib auf dem Teppich, dann fällst du immer noch hart genug). In der egalitären niederländischen Gesellschaft müssen wissenschaftliche Aussagen auch dem interessierten Laien zugänglich sein; der professionelle Jargon ist zu vermeiden. Die Kehrseite des Ganzen ist jedoch, daß Niederländer für die genaue und nuancierte Darstellung eines Sachverhalts verhältnismäßig viel Platz benötigen. Übersetzungen wissenschaftlicher und literarischer Texte aus dem Englischen ins Niederländische sind meist um ein Zehntel länger. Die mühsame grammatikalische Entschlüsselung des Deutschen, die komplexen Beugungsformen und die zahllosen Nebensätze mit dem abschließenden Verb geben Niederländern das Gefühl, daß Deutsch viel mehr Papier frißt als das Niederländische. Sie reagieren meist überrascht, wenn sie erfahren, daß dem nicht so ist und auch niederländische Übersetzungen deutscher Texte meistens etwa zehn Prozent länger sind.

Der deutsche Niederlandist Hans Combecher behauptet, daß, historisch betrachtet, die deutsche Sprache vor allem auf das Hervorbringen eines gehobenen Sprachniveaus gerichtet war und dieser Prozeß auf Kosten des »normalen Sprachniveaus« verlaufen ist. Im Niederländischen ist dieses normale Sprachniveau dagegen besonders stark entwickelt. Dies äußert sich nicht nur in der Vermeidung »gewichtiger« Sprache, sondern läßt sich auch mit dem Gebrauch der unbestimmten Pronomen *je* und *ze* (»man« – eigentlich »du«, »ihr« bzw. »sie«) illustrieren. Im Deutschen fehlen die Äquivalente für eine stärkere Nähe oder auch Distanz, die Niederländer mit den Worten *je* und *ze* ausdrücken:

Hoe zeg je dat?	=	Wie sagt man das?
Hoe doen ze dat daar?	=	Wie macht man das dort?
Men beweert ...	=	Man behauptet ...

In Deutschland werden wissenschaftliche Texte für Fachkollegen und Experten geschrieben. Der Sprachgebrauch bestimmt auch den Status. Der Autor beweist damit, daß er die Materie beherrscht und Thema wie Leser ernst nimmt. »Den Deutschen hat Gott die Gnade verliehen, Sätze bilden zu können, die sie selbst nicht verstehen«, zitiert der niederländische Theologe H. M. Kuitert einen Deutschen. Wie Niederländer auf ein solches Deutsch reagieren, faßt der Soziologe A. Chorus mit den folgenden Worten zusammen: »Der Deutsche [...] will immer dozieren oder unterrichten, und deshalb hat ein Großteil seiner Literatur, und sogar die Art und Weise, wie er in der normalen Konversation spricht, einen didaktischen, häufig sogar belehrenden Ton. [...] Dadurch ist der Stil vieler deutscher Bücher so ausgesprochen rechthaberisch, besserwisserisch und langatmig.« Illustrativ hierfür ist auch die folgende Anekdote des deutsch-französischen Politologen Alfred Grosser:

Wenn die internationale Vereinigung der Elefantenspezialisten hundert Jahre alt wird und ihre Mitglieder bittet, Vorschläge für ein Jahrbuch zur Feier dieser erfreulichen Tatsache zu machen, ist die Reaktion wie folgt:
Engländer: *History of the London Society of Elephant Experts*
Franzosen: *Encyclopédie sur la vie d'amour des Eléphants*
Deutsche: *Bibliographie zur Elefantenkunde* (1400 Seiten)
Amerikaner: *Elephants – How to Make them Better and Bigger* (Broschüre, 10 Seiten)

In Deutschland wird auch die politische Diskussion sehr viel stärker als in den Niederlanden durch ideologische Terminologien aller Art dominiert, die der Laie sich zu eigen machen muß, um mitreden und -denken zu können. Fremdwörter suggerieren Fachwissen. Sie verhüllen den eigentlichen Inhalt und verheimlichen oft, was wirklich Stand der Dinge ist.

Anders ist es dagegen oft in der medizinischen Terminologie im

Deutschen: Begriffe wie z. B. »Querschnittslähmung«, »Bandscheibenvorfall«, »Schwangerschaftsabbruch« und »Sterbehilfe« machen auf schockierende Weise deutlich, worum es eigentlich geht. In den Niederlanden sind nahezu alle medizinischen Fachausdrücke in die eigene Sprache übersetzt worden, doch wenn die Erkrankung oder der Eingriff schwer genug ist, bevorzugen Niederländer meist die verhüllenden Begriffe: *dwarslaesie*, *hernia*, *abortus* und *euthanasie*. Dies gilt auch für das Wort *Drionpil*, benannt nach dem Mann, der erstmals für lebensmüde, ältere Menschen eine Pille zur freiwilligen Beendigung des Lebens forderte. Im Deutschen wird diese Pille als »Selbsttötungspille« bezeichnet. Während Euthanasie im Niederländischen die »Beendigung des Lebens von Patienten, die unzumutbar leiden«, bedeutet, wird darunter im Deutschen vor allem die »Vernichtung minderwertigen Lebens« verstanden. Durch den Mißbrauch der Euthanasie in der Nazizeit ist diese mit einem Tabu belegt.

Als sich im 16. Jahrhundert herausstellte, daß Gott zwar möglicherweise die Welt, nicht aber die Sprache erschaffen hat, haben sich in einer Vielzahl von Ländern Gelehrte darangemacht, nach der Sprache des Paradieses zu suchen – denn wer diese Sprache kannte, konnte vielleicht auch die wissenschaftlichen Probleme jener Tage besser lösen. In Deutschland betrachtete man das Deutsche als die Ursprache, da die Grammatik des Hochdeutschen keine Doppeldeutigkeiten duldet. Ambivalenz wurde als Werk des Teufels betrachtet, der ja mit zwei Zungen spricht. In den Niederlanden fand man dagegen um 1600 herum heraus, daß nicht das Hochdeutsch, sondern das Niederdeutsch, also das Niederländische, die Ursprache gewesen sein müsse. Die romanischen Sprachen schieden aus, da Französisch schließlich nur ein verwässertes Latein sei. Adam und Eva hatten niederländisch gesprochen, denn das war die einfachste Sprache, d. h. die mit den meisten einsilbigen Wörtern.

An niederländischen Schulen werden noch heute für Unterrichtsfächer niederländische Bezeichnungen verwendet: *wiskunde* (Mathematik), *scheikunde* (Chemie), *aardrijkskunde* (Geographie), *wijsbegeerte* (Philosophie), *godsdienst* (Religion) und andere Disziplinen, deren Inhalt Nichtniederländer nicht auf Anhieb deuten können. Mitte des 17. Jahrhunderts wurde in den Niederlanden auch die grammatikalische Terminologie niederlandisiert (etwa *zelfstandig naamwoord* für das Substantiv oder *bijvoeglijk naamwoord* für das Adjektiv), so daß Niederländer, die keine weiteren Sprachen gelernt haben, nicht mit Ausländern über grammatikalische Probleme diskutieren können.

Gebärdensprache

Deutsche sind extrem arm, was ihre Gebärdensprache angeht. Der »Stinkefinger«, also der hochgereckte Mittelfinger, ist international. Der Zeigefinger an der Stirn oder der Schläfe bedeutet bei ihnen, daß der andere dumm ist, wohingegen Niederländer, die sich mit dem Zeigefinger an die Schläfe tippen, häufig damit sagen wollen, daß sie selbst oder andere gerade sehr schlau sind. Der Kreis mit Daumen und Zeigefinger – für »Okay« – steht in großen Teilen Deutschlands für »Arschloch!« und wird, ebenso wie der Zeigefinger an die Stirn, gern von Autofahrern als sogenannter »Autofahrergruß« benutzt. Bei Deutschen wandert der mahnende Zeigefinger von links nach rechts vor dem Gesicht, bei Niederländern von vorn nach hinten. Andere Gebärden gibt es eigentlich nicht. Verglichen mit mediterranen Völkern haben Niederländer, was Gebärden betrifft, auch nicht viel zu bieten, doch die Deutschen können noch einiges von ihnen lernen.

Niederländer vermögen beispielsweise anzudeuten, indem sie mit einer Hand den Ellbogen berühren, daß man jemandem nicht über den Weg traut. Bewegt man ein oder zwei Hände seitlich am Kopf hin und her, bedeutet dies, daß man etwas lecker findet. Als Homosexualität noch tabu war, wurden die Anhänger der griechischen Prinzipien geoutet, indem man mit den Fingerspitzen einer Hand auf den Rücken der anderen klopfte. Mit dieser unauffälligen Gebärde wurde das Tabuwort vermieden, gleichzeitig aber das Verhalten homosexueller Männer imitiert, die sich Hand in Hand in der Öffentlichkeit zeigten oder einander die Hände streichelten. Über Homosexuelle sagt man deshalb noch immer, daß sie *van het handje* oder *van de handjeklap* sind. Bevor der »Stinkefinger« die Welt eroberte, ließ sich in den Niederlanden das »Du kannst mich mal …« durch den gekrümmten Handrücken ausdrücken, den man kurz über die Schamgegend hielt. Bei einer anderen, etwas altmodischeren und verhältnismäßig unauffälligen Variante wird der Zeige- und Mittelfinger in Hüfthöhe gebracht und leicht nach oben bewegt.

146

Rechtschreibreform

Große Sprachen wagen sich nicht schnell an eine Rechtschreib-reform. Im 19. Jahrhundert wurde das *th* zum *t* (»Thier« wurde etwa zu »Tier«), und vor einigen Jahren hat man beschlossen, die Schreibweise von Fremdwörtern einzudeutschen oder zu verein-fachen (»Rytmus« statt »Rhythmus«, »Astma« statt »Asthma«, »Majonäse« statt »Mayonnaise«) sowie das *ß* in einer Reihe von Fällen in *ss* zu verändern. Dies hat gewaltige Proteste ausgelöst, die in der Losung »Laß das daß« gipfelten.

Auch das Zusammen- oder Getrenntschreiben von Wörtern wurde in Frage gestellt. Vor der Rechtschreibreform wurden »rad-fahren« und »teppichklopfen« zusammen- und kleingeschrie-ben, »Klavier spielen« und »Auto fahren« dagegen getrennt und mit einem Großbuchstaben. Um sich dies zu merken, hatte sich der deutsche Schriftsteller Walter Kempowski eine Eselsbrücke ausgedacht: wenn etwas mehr als 100 Kilo wiegt, mußte man es getrennt und groß schreiben. Es stimmte immer. Jetzt ist die 100-Kilo-Regel zur Standard-Rechtschreibung geworden.

Anders als im Niederländischen fallen im Deutschen auch die Satzzeichen unter die Rechtschreibung – und damit unter die Rechtschreibreform. »Rechtschreiben« bedeutet in Deutschland also nicht nur fehlerfreies Schreiben, sondern auch den fehler-losen Gebrauch von Satzzeichen. Und die neuen Kommaregeln sind, zumindest nach Ansicht des Nachrichtenmagazins »Der Spiegel«, so weitreichend, daß Anwender der neuen Rechtschrei-bung demnächst Klassiker wie Thomas Mann nicht mehr wür-den lesen können.

Mittlerweile sind die neuen Regeln in den 16 deutschen Bun-desländern und den übrigen deutschsprachigen Ländern und Re-gionen (Schweiz, Österreich, Liechtenstein, Südtirol in Italien, Eupen-Malmedy in Belgien sowie Nord-Schleswig in Dänemark) offiziell eingeführt bzw. können dort eingeführt werden; das deutsche Bundesverfassungsgericht hat gegen die Opponenten entschieden und erklärt, daß die Rechtschreibreform mit dem Grundgesetz vereinbar ist. An den Grundschulen wird die neue Rechtschreibung schon unterrichtet, doch weil die Bundesländer unabhängig voneinander über das Unterrichtsprogramm ent-scheiden, ist noch unklar, ob in Deutschland überall dieselbe Rechtschreibung angewandt wird. In Schleswig-Holstein hat sich die Bevölkerung im Herbst 1998 per Volksentscheid gegen die Einführung der neuen deutschen Rechtschreibregeln ausgesprochen, doch weil man sich im übrigen Deutschland mit dem neuen Regelwerk abzufinden scheint, ist man in diesem Bundesland inzwischen wieder zurückgerudert. Die Frage, ob es eine einheitliche Schreibweise geben wird, scheint somit – zumindest für das Bildungswesen – beantwortet. In anderen Bereichen ist die Sache dagegen nicht so klar. So haben deutsche Spitzenautoren wie Grass, Enzensberger und andere ihre Verleger dazu aufgefordert, die neue Rechtschreibung zu negieren, und bei einigen großen deutschen Blättern wie »Der Spiegel« oder »Die Zeit« hat man sich eine sogenannte »gemäßigte neue Rechtschreibung« auferlegt, d. h., man übernimmt – je nach Gusto – manche der neuen Regeln, andere dagegen nicht. Die wohl einflußreichste deutsche Tageszeitung, die »FAZ«, ist inzwischen sogar wieder ganz zur alten Rechtschreibung zurückgekehrt. Eine offizielle Wörterliste, wie es sie mit »Het groene boekje« (Das grüne Buch) für das Niederländische gibt, existiert für die deutsche Sprache nicht – bisher bestimmten die Redakteure des Duden-Verlags die richtige Schreibweise. An der Sprache etwas zu verändern ist in Deutschland politisch riskant. Deshalb unterscheidet sich das heutige Deutsch weniger von der Sprache Goethes als das derzeitige Niederländisch von dem Niederländisch, wie es vor dem Zweiten Weltkrieg gesprochen und geschrieben wurde.

Da in kleinen Sprachräumen die Kommunikationswege kurz sind und die Zahl der Sprecher übersichtlicher ist, sind auch Änderungen in der Rechtschreibung selbstverständlicher. Im Niederländischen, in dem der Kontext wichtig ist, spielte bis vor kurzem eine einheitliche Schreibweise eine weniger große Rolle – man akzeptierte mehrere unterschiedliche Varianten. Die sogenannte *voorkeurspelling*, also die bevorzugte Schreibweise des alten »Groene boekje« ist nun durch die offizielle Schreibweise des neuen »Groene boekje« ersetzt worden. Doch daneben gibt es ein neues Rechtschreibwörterbuch aus dem Verlag van Dale, das »Rode boekje«, das eine Reihe von Wörtern mit abweichender Schreibweise enthält. Und auch in den Niederlanden haben Schriftsteller ihre Verlage verpflichtet, bestimmten neuen Rechtschreibregeln nicht zu folgen. In der – ebenfalls in Belgien existierenden – alternativen Schreibweise des Niederländischen kommt vor allem die Abkehr von französisch geschriebenen Wörtern zum Ausdruck (beispielsweise beim *k* statt dem *c*: *vakant/vacant* = frei, *kultuur/cultuur*). Die sogenannte »progressive« Rechtschreibung aus den 1960er Jahren mit Wörtern wie *sosjale joenit* (*sociale unit* = Sozialarbeiterteam) oder *odekolonje* (Eau de Cologne) ist inzwischen wieder auf dem Rückzug. Sie beruhte auf der demokratischen Vorstellung, daß niemand das Recht habe, Vorschriften darüber zu machen, wie man etwas schreibt. Kürzlich hat die in den 70er Jahren gegründete *Socialistiese Partij* sich in *Socialistische Partij* umbenannt. Die neue Schreibweise ist jetzt zwar offiziell festgelegt, doch bei den Benutzern wächst die Unzufriedenheit, so daß es fraglich ist, ob sich die Niederländer daran halten werden. Vielleicht war die noch bis vor kurzem hohe Zahl unterschiedlicher Rechtschreibcodes eine Form der *taalverzuiling*, der sprachlichen Versäulung, wobei jede gesellschaftliche Gruppe das Recht auf ihre eigene Rechtschreibung reklamiert. Jetzt, da in den Niederlanden die *verzuiling* auf dem Rückzug ist, nimmt auch die sprachliche Versäulung ab.

Literaturaustausch

Der intellektuelle Verkehr zwischen Deutschland und den Niederlanden war bis vor nicht allzu langer Zeit von einer starken Asymmetrie gekennzeichnet. Deutsch wird von vielen niederländischen Intellektuellen im Original gelesen, und wenn etwas aus dem Deutschen ins Niederländische übersetzt wurde, dann handelte es sich, neben einer großen Zahl von Klassikern, meist um Unterhaltungsliteratur. In umgekehrter Richtung fand wenig statt, lediglich die Zeit des Nationalsozialismus bildete eine Ausnahme: zwischen 1930 und 1940 wurden eine Reihe von Blut- und-Boden-Flamen wie Felix Timmermans und Stijn Streuvels ins Deutsche übersetzt. Das flämische Niederländisch wurde als eine bäuerliche Sprache voll ursprünglicher Kraft, kämpferisch und durch und durch germanisch betrachtet; flämische Autoren waren in dieser Sicht der Dinge unbeugsame Kämpfer gegen die französische Sprachdominanz. Die Niederlande galten dagegen im Dritten Reich als weniger interessant: man vermißte die Urkraft.

Weil niederländische Schriftsteller in Deutschland nahezu unbekannt waren, wurde das Niederländische als Literatursprache wenig geschätzt. Im »Kindler-Lexikon« der internationalen Literatur aus dem Jahre 1970 heißt es ausdrücklich, daß der niederländische Roman nicht über das Niveau einer netten, gediegenen Erzählung hinauskommt und die Ausdruckskraft der Autoren für die Darstellung der Komplexität des menschlichen Charakters, seiner Leidenschaften, Handlungen und Konflikte nicht ausreicht. Sprach man mit Deutschen über niederländische Literatur, bekam man die spöttische Frage gestellt: »Können Niederländer denn außer malen auch schreiben?«

Diese Auffassung hat man nach der Frankfurter Buchmesse 1993, bei der die niederländische und flämische Literatur Schwerpunktthema war, gründlich revidiert. Cees Nooteboom, der wegen seiner literarischen Reisereportagen auch als der niederländische Bruce Chatwin bezeichnet wird, ist in Deutschland die absolute Nummer Eins. »Die Entdeckung des Himmels« von Harry Mulisch – »Hollands phantasievollster Essayist« – verkaufte sich in Deutschland 350 000mal. Die Niederlande haben sich einen Spitzenplatz auf dem deutschen Buchmarkt erobert: die Bücher von Hugo Claus, Leon de Winter, Maarten 't Hart, Karel van het Reve, A. F. Th. van der Heijden, Arnon Grunberg, Adriaan van Dis, Thomas Rosenboom, Marcel Möring und Jan Brokken sowie der Autorinnen Margriet de Moor, Connie Palmen, Tessa de Loo, Hella Haase, Anna Enquist, Renate Dorrestein, Jessica Durlacher, Nelleke Noordervliet, Fleur Bourgogne, Charlotte Mutsaers und vielen anderen gehen wie warme Semmeln über die Ladentheke. Vor allem niederländischsprachige Schriftstellerinnen sind populär, denn sie gelten dem dtv-Lektor Lutz Wolf zufolge als besonders emanzipiert, abenteuerlustig und progressiv – und das drücke sich in ihren Büchern aus. Viele Bücher behandelten Themen wie Scheidung, Freiheit und Selbstbewußtsein. »Frauen wollten sich nicht mehr für das rechtfertigen, was sie taten. Daraus entstand eine freche Literatur, die von deutschen Frauen verschlungen wird.«

Die niederländischen Nachkriegsschriftsteller waren vor allem auf die französische, englische und spanische Literatur gerichtet, doch nun schieben sie ihre Abneigung gegen Deutschland beiseite und machen einen Schnellkurs Deutsch. Geld stinkt nicht, und schließlich läßt sich damit ein schöner Batzen verdienen. Außerdem sind viele aus dem Niederländischen ins Deutsche übersetzte Bücher nach ihrem Erfolg auf dem deutschsprachigen Markt von

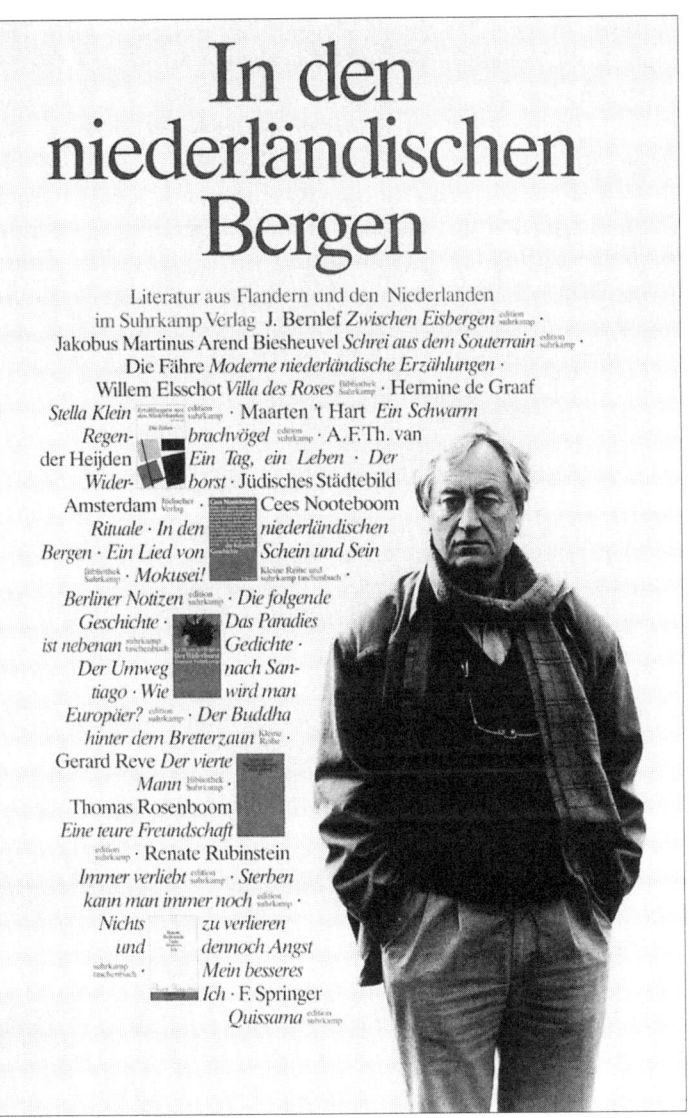

Plakat des Suhrkamp Verlages zum Schwerpunkt der Frankfurter Buchmesse 1993: Literatur aus den Niederlanden und Flandern.

Verlagen im angelsächsischen Sprachraum entdeckt worden. Der deutsche Sprachraum ist mit 35 Prozent der wichtigste Absatzmarkt für Übersetzungen aus dem Niederländischen (23 Prozent im englischen und 20 Prozent im französischen Sprachraum). Die sogenannten typischen niederländischen Romanciers jedoch, also solche, die ein niederländisches Lebensgefühl zum Ausdruck bringen, scheinen in Deutschland nicht anzukommen. Gerard van het Reve, Vestdijk, Bordewijk und Nescio sind in den Niederlanden sehr bekannt, doch in Deutschland waren sie Flops. So war es zunächst auch mit Willem Frederik Hermans: frühe Übersetzungen einiger seiner Bücher landeten im Ramsch. Sein Roman »Die Tränen der Akazien« erschien 1968 als autorisierte Übersetzung, doch Hermans hat sich später sowohl von dieser als auch von der Übersetzung des Romans *Nooit meer slapen* (Nie mehr schlafen) distanziert und weitere Übersetzungen ins Deutsche verboten. Erst kürzlich ist mit Zustimmung der Erben sein Roman »Die Dunkelkammer des Damokles« aus dem Jahre 1958 in deutscher Übersetzung erschienen und von der Kritik stürmisch bejubelt worden. In der »Neuen Zürcher Zeitung« hieß es dazu: »Jetzt endlich hat man mit der deutschen Ausgabe seines Œuvres begonnen, das in der Tradition der großen europäischen Literaten steht.« Die »Süddeutsche Zeitung« nannte Hermans »den Riesen, auf dessen Schultern Zwerge stehen«.

Woher kommt die plötzliche Wertschätzung? Das große Interesse in Deutschland ist zum Teil das Ergebnis sehr guter, professioneller Übersetzungen. Heutzutage wird sehr viel stärker als früher auf die Qualität der Übertragung geachtet, und man kann auch stärker danach sehen, weil es inzwischen mehr – und bessere – Übersetzer gibt und auch die Verlage über mehr Lektoren bzw. Gutachter verfügen, die sich in der niederländischen Literatur auskennen. Und wenn es angesichts der derzeitigen Nachfrage nach Übersetzungen aus dem Niederländischen einmal nicht gelingt, einen Top-Übersetzer zu engagieren, werden die Texte von den Lektoren je nach Bedarf »abgeflacht«, »versachlicht« oder »aufgemotzt«. Die deutsche Übersetzerin Helga van Beuningen erzählte einmal, daß »Mokusai!« von Cees Nooteboom gut und gern um drei Stilniveaus angehoben worden sei, bis schließlich ein so prachtvolles klassisches Deutsch auf dem Papier gestanden habe, daß Nooteboom selbst, als er es las, ausgerufen hätte: »Aber ich bin doch kein Rilke!«

Karikatur aus dem »Börsenblatt des deutschen Buchhandels«
zur Frankfurter Buchmesse 1993.

Deutsche Literaturkritiker überbieten sich nun gegenseitig in ihren Lobpreisungen der niederländischen Mischung aus Intelligenz, Nüchternheit und Unterhaltungswert. Niederländische Autoren können ihnen zufolge mit dem »normalen«, d.h. dem Alltagsleben, umgehen, haben Sinn für Humor, sind spannend zu lesen, spielen sich dankenswerterweise nicht als Gewissen der Nation auf und wollen nicht tiefgründiger wirken, als sie sind – gerade letzeres eine sehr undeutsche Eigenschaft. In ihren Büchern wird die Erzählung nicht dem Konzept geopfert, und auch die philosophischen Ausflüge sind keine bleischweren Gedankenübungen, sondern vor allem spielerische Einfälle. Deutsche Leser sind außerdem von der plastischen Erzählweise und der sehr viel weniger scharfen Trennung zwischen gehobener und Alltagssprache fasziniert: »locker« nennt man das im Deutschen. Der Cartoon im »Börsenblatt« vom Oktober 1993 spiegelt diese Einstellung zur niederländischen Literatur gut wieder.

Dies alles trifft auch auf einen Roman zu, der in den Niederlanden in den letzten Jahren für Furore gesorgt hat: *Het Bureau* (Das Büro) von J. J. Voskuil. In sieben Bänden und auf über 5 000 Seiten wird darin minutiös der dreißigjährige Berufsalltag eines

»wissenschaftlichen Beamten« an einem – real existierenden – Institut für Volkskunde in Amsterdam beschrieben, ein Institut, an dem man sich mit so obskuren Dingen wie der Verbreitung von »Wichtelmännchen-Überlieferungen«, dem Gebrauch des Dreschflegels oder der »mentalitätsgeschichtlichen« Analyse von Nachlaßinventaren beschäftigt. Seit dem Erscheinen des ersten Bandes im Jahre 1996 hat sich der Roman – mit über 250 000 verkauften Exemplaren – zum Kultbuch der Jahrhundertwende entwickelt. Überall in den Büros und Amtsstuben des Königreichs bildeten sich Fanclubs unverbesserlicher *Bureau*manen, in denen man eifrig das Leben und Treiben der Hauptfigur Maarten Koning diskutierte. Selbst auf den Sterbelagern des Landes war »Het Bureau« ein Thema: So wandte sich die bekannte Amsterdamer Stadträtin Annemarie Grewel kurz vor ihrem Tod 1998 an den Voskuil-Verleger Wouter van Oorschot mit der Bitte, ob er ihr nicht ausnahmsweise Einblick in die bis dahin noch nicht erschienenen weiteren Bände des Romans gewähren könne. Der Erfolg der Bürosaga Voskuils ist wohl vor allem der eindringlichen Schilderung des niederländischen Arbeitsalltags sowie der Tatsache zuzuschreiben, daß viele der Leser in sich selbst auch so einen kleinen Maarten Koning entdeckt haben, der jahrein jahraus versucht, einer durch und durch sinnlosen Arbeit einen tieferen Sinn abzuringen, der gelegentlich von Flucht träumt, sich im Laufe der Zeit jedoch mit den Verhältnissen halbwegs zu arrangieren lernt, aber auch einer, der über all die Jahre das Gefühl nicht los wird, daß es das allein doch nicht sein kann, was man sich vom Leben erhofft. Bislang ist der Roman noch nicht übersetzt, wer jedoch einmal in eine deutsche Probeübersetzung hineinschnuppern möchte, sei auf die sehr informative Voskuil-Website http://huizen.dds.nl/~jdfvh/voskuil.html verwiesen, die auch einige deutsche Presseartikel über »Het Bureau« enthält.

Sprachkenntnisse:
»Können wir hier vonnacht kämpfen?«

Niederländer sind dazu gezwungen, fremde Sprachen zu erlernen. Dadurch sind sie auch offener für fremde Einflüsse und weniger auf sich selbst bezogen. Sie sind stolz auf ihre Fremdsprachenkenntnisse. Gut 78 Prozent der Niederländer sprechen Englisch (gegenüber 32 Prozent bei den Deutschen), 41 Prozent Deutsch und 22 Prozent Französisch (Französisch sprechen bei den Deutschen 15 Prozent).

Diese breiten Fremdsprachenkenntnisse – auch auf den unteren Sprossen der sozialen Leiter – haben für Ausländer jedoch nicht nur Vorteile. Ausländer können noch so fließend, wenn auch vielleicht nicht ganz akzentlos Niederländisch sprechen – wenn Niederländer merken, daß sie nicht aus den Niederlanden kommen, reagieren sie in Geschäften und an den Schaltern häufig mit Eurospeak-Englisch oder Stotterdeutsch. Es scheint, als ob Niederländer mit Hilfe ihrer Sprache unter sich bleiben und eine gewisse Intimität bewahren wollen. Diplomaten beklagten sich darüber, daß das Erlernen der niederländischen Sprache für sie praktisch sinnlos gewesen sei. *»Zegt u het maar in het Duits, dan krijgen wij geen misverstanden«* – Sagen Sie es nur auf deutsch, dann kriegen wir keine Mißverständnisse – bekam ein Botschafter zu hören. Und auch Versuche, im Freundeskreis Niederländisch zu sprechen, stoßen auf wenig Beifall, da die niederländischen Gesprächspartner dann gern mit einem – nicht selten auch noch viel schlechteren – Englisch oder Deutsch reagieren.

Der Bedarf an Fremdsprachen nimmt zu, und das Niveau der Kenntnisse steigt. Die Anzahl der Sprachen, die der Durchschnittsniederländer spricht oder versteht, nimmt jedoch eher ab als zu. Die Bedeutung der deutschen Sprache wird systematisch unterschätzt. In der Wirtschaft ist der Bedarf an Deutsch und Englisch in etwa gleich groß. In einer Reihe von Branchen ist die Nachfrage nach Deutschkenntnissen sogar höher – etwa in der Metallindustrie, wo die Verkehrssprache zu 80 Prozent Deutsch ist, oder im Transportgewerbe, wo dies gar zu 85 Prozent der Fall ist. Vom gesamten niederländischen Export wandern 30 Prozent in deutschsprachige Länder, 19 Prozent in französischsprachige und 13 Prozent in englischsprachige. An den allgemein- und berufsbildenden Schulen wird Englisch als Pflichtfach unterrichtet; Deutsch und Französisch sind dagegen Wahlfächer, wobei Deutsch bei den Schülern als schwierig gilt und gern abgewählt wird. Die Vernachlässigung des Faches Deutsch im berufs- und allgemeinbildenden Schulwesen der Niederlande ist kurzsichtig – vor allem auch deshalb, weil die Verwandtschaft zwischen den Sprachen die Kommunikation mit den Nachbarn im Osten um so vieles einfacher machen könnte.

Vor dem Zweiten Weltkrieg war Deutsch die erste Fremdsprache der Niederländer, Französisch die zweite und Englisch die
dritte. Auf den weiterführenden Schulen wurden zu jener Zeit
mehr Stunden Deutsch als Englisch unterrichtet. Deutsch war die
Sprache, in der man sich wissenschaftlich zu Wort meldete, so
wie man jetzt Englisch schreibt, um ein wissenschaftlich interes-
siertes Publikum zu erreichen. Hatten Simon Vestdijk und Willem Kloos einige ihrer Gedichte noch auf deutsch geschrieben,
wurden nach dem Zweiten Weltkrieg Stimmen laut, das Fach
Deutsch – die Sprache des Besatzers – vom Stundenplan ganz zu
streichen. Der Kolumnist Jan Blokker schrieb 1986 über die deutsche Sprache: »Die Sprache Helmut Kohls ist und bleibt die Sprache von ›Arbeit macht frei‹, von Lidice und Auschwitz.« Den Ein-
wand, auch Heine habe deutsch gesprochen, mochte er nicht
gelten lassen, denn die »gute deutsche Sprache, oder die Sprache
der guten Deutschen, ist zerstört, untergegangen, unwiderruf-
lich«. Und Harry Mulisch schrieb: »Das Echo des deutschsprachigen Gebrülls von vor 55 Jahren ist noch immer nicht verklun-
gen. Ich glaube, daß es noch immer die Hauptursache der
Irritationen zwischen Niederländern und Deutschen ist. Die
Deutschen sind sich dessen nicht bewußt. Im 17. Jahrhundert
nahm das Spanische diese Haß-Rolle ein. Im 19. Jahrhundert,
nach dem Abzug der napoleonischen Truppen, das Französisch,
und nach 1945 das Deutsch.«

Das Deutsch der Besatzer war das Herrenmenschen-Deutsch
des kleinbürgerlichen, aufgeblasenen, nationalsozialistischen
Parvenus. Der deutsche Begriff »*heilpedagogie*« (Heilpädagogik)
wurde nach dem Krieg aufgegeben, weil das Wort »Heil« als
Grußformel der Nazis einen schlechten Beigeschmack bekommen hatte. Statt dessen wurde der Begriff *orthopedagogie* erfunden, den es nur in den Niederlanden gibt. Niederländische Lehrer
diskutierten neulich ernsthaft über die Frage, ob ein Sprachlehr-
buch mit dem Titel *Sprich und lies!* wegen der unverhüllten Verwendung der Befehlsform holländischen Schülern zumutbar sei.
In der niederländischen Literatur werden der Nazi-Jargon, also
die *Lingua Tertii Imperii*, und die deutsche Beamtensprache
gleichgesetzt mit der deutschen Sprache. Dem deutschen Nieder-
landisten Bernd Müller zufolge weckt »deutsch« die Assoziationen »gefährlich«, »gewalttätig«, »verbrecherisch«, »Massen-
mord« und »faschistisch«. »Für viele niederländische Autoren

ist Deutschland eine Metapher, ein Synonym für das Böse«, schreibt er. Und was er über die schreibende Zunft sagt, gilt auch für die Leser. Der Journalist Martin van Amerongen erzählte einmal, daß der Schriftsteller J. B. Charles ebenso antideutsch eingestellt war wie sein Verleger Bert Bakker, und wenn die Kinder von Charles mit einem »Ungenügend« oder einer Strafarbeit in Deutsch nach Hause kamen, erhielten sie von Onkel Bert eine Belohnung von 10 oder 25 Gulden. Deutsch war ein Fach, für das man sich kaum oder gar nicht anstrengte.

Deutsch bekam in den Niederlanden keine richtige Chance mehr. Die Sprache wurde zwar nicht völlig aus dem Lehrplan verbannt, doch es wurden zwischen 20 und 30 Prozent weniger Unterrichtsstunden für das Fach aufgewendet. Während Schüler an den weiterführenden Schulen vor dem Krieg bereits in der ersten Klasse, also im Alter von etwa zwölf Jahren, Deutsch bekamen, wurde es nach dem Krieg auf die zweite Klasse verschoben. Die Universitäten lieferten so wenig Germanisten (1955 waren es nicht mehr als vier Absolventen), daß der Lehrermangel mit Deutschlehrern aus Deutschland bzw. mit Niederländern, die eine Lehrbefugnis im Fach Deutsch für die Unterstufe hatten, ausgeglichen werden mußte. Ihr Bedürfnis nach einer festen Stelle war dabei oftmals größer als ihre Liebe zur Sprache. Deutschlehrer waren lange Zeit nicht auf Rosen gebettet. Auch jetzt gibt es wieder Stimmen, die fordern, den Lehrermangel in den Niederlanden mit Germanisten aus Deutschland zu beheben, denn die Situation ist dramatisch. Die Existenz der sechs Germanistik-Fachbereiche an niederländischen Universitäten ist bedroht. Das Fach Germanistik gehört inzwischen zu den kleinen Sprachen, die sich studieren lassen, Sprachen wie Arabisch oder Indonesisch. An allen niederländischen Hochschulen und Universitäten zusammen werden in den kommenden drei Jahren lediglich 150 Lehrer ihr Deutsch-Studium abschließen, obwohl der Bedarf bei 2 500 liegt.

Überhaupt kein oder schlechtes Deutsch sprechen ist für viele Niederländer immer noch ein Akt des Widerstands. Ein hübsches Beispiel ist der Eintrag in einem Filmlexikon von Rogier Proper aus dem Jahre 1989:

Kino: Deutsch für *bioscoop*. »Zum Kino gehen« bedeutet: *naar de bios* gaan. Je öfter man es sagt, um so weniger Lust hat man darauf.

Daß es »ins Kino gehen« heißen muß, ist Proper egal. Normalerweise wird jedes fremdsprachige Zitat, das von jenseits der
Grenze kommt, von niederländischen Autoren genauestens auf
seine Richtigkeit kontrolliert, denn man stelle sich einmal vor, es
entstünde der Eindruck, man beherrsche kein Französisch oder
Englisch. Für das Deutsche gilt dies nicht. Negative Ansichten
über die Deutschen mit ihrer Sprache zu verknüpfen, ist eine bei
Niederländern allseits akzeptierte Vorgehensweise.

Die Amsterdamer Stadträtin Annemarie Grewel trieb es dabei in
einem Artikel aus »De Groene Amsterdammer« vom 5. April 1988
allerdings gar zu bunt: »Es ist nicht ›kell‹, sondern ›gell‹. Ich weiß
das. Aber ich finde, daß ›kell‹ besser zu den Deutschen paßt als
›gell‹. Ich weigere mich, ›kell‹ in ›gell‹ zu ändern, denn dann würde
ich ja einem Volk ein nettes Wort zugestehen, das bis auf ein paar
Ausnahmen – der Mensch soll niemals verallgemeinern – nicht
nett ist.« Und auch den »Volkskrant«-Journalisten wird es egal gewesen sein, ob ihr Deutsch korrekt war, als sie in ihrer Fernseh-
und Radiovorschau am 10. August 1996 ankündigten: Musik-
streifzuge: Jünge Kunstler auf den podium.

Dennoch sprachen noch in den 70er Jahren sehr viele Niederländer mit einem mittleren Bildungsabschluß ein paar Brocken
Deutsch. Mit dieser Selbstverständlichkeit war es in den 90er
Jahren vorbei. »Auf unsere Schule lehren wir vier Zahlen«, sagte
der Student stolz zu der mitreisenden Dame im Zug. Und der niederländische Camping-Urlauber fragte in der Schweiz den
deutschsprachigen Platzwart: »Können wir hier vonnacht kämpfen?«, ohne daß dieser dabei eine Miene verzog. Wenn, wie 1994
geschehen, der kommerzielle Fernseh- und Radiosender Vero-
nica mit Deutsche Welle TV in Deutschland über ein gemeinsa-
mes Programm zum Thema deutsch-niederländische Beziehungen korrespondiert, geschieht dies in holprigem Euro-Englisch.
In den Niederlanden ist es um das Deutsch bereits ähnlich bestellt
wie um das Französische. Beide Sprachen werden nur noch von
Liebhabern gesprochen.
Ganz anders dagegen verläuft die Entwicklung des Niederländischen in Deutschland. An 34 Universitäten wird Niederländisch gelehrt. Die Niederlandistik boomt und ist seit Herbst 2000
ein Numerus-Clausus-Fach. Derzeit sind allein schon an den Universitäten Münster und Köln mehr Niederlandistikstudenten

eingeschrieben als Germanistikstudenten an allen niederländischen Universitäten zusammengenommen.

Auf welchem der Erdteile man sich auch befindet: will man Deutsch lernen, muß man »Deutsch als Fremdsprache« studieren, nämlich als eine unter mehreren Fremdsprachen, die man vielleicht schon beherrscht. Ausländer, die Niederländisch lernen, müssen es dagegen als *tweede taal* (Zweitsprache) – so die offizielle Bezeichnung – studieren, auch wenn sie neben ihrer Muttersprache eine oder mehrere andere Fremdsprachen fließend beherrschen. Der niederländische Begriff ist dem Englischen entlehnt. Während man jedoch der Bezeichnung »*English as a second language*« noch eine gewisse Realitätsnähe zubilligen kann, spricht aus der Wendung »*Nederlands als tweede taal*« doch eher Selbstüberschätzung.

Viele Niederländer verdanken ihre Kenntnis des Deutschen vor allem dem deutschen Fernsehen – insbesondere den Sportprogrammen, die gern geschaut werden – sowie niederländisch untertitelten deutschen Serien wie »Derrick« und »Der Kommissar«; der niederländische Fernsehzuschauer ist ein Leser. Die Untertitel geben niederländischen Kindern und Erwachsenen einen großen Vorsprung vor ihren Altersgenossen aus großen Sprachräumen, in denen alles synchronisiert wird. Untertitel fördern das Lesen, eine multikulturelle Einstellung und den Kulturimport – und sind viel preiswerter als das Synchronisieren. Viele deutsche Fans berühmter Filmstars haben noch nie die Originalstimme ihres Idols gehört.

Bei der deutschen Synchronisation insbesondere englischsprachiger Filme werden die Lippenbewegungen der Sprecher perfekt nachvollzogen. Dadurch feiert in Deutschland die unvollendete Vergangenheitsform, die es in der gesprochenen Sprache zugunsten der vollendeten Vergangenheit eigentlich kaum noch gibt, ein triumphales Comeback. Aus: *I saw him yesterday, Sir! He bought a book*, wird dann nicht: »Ich habe ihn gestern gesehen, Sir! Er hat ein Buch gekauft«, sondern: »Ich sah ihn gestern, Sir! Er kaufte ein Buch.«

Gesellschaft

Diskutieren und streiten

In einer Konsensgesellschaft wie der niederländischen mit ihrer bürgerlich-kalvinistischen und egalitären Kultur kann niemand den anderen vor vollendete Tatsachen stellen. Alles muß besprochen werden, jeder muß überall seinen Senf dazugeben können. Der Historiker Willem Frijhoff weist darauf hin, daß es in einer solchen Gesellschaft eine fundamentale Verpflichtung und häufig auch eine Bereitschaft zur Diskussion gibt, »zur Kenntnisnahme der Meinung des anderen im Vorfeld der Entscheidungsfindung, sowie das Bedürfnis nach einer Abwägung des Für und Wider [...] bei der Meinungsbildung in allen Bereichen des Lebens und der Kultur«. Es geht darum, die Dinge am Verhandlungstisch zu diskutieren, auch wenn dabei nicht immer gleich Entscheidungen fallen. Wenn jeder seine Meinung beigesteuert hat, kann langsam die Basis für eine Übereinkunft gelegt werden. Frijhoff benutzt die Metapher der Treckschute, des Zugschiffs, für die niederländische Diskussionskultur. Die Passagiere saßen dabei stundenlang zusammen in einem geschlossenen Raum. Da es keine Zensur gab, brauchte man keine Angst vor dem Äußern der eigenen Meinung zu haben – alles ließ sich besprechen. Außerdem war man unter seinesgleichen, denn im Zugschiff reisten fast nur die Mittelschichten. Man mußte sich allerdings jeder Form körperlicher und verbaler Aggression enthalten, Handgreiflichkeiten und Geschrei waren nicht erlaubt. Man befleißigte sich deshalb einer taktvollen Wortwahl und zeigte Respekt vor den Gefühlen des anderen.

Die niederländische Spielart des Kalvinismus verstärkte noch die Bereitschaft seiner Anhänger zum Schließen von Kompromissen. Dies galt jedoch nicht für die Religion selbst: hier waren sie zu keinerlei Zugeständnissen bereit und steckten all ihre Energie in den Kampf für die Reinheit der Lehre – von daher auch die vielen Kirchenspaltungen sowie die zahllosen Sekten und abweichlerischen Strömungen. Der Historiker Hermann von der Dunk behauptet, daß die Kalvinisten, um die Anarchie zu vermeiden, in ihrer weltlichen Domäne durchaus bereit waren, Kompromisse zu schließen. Wenn alles Irdische Nichtigkeit ist, braucht das Ergebnis nicht unbedingt perfekt zu sein. Nur Gott ist perfekt, der Lehrer bekommt ein »sehr gut« und der gelehrsame Schüler ein »gut«, wie es früher schon in der Schule hieß – das Streben nach absoluter Perfektion ist eine verwerfliche Form des Götzendienstes. Aus dieser realistischen Grundhaltung heraus huldigt man einer »Mentalität der guten Absicht« – von daher auch die Vorliebe für einen Begriff wie »optimal«. Und sie erklärt auch die Lässigkeit, mit der Niederländer es hinnehmen, wenn geschäftliche Planungen und Strategien einmal danebengehen. Zur Bestürzung ihrer deutschen Kollegen und Geschäftspartner stellen sie notfalls alle halbe Jahre einen neuen Dreijahresplan auf – so lange, bis die Sache klappt.

Die heutige parlamentarische Debattierkultur in den Niederlanden ist ein Abbild des kalvinistischen Zugschiffdiskurses. Diskussionen zwischen den Oppositionsparteien gleichen eher einem Kaffeekränzchen oder Gesprächen in einem Oberseminar. Behäbigkeit, Langeweile und Phlegma sind dort Trumpf, wo es keine Debattiertradition gibt und man nicht bis zum Äußersten gehen muß. Die ungeschriebenen Gesetze des Zugschiffdiskurses werden bis heute fast nie übertreten, und wenn es dann doch einmal geschieht, steht das ganze Land kopf. Niederländer sind im allgemeinen lieb und nett zueinander, versuchen in Diskussionen nicht den Bogen zu überspannen und die Würde des anderen zu verletzen. In der Politik ist es lebensgefährlich, den Gegner herunterzumachen – schließlich kann man hinterher schlecht sagen, daß man es nicht so gemeint habe, wenn man wieder eine Koalition mit ihm eingehen muß. Freundschaften und selbst Ehen zwischen politischen Gegnern sind deshalb in der niederländischen Kultur durchaus nicht ungewöhnlich.

Die Kehrseite dieses pragmatischen, wenig aggressiven Umgangs miteinander ist der Mangel an Rhetorik und ein verhüllender Sprachgebrauch. Der Schriftsteller Godfried Bomans faßte dies, mit einem Seitenblick auf die deutsche Kultur, in die Worte: »In den Extremen hat das Leben seine Würde, in der Mitte findet es seinen Halt.« Und auch der Historiker E. H. Kossmann bedauerte die niederländische Ästhetik des Mittelmaßes. Niederländer können lange und intensiv miteinander diskutieren und sich dennoch nicht festlegen. Als echte Mittelpunktsucher stehen sie dem Himmelhoch-jauchzend-zu-Tode-betrübt der Deutschen argwöhnisch gegenüber. Ihr Konfliktlösungsmodell ist die breite gesellschaftliche Diskussion und die endlos scheinende Beratung, bei der den Teilnehmern die Kompromißlösung behutsam durch den Hals massiert werden muß. Dieses Modell ist die Alternative zu Blockbildung, Streiks, öffentlichen Konflikten, körperlicher Gewalt und Barrikaden.

Deutsche Politiker gehen anders vor. Bei ihnen kann Polemik ohne weiteres in persönliche Verletzungen einmünden. Im Parlament greifen sie fortwährend ihre Gegner an und sagen einander die ungeschminkte Wahrheit. Sie schrecken nicht einmal vor – in den Niederlanden völlig inakzeptablen – Zwischenrufen wie »Drecksau«, »feiger Hund«, »Harzer Roller«, »Hilfsabgeordneter«, »Klugscheißer«, »Leichenfledderer«, »Obertünnes«, »Pöbelkönig«, »Schleimer« oder »Schwätzer« zurück. Und auch in deutschen Talkshows geht es anders zur Sache als in den Niederlanden, wo die Gesprächspartner sich gemütlich Schulter an Schulter um einen schmalen Tisch drängen und sich die Worte von den Lippen ablesen: in Deutschland sitzen die Opponenten auf doppeltem Degenabstand voneinander entfernt in komfortablen Sesseln, der Talkmaster stochert nach besten Kräften in den schwärenden Wunden, und ehe man sich's versieht, machen sie einander zur Schnecke, drohen mit ihren Anwälten und rufen fortwährend »Unverschämtheit, Unverschämtheit«.

»Da hast du recht, aber ...« und »Nein, denn ...«

Die niederländische Diskussionstechnik ist klar: man schont die Gefühle des anderen, gibt ihm in bestimmten Punkten recht und geht auf den Rest etwas tiefer ein. Man beurteilt alles nach seinen Meriten, akzeptiert das Gemeinsame und schließt hinsichtlich der verbleibenden Streitpunkte pragmatische Kompromisse. Die Kraft objektiver Argumente wiegt schwer, ist jedoch nicht allesentscheidend. Das erste, was Niederländern auffällt, wenn sie mit Deutschen in eine Diskussion eintreten, ist die Tatsache, daß diese einem fast nie recht geben, nicht einmal in untergeordneten Punkten. Für Deutsche bedeutet rasche Zustimmung einen Mangel an kritischer Intelligenz. Fortwährend kommen sie mit zudringlichen Fragen oder spöttischen Bemerkungen, ständig fragen sie: »Wie meinst du das?«, und das ist für Niederländer bereits eine Form von Mißtrauen, wohingegen den Deutschen ein wankelmütig-niederländischer *soft approach* als Unwissenheit gilt. Niederländer wissen weder, wie sie mit der scheinbaren Emotionalität und dem herausfordernden polemischen Stil der Deutschen umgehen sollen, noch, ob es sich bei all den vermeintlichen Mißtrauensvoten um Diskussionstechniken oder um fundamentale Meinungsverschiedenheiten handelt.

Der niederländischen »Da hast du recht, aber«-Technik steht die deutsche »Nein, denn«-Methode gegenüber. Bei inhaltlichen Diskussionen wird kein Argument des anderen einfach so akzeptiert. Deutsche gehen von einer einzigen, unteilbaren Wahrheit aus, *ihrer* Wahrheit, und versuchen, recht zu bekommen. In den Diskussionen betonen sie vor allem die Meinungsunterschiede. Deutsche diskutieren dadurch eindringlicher, vertiefen ihre Standpunkte besser, führen mehr Fakten an und erläutern ihre Informationsquellen. Bei ihrer Suche nach Wahrheit und Erkenntnis geben sie ihren Standpunkt weniger schnell auf, bleiben länger in allen Punkten uneins, äußern Zweifel an der Richtigkeit des gegnerischen Quellenmaterials und halten sich in ihrer Kritik nicht zurück. Niederländer müssen in Diskussionen mit Deutschen anders argumentieren lernen und sich ihr Recht erkämpfen, denn auch das Gemeinsame wird nicht unbesehen als solches akzeptiert. Bei Niederländern dagegen ist der Kompromiß schon in Sicht, bevor das Gespräch begonnen hat, Diskussionen mit Deutschen haben für sie denn auch anfänglich viel von einem Streit. Deutsche führen ihre Sprachduelle auf des Messers Schneide und suchen die Erklärung für die entgegenkommende Haltung der Niederländer in einem Mangel an Wissen und Tiefgang. In ihren Augen erscheinen Niederländer als ein wenig oberflächlich und, jedenfalls in Diskussionen, als arme Tröpfe. Deutsche stehen mit dieser Meinung übrigens nicht allein auf der Welt: die französische Publizistin Sophie Perrier, verheiratet mit einem Niederländer, schreibt, daß niederländische Männer alles in der Beziehung bereden bzw. ausdiskutieren wollen und dadurch ihren natürlichen Instinkt verlieren. »Man kann sich nicht mit ihnen streiten, ohne daß für sie die Welt zusammenstürzt. Dann muß man sich mit ihnen an den Tisch setzen und reden.«

Pragmatismus und Idealismus

In Deutschland mit seinen adligen und militärischen Traditionen stehen Prinzipientreue und kompromißloses Festhalten an der eigenen Überzeugung in hohem Ansehen. Das niederländische Konsensstreben ist Deutschen fremd, denn Fürsten konferierten nicht, sondern erbaten oder bekamen höchstens einen Rat. Im deutschen Luthertum herrschte das Prinzip der Zwangsstaatskirche – die Religion wurde zu einer Privatangelegenheit. Durch diese Privatisierung des Glaubens konnten die Lutheraner ihre religiösen Energien nicht in den Kampf um die rechte Lehre investieren, formulierten ihre Absolutheitsansprüche deshalb im weltlichen Bereich und erwiesen sich darin als ebenso kompromißlos wie die Kalvinisten in Glaubensangelegenheiten. Außerdem lag die politische Macht bis zur Weimarer Republik fest in den Händen des Adels; die Bürger waren bekanntlich von politischen Betätigungen weitgehend ausgeschlossen, was zur Trennung von Geist und Macht, zur Entpolitisierung der bürgerlichen Elite und zu einem übertriebenen bürgerlichen Idealismus und Lauterkeitsstreben führte. Die Ohnmacht der politischen Parteien in der Kaiserzeit hatte zur Konsequenz, daß alles, was nach Kompromiß roch, abgelehnt wurde. Noch immer wird der Begriff »scheißliberal« abwertend für eine Haltung benutzt, die nicht unzweideutig und allzu entgegenkommend ist, und ein Parlament, das sich aufs Verhandeln und die Suche nach Kompromissen verlegt, war für viele bis vor kurzem noch eine »Schwatzbude«. Der Kompromiß ist aus dieser Sicht Verrat an der eigenen Überzeugung und wird als »Kaufmannslösung« betrachtet, als das Ergebnis von Oberflächlichkeit, Speichelleckerei und Krämergeist. In einer ursprünglich hierarchisch und idealistisch denkenden Gesellschaft besitzt der Kompromiß einen niedrigen Status. Deutsche schließen keine »faulen« Kompromisse – vor allem nicht im Hinblick auf das Arbeitsethos. Über den Arbeitsauftrag und das Produkt läßt sich, soweit es sie betrifft, ausschließlich in Kategorien »maximaler Leistung« sprechen. Im Jahre 1887 verpflichtete die britische Regierung deutsche Fabrikanten zur Kennzeichnung der von ihnen hergestellten Waren mit dem Vermerk »Made in Germany«, um die englische Öffentlichkeit vor der minderwertigen Qualität dieser Produkte zu warnen. Es wurde jedoch binnen kürzester Zeit zu einem Gütesiegel.

Deutsche haben eine stark vorausschauende Fähigkeit entwickelt – mit der Kehrseite eines quälenden Strebens nach Vollkommenheit. Wenn alles wichtig ist, kann nichts von untergeordneter Bedeutung sein. »Daß wir nicht enden können, macht uns groß« und »Es gibt mehr zu lernen und zu tun, als zu genießen«, hat Goethe dazu einmal gesagt. Aus deutscher Sicht ist die Notwendigkeit zur Improvisation das Ergebnis schlechter Vorbereitung und fast etwas, wofür man sich schämen muß, während Niederländer Improvisationstalent gerade als eine wichtige zusätzliche Qualität betrachten. Wenn in Deutschland etwas schiefläuft in der Organisation, können die Nachbarn ihre Schadenfreude darüber oft kaum unterdrücken. Doch häufig überzeugen die Deutschen auch durch ihre Planung und Strukturiertheit.

Als nach dem Sturz des rumänischen Präsidenten Ceaușescu beispielsweise die Besatzung eines niederländischen Konvois mit Hilfsgütern durch das Chaos im Land nicht in Erfahrung bringen konnte, wo man die Waren ausladen sollte, raufte man sich in der Hilfsorganisation die Haare. Ihre deutschen Kollegen hatten die Sache besser geregelt: sie hatten einen Bus voll mit Kommunikationsapparatur an der ungarischen Grenze stehen und konnten so über Sender mit ihren Vorposten in Rumänien Kontakt halten.

In der Wirtschaft ist bei deutschen Managern die Angst groß, eine zu hohe Wertschätzung der kommunikativen Fähigkeiten und eine zu starke Orientierung auf Konsensbildung könne letztendlich dazu führen, daß sie keine eigene Meinung mehr übrigbehalten und nichts mehr ohne Mitsprache läuft. Führung muß erkennbar bleiben, und zuviel Beratung steht einer tatkräftigen Beschlußfassung im Wege. Das gegenseitige Vertrauen ist gering, und um zu verhindern, daß man zu überhaupt keiner Lösung findet, haben sich Arbeitgeberorganisationen und Gewerkschaften auf die Institution des »Schlichters« verständigt. Die Parteien können so ihrer Basis vermitteln, daß sie keinen Millimeter von der Linie abgewichen sind, und entgehen durch den Schlichterspruch einem drohenden Gesichtsverlust.

Versuche in Deutschland, das niederländische Poldermodell zu imitieren, laufen aus Mangel an gegenseitigem Vertrauen und aufgrund fehlender bi- oder tripartiter Instanzen, in denen die Konsensfindung institutionalisiert werden könnte, regelmäßig ins Leere. Ende der 60er Jahre mißlang die sogenannte Konzertierte Aktion, ein mit den Niederlanden vergleichbares Kooperationsmodell zwischen den Sozialpartnern und der Regierung, und auch dem jüngsten »Bündnis für Arbeit« war kein Erfolg beschieden.

Brettspiele: »Ich, ich, ich« und
»Zusammen für eine gemeinsame Sache«
In der Realität des Lebens muß sich jeder an die vorgeschriebenen gesellschaftlichen Normen halten. Spiele bieten die Möglichkeit, dem zu entgehen und spontan zu reagieren. Weil Niederländer doch schon ihr ganzes Leben lang nett und freundlich zueinander und immer einer Meinung bzw. kompromißbereit sein müssen, tut es gut, zur Abwechslung einmal vernichtend zuzuschlagen und den Gegner vom Brett zu schubsen. Im Spiel ist es nicht nur erlaubt, sich unsozial zu verhalten, sondern man muß es sogar, um zu gewinnen. Deshalb auch der anhaltende Erfolg von Brettspielen wie »Risiko« oder »Monopoly«, bei denen man nur dann eine Chance auf Sieg hat, wenn man noch durchtriebener und hinterhältiger ist als seine Gegenspieler.
In Deutschland dagegen wurde das Greenpeace-Spiel *No Time to Waste* 1994 zum »Spiel des Jahres«. Es ist ein braves und liebes Spiel, bei dem die Spieler Multiple-Choice-Fragen beantworten müssen. Bei jeder richtigen Antwort darf derjenige, der am Zug ist, ein wenig »die Welt verbessern«. Die Spieler kämpfen gemeinsam für den Erhalt der Natur und eine saubere Umwelt. Solche, auf Zusammenarbeit angelegte Spiele sind dort so populär, weil Deutsche im täglichen Leben gerade sehr viel konfliktorientierter und weniger kompromißbereit sind.

Fokker – DASA
»Das Kronjuwel der niederländischen Industrie«, die Firma Fokker, stand mehr als 25 Jahre lang permanent am Rande des Bankrotts. Als jedoch die deutsche DASA 1994 eine Mehrheitsbeteiligung an dem Unternehmen erwarb, wurde von einem »Ausverkauf des nationalen Erbes« gesprochen. Die Verhandlungen der notleidenden Firma Fokker mit der DASA verliefen äußerst zäh. Innerhalb des Unternehmens gab es starke Befürworter für die Zusammenarbeit mit einer englischen oder amerikanischen Firma – auch deshalb, weil die frühere Fusion mit der deutschen Flugzeugfabrik VFW zum Fiasko geraten war. Jannetje Koelewijn, Redakteur beim Wochenblatt »Vrij Nederland«, zitierte 1994 während der Verhandlungen mit der DASA Mitglieder des Verwaltungsrats, die ihre Verhandlungspartner »die Moffen«, »Meneer Dasa« oder, noch zynischer, »unsere deutschen Freunde« nannten. Kaum ein-

mal sprachen sie über »die DASA«, sondern fast immer über »die Deutschen«. »Und bei den Deutschen muß man aufpassen. Alles, was man von ihnen nicht Schwarz auf Weiß bekommt, wo sie nicht ihre Klaue druntergesetzt haben, benutzen sie gegen einen. Und ehe man es sich versieht, wird man vom großen deutschen Stiefel zermalmt.« Gegenüber den deutschen Verhandlungspartnern mußte man »an jedem Buchstaben festhalten, den man vereinbart hatte. Das war das einzige, wovor die Deutschen Respekt hatten, nur dann zogen sie sich in ihre Ecke zurück«. Koelewijn behauptete, daß die antideutsche Haltung und der Argwohn der Medien einen ungünstigen, verzögernden Effekt auf das schließlich erreichte Verhandlungsergebnis gehabt hätten. Siggi Weidemann, der deutsche Korrespondent der »Süddeutschen Zeitung« in den Niederlanden, zitierte einen deutschen Diplomaten in Den Haag: »Jeder deutsche Schritt wurde per definitionem negativ ausgelegt.« Und ein DASA-Sprecher sagte: »Es war die schwierigste Aufgabe unseres Lebens. Hätten wir vorher gewußt, mit wieviel Steinen wir beworfen werden würden, hätten wir es uns dreimal überlegt.« Bei der DASA zeigte man sich perplex, daß die deutsche Vergangenheit in den Niederlanden noch so gegenwärtig war und man ihr selbst wirtschaftliche Interessen unterordnete. Im Jahre 1996 ging Fokker dennoch bankrott, weil der damalige niederländische Wirtschaftsminister Wijers und sein Verhandlungsführer Maljers steif mit dem Rücken Richtung Osten standen. Sie sahen in den Gesprächen mit der DASA von Anfang an ein Tauschgeschäft, ein Spiel des Bietens und Feilschens. »Ich hatte geglaubt, daß wir von beiden Seiten Konzessionen machen und uns dann irgendwo in der Mitte einigen würden« und: »Ich habe noch nie erlebt, daß jemand während einer Verhandlung nicht bereit war, sich zu bewegen«, sagte Maljers in einem Interview mit Journalisten vom »NRC Handelsblad«. Und: »Es ist nicht klug, ein Angebot zu erhöhen, wenn der andere nichts tut.« Der deutsche Verhandlungsführer der DASA, Bischoff, tat jedoch genau das: er bewegte sich keinen Millimeter. Er kommentierte Maljers Verhandlungstaktik mit den Worten: »Professor Maljers ist gewiß ein erfahrener Unternehmer, ein erfahrener Industrieller und ein Ehrenmann. Ich möchte jedoch unterstreichen, daß die DASA nicht im Pferdehandel tätig ist.« Nachdem die Deutschen entdeckt hatten, daß Maljers bei den Verhandlungen als Vertreter von Minister Wijers fungierte, zeigten sie sich brüskiert, daß Wijers nicht persönlich auftrat. Denn nach ihrem Selbstverständnis waren sie ebenso wichtig wie der Minister.

Niederländische Bürger vertrauen felsenfest auf ihren Staat und seine Repräsentanten. Dieses Vertrauen in die Aufrichtigkeit der Motive ihrer Mitmenschen äußert sich auch in der hohen Wertschätzung des Polizei- und Justizapparats. Der Staat ist nicht von oben aufgezwungen und kein gesellschaftlicher Fremdkörper, sondern er gehört allen Niederländern. Genmanipulation, Lebensmittelkontrolle oder die Speicherung und Verwaltung von personenbezogenen Daten sind in anderen Ländern heiße Eisen – in den Niederlanden sind es dagegen Randthemen: nicht der Mißbrauch sensibler Technologien steht im Vordergrund der Diskussion, nicht die ethische Abwägung, sondern das Verhältnis zwischen Kosten und Nutzen. Darin äußert sich der sprichwörtliche Gegensatz zwischen dem Moralismus des Pfarrers und dem Pragmatismus des Kaufmanns. Die vom Frieden verwöhnte niederländische Bevölkerung, der von ihrem eigenen Staat kaum je etwas Böses angetan wurde, lebt in dem naiven Glauben, daß hier alles aufs beste geregelt sei. Der Kaufmannsgeist scheint sich in der niederländischen Gesellschaft für immer durchgesetzt zu haben, denn die Bürger haben kaum Interesse an den ethischen Aspekten. Niederländer sind nun einmal ein Volk von Händlern, das gelernt hat, daß Ethik etwas für Pfarrer ist.

Dilettanten und Wirrköpfe

Wenn Deutsche diskutieren, ändern sie häufig den Tonfall und sprechen lauter, um das eigene Gefühl und die Verbundenheit mit der Sache zu demonstrieren. Wenn aber jemand die Stimme erhebt, deutet das für einen Niederländer auf Verärgerung und eine geringe Bereitschaft hin, zu einer Übereinkunft zu gelangen – das »Sich gegenseitig niederschreien« gilt in den Niederlanden als ganz und gar inakzeptabel. Des weiteren verwenden Deutsche vorzugsweise die Sprache des von den Gesprächsteilnehmern gewünschten Niveaus – aus Respekt vor dem Gesprächspartner kann dies die Sprache der Experten sein –, womit sie zum Ausdruck bringen, daß sie das Thema ernst nehmen. Das Akademische ist dabei häufig das Maß der Dinge, und wer dem nicht zu folgen vermag, ist fehl am Platze oder hätte in der Schule besser aufpassen sollen. Eine solche Art des Diskutierens, bei der viele Fachbegriffe fallen und Wissen zum Besten gegeben wird, betrachten Niederländer als Imponiergehabe, als stillos, gekünstelt und aufgeblasen. Der Journalist Marcel Metze zitiert den ehemaligen Shell-Vorstand Willem Göebel, der sagte, daß es in seinem Unternehmen nur eine Regel gebe: »*Don't take yourself so goddamn serious!*« (Nimm dich selbst nicht so verdammt wichtig!)

Sprich, wie dir der Schnabel gewachsen ist, so lautet das Motto. Der Redner, der sein Anliegen nicht in einfacher Menschensprache vorbringen kann, versteht vielleicht nicht so viel von der Sache und ist für diejenigen, die ihn nicht begreifen, ein Wirrkopf. Das Akademische bleibt aus Respekt vor eventuell anwesenden Nichtakademikern in der Schublade, denn auch Laien müssen einbezogen und dürfen nicht ausgegrenzt werden. Dies führt gelegentlich sogar dazu, daß Experten ihrer Zuhörerschaft auf dem Niveau einer Gute-Nacht-Geschichte begegnen. Kommunikation erfordert große Genauigkeit, findet man; also muß man sich herabbeugen, um sich dem Laien gegenüber verständlich zu machen.

Der den Niederländern eigene, bescheidene und indirekte Diskussionsstil mit Zweifeln, Selbstkritik sowie hier und da eingestreuten Scherzen wird von Deutschen gern als Dilettantismus und Mangel an Wissen und Engagement gedeutet. Deutsche haben einen sehr direkten Stil, gehen mit der Sprache geradewegs auf ihr Ziel los und haben die starke Neigung, Hypothesen als Fakten zu präsentieren.

Grundsatzdiskussionen und Grundsatzentscheidungen

Das deutsche Entweder-Oder-Denken strebt nach intellektueller Klarheit, ist auf objektive Fakten fixiert und schließt das subjektive Urteil aus. Für Niederländer ist die deutsche Art des Denkens eine Form der intellektuellen Haarspalterei, die nicht per se zu klugen Entscheidungen führen muß. Niederländer argumentieren eher auf der Basis menschlicher Bedürfnisse und Beziehungen als auf der von Prinzipien, d. h. eher kontextuell und nicht abstrakt. In der pragmatischen Auffassung rechtschaffener Niederländer führt ein Handeln auf der Grundlage absoluter ethischer Prinzipien zu Realitätsverlegung und Streit. Solche Prinzipien findet man außerdem äußerst verdächtig. Niederländer denken

viel mehr in Kategorien des Sowohl-als-auch, sie haben es gelernt, mit einem mehr oder weniger »geordneten Chaos« umzu-
gehen, das sie dazu zwingt, nach ausgefallenen Lösungen Aus-
schau zu halten. Bindende Vereinbarungen werden von ihnen
deshalb auch gern in unerwarteten Momenten getroffen, en pas-
sant, in kleinem Kreis oder während des Essens. Das ist auch ohne
weiteres möglich, denn anders als in Deutschland sind mündliche
Absprachen im Beisein von Dritten ebensoviel wert wie schrift-
liche.

Wenn in Deutschland erst einmal eine Entscheidung gefallen
ist, wird daran nicht mehr gerüttelt. In den Niederlanden sieht
das ganz anders aus: jeder beurteilt persönlich und für sich, ob die
getroffenen Vereinbarungen mit dem angestrebten Ziel in Ein-
klang stehen – auch wenn dabei komplizierte Verfahren durch-
laufen worden sind. Projekte stehen grundsätzlich auch weiterhin zur Diskussion. J. D. Hooglandt, ehemaliger Generaldirektor
des früheren deutsch-niederländischen Stahlkonzerns ESTEL
(Hoogovens/Hoesch), hat festgestellt, daß sich Niederländer bei
der Diskussion eines Papiers lieber mit einem Konsens trennen,
den jeder auf seine Weise auslegen kann, als mit konkreten,
schriftlich festgehaltenen und verbindlichen Beschlüssen. »Holländer lieben Grundsatzdiskussionen, Deutsche Grundsatzent-
scheidungen.«

Die Niederlande sind ein Land, in dem Entscheidungen fortwährend neu überdacht und hinterfragt werden, denn die Zeit
vergeht schnell, und die Wahrheit ist nun einmal an die Zeit ge-
bunden. Ob die Sache bereits abgeschlossen ist oder man sich
noch auf halber Strecke befindet – man evaluiert. Die Mehrheiten
setzen sich in diesem Land aus mehr oder weniger liberalen Minderheiten zusammen, die in ständig wechselnden Koalitionen
den Ton angeben. Die Kabarettisten Koot und Bie behaupten,
daß die Niederlande ein Land mit gleichwertigen Minderheiten
sind, in dem die Bewohner darüber abstimmen müssen, ob die
Mehrheit recht hat. Die Erfahrung hat gezeigt, daß in den Niederlanden einmal gefaßte Beschlüsse bis zum Augenblick ihrer
tatsächlichen Umsetzung – und selbst noch danach – umgestoßen
werden können. Deshalb bleiben die Gegner am Ball und machen
auf ausländische Beobachter, die die niederländische Methode
nicht kennen, häufig den nörgelnd-klagenden Eindruck des
schlechten Verlierers, der seine Niederlage nicht akzeptieren

kann. In Deutschland gilt dagegen die Mehrheitsregel: an einmal getroffenen Entscheidungen wird nicht mehr gerüttelt, und sie werden auch von der oppositionellen Minderheit loyal umgesetzt.

Teamarbeit und Hierarchien

Die jahrhundertealte republikanische Konsensgesellschaft hat dafür gesorgt, daß Niederländer stets und zu allen Zeiten sagen konnten, was sie wollten. Die tatsächliche Mitsprache und Mitbestimmung von Arbeitnehmern in den Betrieben und der Bürger in den amtlichen Strukturen ist eine Folge der Emanzipation und der Demokratisierung der Gesellschaft in den 60er Jahren des 20. Jahrhunderts. In der niederländischen Tradition können verschiedene Meinungen problemlos nebeneinanderstehen, ebenso wie unterschiedliche konfessionelle Gruppen nebeneinanderher existierten. Man kann nicht nur von verhältnismäßig harmonischen Beziehungen zwischen Vorgesetzten und Untergebenen, sondern auch zwischen jung und alt sprechen. In den – vielfach flachen – Organisationsstrukturen sind die Chefs eine Art *primus inter pares* und sozusagen ihre eigenen besten Mitarbeiter. Sie müssen auf vielen verschiedenen Ebenen mit ihren Untergebenen über die Durchführung der Tätigkeiten beraten und verhandeln. Anordnungen haben in den Niederlanden nun einmal eine ziemlich schwache Wirkung, und auch der Respekt vor Hierarchien ist nicht sonderlich stark ausgeprägt. Reale und formale Hierarchien brauchen dabei auch nicht unbedingt deckungsgleich zu sein: abhängig vom beabsichtigten Ziel und um die Umsetzung von Beschlüssen zu beschleunigen, geht man schnell einmal zu einem »Prokura-Management« über, bei dem die Entscheidungsgewalt an Mitarbeiter delegiert wird, die auf ihrem Gebiet Spezialisten sind, hierarchisch jedoch tiefer stehen. Bei geschäftlichen Verhandlungen kann dies zu Mißverständnissen führen, denn bei ihren deutschen Verhandlungspartnern ist die Befehlsgewalt zumeist an die – jeweils höchste – hierarchische Position gekoppelt. Deutsche denken viel stärker in formalen Strukturen – das dient der Berechenbarkeit und Beherrschbarkeit –, Niederländer, mit ihrem ausgeprägten Pragmatismus, arbeiten viel mehr mit Strukturen, die sie ihren Bedürfnissen anpassen. Der

Flame Gerard Mortier, bis vor kurzem künstlerischer Leiter der Salzburger Festspiele, stieß in Österreich auf ähnliche hierarchische Strukturen und meinte dazu: »Österreicher müssen lernen, daß das Organisieren von Festspielen eine gemeinsame Verantwortung erfordert, kein Befehlen von oben nach unten, sondern Teamarbeit.«

Niederländisches Sicheinmischen und deutsche Fügsamkeit

Niederländer sind echte Teamarbeiter und werden von ihren Kollegen im Ausland für ihr ständiges, penetrantes Sicheinmischen kritisiert.

Abwesende Kollegen bekommen nach ihrer Rückkehr zu hören, daß andere in der Zwischenzeit mal eben eine Entscheidung für sie getroffen haben. Man erteilt ungefragt Rat, wie der andere seine Arbeit am besten organisieren oder überhaupt besser bewältigen kann. Als Chef kann man nicht einfach anordnen, was die Mitarbeiter zu tun haben, denn diese wollen mitdenken. Und wenn sie nicht mitdenken dürfen, wenn sie sich übergangen fühlen, ist die Folge eine Art passiver Widerstand. Aufträge ohne nähere Begründung, ohne daß alle Parteien gehört worden sind, werden manchmal sogar einfach negiert, aus der tiefen Überzeugung heraus, daß der Auftraggeber es nie und nimmer so gemeint haben kann. In einem solchen Fall handelt man nach eigenem Gutdünken, weil man davon ausgeht, daß der Chef sich in Unkenntnis der Situation geirrt haben muß.

Man wird auf die eigene Meinung und das eigene Engagement hin beurteilt, denn Fügsamkeit ist keine Eigenschaft, die viel Wertschätzung genießt. In Arbeitsbesprechungen sind Chefs nicht unfehlbar, sondern zählen darauf, daß ihre Untergebenen ihnen widersprechen, wenn sie anderer Meinung sind. Eine polnische Sekretärin in einem niederländischen Betrieb erzählte schockiert, daß sie bei einer Sitzung von ihrem Chef mit der Bemerkung angestoßen worden sei: »Ich weiß, daß du etwas sagen willst!«
Niederländer sind auch arrogant genug, um sich nicht durch einen Mangel an Sachkenntnis bremsen zu lassen. Sie brauchen

ihren Platz in der Hierarchie nicht unbedingt zu kennen, können frecher auftreten und häufiger widersprechen als Deutsche. Auffallend ist die Bereitschaft, der Gruppe bei Sitzungen auch noch die magerste Idee als tiefe Einsicht zu verkaufen. Man platzt einfach mit allem heraus, denkt regelmäßig laut nach und geht davon aus, daß auch, wenn der größte Unsinn verzapft wird, jeder Wortbeitrag hilft, die Argumente zu schärfen. »Das Nein hast du schon, ein Ja kannst du noch kriegen« und: »Nicht probiert ist auch daneben.«

Duzen und Siezen

Für das Duzen benutzen Niederländer die Begriffe *jijen* en *jouen* (von *jij* und *jou* – »du« und »dir/dich«) bzw. *tutoyeren* (vom französischen *tu-toi*, »du-dir/dich«), doch das einzige Wort für das Siezen, *vousvoyeren* (vom französischen *vous*, »Sie«), ist in erster Linie ein soziologischer Begriff. Ab den 60er Jahren wurden die Umgangsformen zwischen Fremden sowie zwischen Vorgesetzten und Untergebenen zunehmend informeller, eine Entwicklung, die 1973 sogar zur Abschaffung der Grußpflicht in der Armee führte. Dem 1995 gegründeten deutsch-niederländischen Armeekorps in Münster bereiteten die Unterschiede im Grußverhalten so große Probleme, daß zum 1. Januar 2000 die allgemeine Grußpflicht wieder eingeführt wurde. Niederländische Soldaten dürfen seit jenem Tag ihren General nicht mehr mit einem *Doei!* (»Tschüß«, ausgesprochen etwa: *Du'iehhh!*) verabschieden.

Bis in die 70er Jahre kannte man im Standard-Niederländisch lediglich die formellen Begrüßungs- und Abschiedsformeln *Dag* (Guten Tag) und *Tot ziens* (Auf Wiedersehen). Die letztere Formel wird heute vor allem noch bei förmlichen Anlässen, bei Fremden sowie bei Leuten, die man nur flüchtig kennt, benutzt. Inzwischen ist, ebenso wie in Deutschland, der Mangel an informellen Abschiedsfloskeln behoben: aus dem nordholländischen Dialekt hat in den 80er Jahren das umgangssprachliche *Doei* (Tschüß, als Nachfolger des *Doeg*) seinen Siegeszug durch das Land angetreten. Auf der Straße kann man inzwischen sogar schon *Doeidoei* hören. Der Widerstand vor allem älterer Niederländer aus besseren Kreisen blieb ein Kampf gegen Windmühlenflügel. *Doei* ist das Äquivalent zum in Deutschland inzwischen vollständig eingebürgerten »Tschüß« und »Ciao«, eine Art Verhunzung des »Adieu« oder »Grüß Gott«, das im Brabanter Dialekt übrigens zum *Houdoe* (Behüt dich Gott) geworden ist. Auch die Begrüßung *Dag* ist dabei, sich zu informalisieren. Vor allem Jugendliche benutzen immer öfter Formen wie *Hai, Hoi* und *Hé*.

Unsicherheit und Sicherheit

Im Hinblick auf den Gebrauch von *u* und *jij*, »Sie« und »du«, bestehen in den Niederlanden keine Sicherheiten, denn obwohl es offizielle Regeln gibt, muß man jedesmal aufs neue wieder herausfinden, ob der andere sie auch einhält. Die unterschiedlichen Landstriche haben ihre eigenen Gewohnheiten, und wer umzieht, wird aufs neue durch Schaden klug werden müssen. Infolge der Unklarheiten kann es leicht zu Asymmetrien in der gegenseitigen Anrede kommen, nicht nur zwischen Älteren und Jüngeren, sondern auch zwischen Höher- und Tiefergestellten. Die niederländische Höflichkeitsstrategie zielt vor allem darauf ab, dem anderen so schnell wie möglich ein Gefühl der Behaglichkeit zu vermitteln. Und Niederländer finden das »Du«-Register dafür sehr geeignet, da es schließlich eine Annäherung erlaubt, bei der man – wenn auch auf einer künstlichen Ebene – von gleich zu gleich miteinander umgehen kann. Den Gebrauch von Vornamen darf man dabei jedoch nicht mit dem freundschaftlichen Umgang unter Gleichen verwechseln. Wenn Deutsche in einem niederländischen »Du«-Biotop am »Sie« festhalten, haben sie ein Problem. Ein solches Verhalten wird als Zurückhaltung, Distanziertheit oder sogar Feindseligkeit gewertet. Heutzutage wird das »Sie« hauptsächlich in geschäftlichen Beziehungen benutzt und um Distanz zu schaffen, während die »Du«-Form in der persönlichen Beziehung Anwendung findet. Niederländer brauchen keine Angst vor einem von Deutschen gefürchteten Fauxpas zu haben: dem »Schnaps-Du«, nachdem man etwa »Brüderschaft« getrunken hat. Niederländer setzen die Du-Beziehung auch in nüchternem Zustand einfach fort, während Deutsche sich keinen Rat wissen und grübeln, wie sie nun mit dem leichtfertig angebotenen – und angenommenen – »Du« umgehen sollen.

Als Höflichkeitsform und als Ausdruck des Respekts vor dem anderen ist »Sie« noch immer gebräuchlich. Der geschäftliche

Gebrauch des »Sie« ist jedoch abhängig von der jeweiligen Branche, in der man tätig ist. Bei Banken und Versicherungen ist etwa das »Sie« ein Muß, doch ansonsten ist alles möglich, und auch das Milieu (großstädtisch: »du« oder provinziell: »Sie«) spielt eine wichtige Rolle. Es gibt jedoch eine eherne Regel und die betrifft das »Sie« für Ältere: ist man 25 oder 30 Jahre älter als der Gesprächspartner, kann man stets auf ein »Sie« rechnen. Wem dies zum ersten Mal widerfährt, denkt mit einer gewissen Wehmut an das verflossene »Du« zurück. Fremde müßten der Regel zufolge eigentlich auch mit »Sie« angesprochen werden, doch das geschieht häufig nur, wenn der Angesprochene alt genug dafür ist.

Die niederländische Gesellschaft ist verhältnismäßig egalitär, und von daher ist auch der Abstand zwischen formell und informell sehr viel kleiner als in Deutschland. Nach der »Prädestinationslehre« der Kalvinisten entscheidet nicht der Glaube, sondern einzig und allein der Wille Gottes über das ewige Heil. Die Gläubigen haben deshalb ein ziemlich distanziertes Verhältnis zu ihrem Herrn: Gott wird gesiezt. Die Mitglieder der kalvinistischen Gemeinden registrierten jedes Zeichen der »Gnadenwahl« mit Argusaugen. Dieses Mitverantwortlichsein für die anderen führte zu sehr vertraulichen und intensiven Umgangsformen, zu Nachbarschaftshilfe und Nachbarschaftskontrolle – die Offene-Gardinen-Kultur ist ein Beispiel dafür –, wobei das »Du« zur Normalität wurde. Der informelle Umgang untereinander hat sich am Arbeitsplatz unter den Kollegen erhalten und wurde Ende der 1960er Jahre auf die Vorgesetzten ausgedehnt. Das vertrauliche »Du« kann Deutsche, die zum ersten Mal mit der niederländischen Besprechungskultur zu tun bekommen, gelegentlich schon mal in die Irre führen.

Man sagt »du« zu allen, die man auch mit Vornamen anspricht, also etwa zu Freunden, Kollegen, Leuten, die man auf einer Feier trifft (dies gilt jedoch nicht für offizielle Feiern!), Vereinskameraden und Familienangehörigen. Letzteres tun Niederländer aber noch nicht so lange: der Umschwung vom »Sie« zum »Du« innerhalb der Familie setzte um 1955 herum ein und war erst in den 80er Jahren abgeschlossen. Viele Niederländer in der mittleren Generation werden von ihren Kindern mit »du« angeredet, sprechen die eigenen Eltern, Onkel, Tanten und Großeltern aber noch mit »Sie« an. Aus einer Untersuchung von J. A. M. Vermaas aus dem Jahre 1987 ergab sich, daß zu diesem Zeitpunkt noch etwa zehn Prozent der niederländischen Kinder »Sie« zu den Eltern sagte. Dies geschieht vor allem in streng katholischen und kalvinistischen Familien, die sich eng an die Lehre halten und stärker an der Tradition der Anredeformen festzuhalten scheinen, in großen Familien, wo es einen höheren Bedarf an Autorität gibt, sowie in Familien, in denen der Vater niedrig- oder unqualifizierte Tätigkeiten verrichtet und nur noch innerhalb der Familie seinen Status geltend machen kann. Als ich im Jahre 1970 die Familie meiner Frau in Deutschland kennenlernte, verursachte mir die Entdeckung, daß jeder geduzt werden mußte, einen gewaltigen Kulturschock.

In Großstädten wie Rotterdam, Den Haag, Leiden, Amsterdam und Utrecht ist das »Sie« wieder auf dem Vormarsch, wenngleich auch das »Du« nach wie vor überwiegt. In den Bildungsstätten – vom Kindergarten bis hin zur Universität – duzen Kinder, Schüler, Auszubildende und Studenten ihre Erzieher, Lehrer, Ausbilder und sogar die Dozenten. Professoren werden in jedem Fall von ihren Mitarbeitern beim Vornamen genannt bzw. geduzt und von ihren Studenten bestenfalls mit *meneer* (Herr) oder *mevrouw* (Frau) angesprochen. Niederländern liegt weniger an Titeln, die dennoch meist auf der Visitenkarte stehen. Auch in der Adressierung und der Anrede bei offiziellen Briefen wird in den Niederlanden genauestens auf den richtigen Titel geachtet und vorher nachgesehen, ob auch alles stimmt: hierfür gibt es in allen niederländischen Taschenkalendern Listen für die richtige Anrede bei Adligen, Geistlichen und Wissenschaftlern. Doch auch damit geht es seit einiger Zeit bergab.

Auf deutschen Visitenkarten steht vor dem Nachnamen nicht nur der Titel, sondern auch der Vorname. In Telefonbüchern und bei den Namensschildern auf den Briefkästen ist dies ebenfalls üblich. Die Deutschen befinden sich damit auf einer Linie mit den Engländern, den Amerikanern, den Franzosen und anderen Völkern. Nur die Niederländer benutzen meist keine Vornamen, sondern stellen ausschließlich deren Initialen vor den Nachnamen.

Das Weglassen des Vornamens könnte eine Frage der Privatsphäre sein: in einer Gesellschaft, in der es keine Sicherheit über den Gebrauch des »Sie« und »Du« gibt, haben Fremde mit dem eigenen

Vornamen nichts zu schaffen – sie müssen sich schon mit dem Nachnamen begnügen. Vielleicht ist die Verwendung von Initialen aber auch eine Folge der damaligen Versäulung: an der Zahl und der Art der Initialen konnte man nämlich ersehen, ob jemand katholisch oder protestantisch war. Vier Initialen mit einem »Th.« oder »M.« (Theodoor oder Maria) darin deuteten auf einen katholischen Hintergrund hin, ein oder zwei Initialen auf einen protestantischen. Den Frauen bietet das Unerwähntlassen des Vornamens einen wesentlichen Vorteil: in den umringenden Ländern können obszöne Anrufer aufgrund der Vornamen in den Telefonbüchern ihre Opfer identifizieren, in den Niederlanden finden sich in den Telefonbüchern keine Informationen über das Geschlecht.

Im Jahre 1811 ordnete Napoleon per Dekret an, daß Niederländer sich einen Familiennamen zulegen mußten, sofern sie noch keinen hatten. An den Namen, die man sich damals gab, wird deutlich, daß man die Sache oft nicht sehr ernst nahm: *Agsteribbe* (Achterippe), *Billepeuter* (Arschpuler), *Huilbroek* (Heulsuse), *Komtebed* (Kommzubett), *Kortgehuwd* (Kurzvermählt), *de Kwaadsteniet* (Nichtderschlechteste), *Natvantranen* (Tränennaß), *Poen* (Kohle), *Simpelaar* (Einfacher), *Van 't Zelfde* (vom Selben), *Vroegindeweij* (Frühaufderweide), *Zeldenthuis* (Seltenzuhaus), *Zoen* (Kuß). Auch bei den Kindern, die weiße Kolonisten in Indonesien mit ihren einheimischen Konkubinen zeugten, gab es eine niederländische Eigenheit: ihre Nachnamen waren häufig Verhunzungen oder die rückwärts gelesenen Namen der Väter: *Rhemrev* (Vermehr), *Vodegel* (de Vogel), *Ednenov* (von Ende).

Niederländische Minister sind einfach *meneer* oder *mevrouw*, doch während Königin Juliana sich noch mit *mevrouw* anreden ließ, möchte ihre Tochter Beatrix »Majestät« genannt werden. In Deutschland genießen adlige und akademische Titel nicht mehr den Stellenwert wie noch vor einigen Jahren. Man wird zwar noch damit angeredet und redet selbst damit an, doch nicht jeder ist damit glücklich. Titel sind Teil des Namens, nicht nur für den Adel, sondern auch für den Bürger, der damit zu erkennen gibt, daß er auch nicht aus der Gosse kommt. In Deutschland werden Professoren mit »Herr« oder »Frau Professor« angesprochen. »Für Sie noch immer Doktor Kohl«, schnauzte der Altkanzler auf dem Höhepunkt der Schwarzgeldaffäre einen Journalisten an. Von Kohl handelt auch der Witz, in dem er Präsident Reagan das »Du« mit den Worten anbietet: » *You can say you to me.* « Mit der Weimarer Regelung von 1919 sind bestimmte Adelsprädikate und akademische Titel zum Bestandteil des Namens geworden. Was die Titelsucht betrifft, so gibt es im deutschsprachigen Raum ein starkes Nord-Süd-Gefälle – mit dem äußersten Extrem in Österreich, wo Visitenkarten ohne Titel den anderen in Verlegenheit bringen können.

Deutsche verhalten sich aufgrund der stärkeren hierarchischen Unterschiede formeller, wahren eine größere Distanz zum anderen und haben daher mehr Sicherheit bezüglich der zu verwendenden Anrede. Niederländer haben im Umgang mit Deutschen größte Probleme damit: ihre Strategie ist nun einmal nicht auf Distanz gerichtet, und sie verstehen nicht, daß ihr gedankenloses »Du« von ihren deutschen Gesprächspartnern als plumpe, aufdringliche Vertraulichkeit und totale Respektlosigkeit gedeutet wird. Philip Remarque, Deutschlandkorrespondent der »Volkskrant«, beschreibt einen Alt-68er-Nachbarn, jemand, der große Bewunderung für die ungezwungenen niederländischen Umgangsformen hat. Philip genießt die Begegnung, und durch das angenehme Gespräch in Sicherheit gewiegt, beginnt er sein Gegenüber zu duzen. Falsch! Der Alt-68er schaut verstört und bleibt seinerseits beim »Sie«.

In Deutschland finden professionelle und persönliche Autorität ihren Niederschlag in den Umgangsformen; in den Niederlanden muß man seine Autorität beweisen und sie sich verdienen. Niederländische Sekretärinnen duzen ihre Chefs mit einer ebensolchen Selbstverständlichkeit wie die Chefs ihre Sekretärinnen. In Deutschland ist so etwas in vielen Betrieben nicht nur undenkbar, es ist auch nicht erwünscht. Arbeitskollegen siezen sich. Wer »Sie« sagt, zeigt Respekt vor dem anderen und akzeptiert die bestehenden Verhältnisse. Das »Sie« ermöglicht es, am Arbeitsplatz auf eine vernünftige Weise Distanz zu wahren, und kann dazu beitragen, daß die Zusammenarbeit mit Kollegen nicht unter Druck gerät. Die größere Distanz an deutschen Arbeitsplätzen hat vor allem mit dem Unterschied in der Definition von Freundschaft zu tun. Während Niederländer nette Kollegen rasch in den eigenen Freundeskreis aufnehmen, bleiben in Deutschland Freundeskreis und Kollegenschaft eher voneinander getrennt. Diese Trennung zwischen Freizeit und Arbeit kommt auch darin zum Ausdruck, wie die Deutschen das Ende ihres Arbeitstages bezeichnen: »Feierabend«. Wenn Deutsche krank sind und nicht arbeiten können, spricht man auch von krankfeiern.

Alle fahren rad. Es geht schneller und man hat keine Parkprobleme.

Das Siezen von Kollegen ist inzwischen kein unumstößliches Gesetz mehr. »Sie dürfen mich duzen, Herr Kollege«, hieß es Ende der 80er Jahre in einer Anzeige der deutschen Tabakindustrie. Um einen weniger distanzierten, eher kollegialen und freundschaftlichen Umgang miteinander zu befördern, ist man in einer Reihe von Betrieben dazu übergegangen, das »Du« als Teil der Unternehmensphilosophie obligatorisch einzuführen. Der Betriebsleiter einer deutschen Filiale des schwedischen Bekleidungskonzerns Hennes & Mauritz klagte dagegen beim Arbeitsgericht – und verlor, da der Richter der Ansicht war, daß das »Du« einen festen Bestandteil der Betriebskultur schwedischer Unternehmen ausmache; denn auch bei Ikea ist das Unternehmens-Du bereits seit 1974 üblich. Anderseits erhielt ein Beschäftigter bei Mannesmann recht, der gegen das »Du« als Anredeform in seinem Betrieb geklagt hatte. Dennoch: unter dem Einfluß amerikanischer Firmen ist als Kompromißlösung der Gebrauch des Vornamens in Verbindung mit dem »Sie« immer häufiger anzutreffen. Infolge der zunehmenden Internationalisierung gerät das »Sie« dagegen stärker unter Druck: Arbeitnehmer, die in Amerika ihren Chef »Harry« nennen »müssen«, können in Deutschland nur schwer wieder zum »Sie, Herr Müller« zurückfinden. Der Soziologe Werner Besch unterscheidet zwei in Deutschland gängige Zwischenformen: das »Hamburger Du« (Sie, Karl) und das »Münchener Du« (Du, Frau Aichinger). Die Österreicher mögen zwar ziemlich titelsüchtig sein, mit dem »Du« gehen sie jedoch sehr viel lockerer um. Ein österreichischer Offizier fragte während des Zweiten Weltkriegs einen anderen Offizier, mit dem er im selben Zug saß: »Herr Kamerad, sind Sie Preuße oder bist Du Österreicher?«

Für deutsche Jugendliche und Studenten ist es selbstverständlich, sich zu duzen. Wenn Schüler mit etwa 16 Jahren die Oberstufe erreichen, werden sie an vielen Schulen von diesem Moment an mit »Sie« angesprochen. In den Niederlanden benutzen Lehrer an Fachhochschulen und Universitäten noch häufig den Begriff *kinderen*, Kinder, wenn sie über ihre Studenten reden, und bei vielen niederländischen Studenten heißt »ein Seminar besuchen« einfach »zur Schule gehen«. In Deutschland wäre so etwas undenkbar.

Der deutsche Gottvater wird mit »Du« angesprochen, er ist ein Gott der Liebe: wer an ihn glaubt, ist sich des ewigen Lebens sicher. Der Vater in der deutschen Familie war bereits ein halbes Jahrhundert vor seinem niederländischen Widerpart »Du« für seinen Nachwuchs. Bei den meisten Gewerkschaften und in der SPD ist das Solidaritäts-Du bis zum heutigen Tag üblich – Kanzler Schröder läßt sich von seinen Parteifreunden duzen. Und auch in der ehemaligen DDR duzten sich die Parteigenossen der herrschenden SED untereinander. Auf dieses sogenannte »Genossen-Du« legte Wolf Biermann nach seiner Ausbürgerung aus der DDR im Jahre 1976 absolut keinen Wert. Als er von Nico Haasbroek für das Wochenblatt »HP« interviewt werden sollte, wollte er erst wissen, aus welcher »Ideologie« heraus sein Interviewer das »Du« verwendete, denn in seinem Land sei es die gängige Anredeform der Funktionäre.

Umgangsformen

Wer sich in den Niederlanden öffentlich auf seine Herkunft, Bildung oder seinen Status beruft, wird mitleidig angeschaut. Niederländer »dürfen« aufgrund ihres Gewöhnlichkeitskults kein Interesse am Ungewöhnlichen, Besonderen zeigen: »Bloß nicht auffallen« und, vor allem, »Keine Exzesse« – so lautet die Devise. Teure Autos, Gold und Juwelen, Pelzmäntel, Haute Couture – damit fangen Niederländer gar nicht erst an, das gehört sich nicht, das »dürfen« sie nicht wichtig finden. Überflüssiger Luxus hat etwas Angeberisches und Proletenhaftes. Der niederländische Bürger schöpft Existenzberechtigung und Status aus seinem Verhalten, seiner Wortwahl und seiner Aussprache. Niederländische Geschäftsleute müssen im Ausland darauf achten, daß Kleidung und äußeres Erscheinungsbild dort eine wichtige Rolle spielen. In Deutschland werden sie gelegentlich als »Bata-Männer« bezeichnet: sie tragen zwar einen anständigen Anzug, doch ihr Schuhwerk macht regelmäßig einen billigen Eindruck und ist nicht geputzt.

In einem Land wie Deutschland wurden, ebenso wie in Frankreich und England, die herrschende Mode und die Kleidungssitten von den adligen Hofkreisen bestimmt – und der Bürger orientierte sich daran. Deshalb spielt die äußere Erscheinung dort eine so wichtige Rolle, daß man bereit ist, viel Geld dafür auszugeben. »Wie aus dem Ei gepellt« lautet das Motto, Anzug und Krawatte bilden die männliche Standardbekleidung. Der gesellschaftliche Status wird an der Kleidung, dem Make-up, dem Schmuck und dem Auto erkennbar. Niederländer bestimmen selbst, was sie tragen, und die Kleidervorschriften bei offiziellen Anlässen werden darauf oft abgestimmt. Kleidungsstücke sind in den Niederlanden fast völlig losgekoppelt vom sozialen Status. Doch es gibt Ausnahmen: bei Promotionen sind an niederländischen Universitäten Talar und Frack wiedereingeführt worden.

Durch den egalitären Charakter der niederländischen Gesellschaft herrscht auch ein spontaner, lockerer Umgangston, in dem direkte Kritik keinen Platz hat. Lob oder ein, mit einem Schulterklopfen verpackter, kritischer Kommentar ist nun einmal viel angenehmer als offene, unverblümte Kritik, denn dagegen sind Niederländer schlecht gewappnet. Kritik zu äußern ist ein unfreundlicher Akt, auf dem ein Tabu ruht. Alle geben ihr Bestes, alle sind gleich, und deshalb gelten Kritiker, die kein Blatt vor den Mund nehmen, vor allem als ärgerlich und unangenehm. Kritik muß entsprechend eingekleidet werden, das Positive ist zu betonen. Das darf übrigens auch wieder nicht zu demonstrativ geschehen, denn allzu große Freundlichkeit ist verdächtig. Auf übertriebene Höflichkeit reagieren Niederländer mit dem Gedanken: »Was will dieser Typ von mir? Hand aufs Portemonnaie, er will dir was andrehen.«

Im deutschen Wirtschaftsleben, aber auch auf der Straße und in den Geschäften ist Freundlichkeit gegenüber Fremden weniger selbstverständlich als in den Niederlanden. In einem Land, in dem Distanz eine normale Haltung ist, wird spontane Herzlichkeit als Zeichen der Schwäche gewertet: wer freundlich ist, wird auch wohl keine Macht haben, so die Argumentation. Öffentliche Macht- und Statusdemonstration mag in den Niederlanden verpönt sein, in Deutschland erfreut sich die Pose des »Machers«, des starken Mannes oder des Mannes der Tat, großer Wertschätzung. Der spontane, lockere Umgang bleibt auf die Familie, gute Bekannte, Freunde und bestimmte Kollegen beschränkt. Ein lockerer Umgangston gegenüber Fremden, Geschäftspartnern und sogar Kollegen zeugt von schlechten Manieren, eine gewisse Reserve ist oberstes Gebot. Spontan kann man in seinem Verein, in der Stammkneipe oder in der Wohngemeinschaft sein, denn dort spielen soziale Unterschiede keine Rolle, so daß man nicht so sehr auf die Umgangsformen achten muß.

182

Da Niederländer und Deutsche stark unterschiedliche Auffassungen über Hierarchien oder Rangordnungen haben, schlägt das auch auf die Etikette durch. In Deutschland ist es möglich, vor dem Beginn einer Veranstaltung einen Sitzplatz zu reservieren, indem man ein Kleidungsstück auf den Stuhl legt, und wenn in den Ferien schon vor dem Frühstück Handtücher auf den Liegestühlen am Schwimmbad des Hotels liegen, dann stammen sie meist von Deutschen. Wer als erster kommt, hat ein von jedem Deutschen akzeptiertes Recht auf diesen Platz. In den Niederlanden, mit ihrem Gleichheitsethos, muß man sich dagegen nicht wundern, wenn man bei der Rückkehr seine Jacke oder das Handtuch in einer Ecke wiederfindet und ein anderer den Platz für sich reklamiert hat. Die einfache Tatsache, daß man zu einem früheren Zeitpunkt bereits dort war, spielt in der niederländischen Sicht eine untergeordnete Rolle – an symbolische Handlungen sind keine Rechte geknüpft. Man erwirbt sich erst dann ein wirkliches Recht auf einen Platz, wenn man eine Reservierung hat oder in Fleisch und Blut auf diesem Platz sitzt.

Grüße und Küsse

Das Händeschütteln beim Begrüßen ist in den Niederlanden ebenso gebräuchlich wie in Deutschland, doch es wird mehr geküßt. Wildfremde, die einander gerade eben erst kennengelernt haben, verabschieden sich wenig später mit dem inflationären dreifachen Luftkuß, bei dem die Wangen sich berühren, der Rest des Körpers jedoch in respektvollem Abstand bleibt. Dies ist ein Erbe der 80er Jahre, dem man sich ebenso schwer entziehen kann wie der selbstverständlichen Duzerei. In Deutschland gibt es keine Luftküsse, obwohl sich Familienangehörige und gute Freunde in den Augen der Niederländer gelegentlich erschütternd herzlich und kräftig – Körper an Körper – umarmen.

Niederländer sind Händeschüttler, doch verglichen mit den Deutschen geschieht dies auf einem eher bescheidenen Niveau. Im Gegensatz zu Niederländern tun Deutsche es dauernd, auch etwa unter Kollegen, die sich auf der Arbeit täglich sehen. Die Erklärung muß man in dem jahrhundertealten, äußerst differenzierten deutschen System hierarchischer Ränge und Titel suchen. Ob man eine Hand angeboten bekommt oder nicht, kann von den Betroffenen falsch gedeutet werden. Deshalb gibt man vorsichtshalber jedem, beim erstmaligen Betreten und gegebenenfalls beim Verlassen des Raums, die Hand. Eine in den Niederlanden vollkommen unbekannte Gruppenbegrüßung ist das Klopfen mit den Knöcheln einer Hand auf den Tisch – meist begleitet von dem Satz: »Ich mach mal so«. Damit begrüßen später Eintreffende die Gesellschaft an einem vollen Tisch, bevor sie sich einen leeren Stuhl suchen – ein kluger Brauch, der viel mühsames Aufstehen und Händeschütteln vermeiden hilft und dafür sorgt, daß einzelne sich nicht übergangen fühlen. Ebenso unniederländisch ist dasselbe Klopfen, wenn ein deutsches Publikum einem Redner, sozusagen als Ersatz für den Applaus, zu erkennen gibt, daß das Gesagte den Geschmack getroffen hat.

Unterschiede in der Rechtskultur

In einem Land wie Deutschland mit seiner Ge- und Verbotskultur ist alles klar und eindeutig geregelt: man weiß, wie weit man gehen kann oder darf. In den Niederlanden mit ihrem Egalitätsdenken und ihrer Tradition der Beratung, des Konsenses und des gegenseitigen Vertrauens dagegen sind Verbote die Wurzel allen Übels. Die übliche Reaktion auf Verbote ist: »Das bestimme ich selbst!« Deshalb werden in den Niederlanden auch bei Ge- oder Verboten stets ausdrücklich die Ausnahmen aufgezählt und Handlungsalternativen empfohlen – unter Einbahnstraßenschildern steht dann beispielsweise der Hinweis: »Außer Fahrradfahrer«. Institutionen oder Gruppierungen werden dazu aufgefordert, sich selbst einen Verhaltenskodex zu geben, um diesen nicht von oben auferlegen zu müssen. In vielen Bereichen werden von betroffenen Organisationen, etwa in der Landwirtschaft, der Fischerei, dem Transportwesen und anderen Branchen, entsprechende Vereinbarungen abgeschlossen.

In Deutschland dagegen wird dem Gesetz Respekt gezollt: egal, ob es sich um seine Vertreter handelt, um Verkehrsschilder oder sonstige Schilder mit begründeten oder unbegründeten, meist aber gebieterisch formulierten Mitteilungen. Verbotsschilder werden von Deutschen nahezu kritiklos akzeptiert; sie gehen davon aus, daß solche Schilder nicht ohne Grund aufgestellt werden. Niederländer spüren im allgemeinen wenig Neigung, festge-

Warn- und Verbotsschild im Naturschutzgebiet des Emslandes mit ausführlicher Erklärung für niederländische Besucher.

schriebenen Regeln zu folgen. Sie stellen sie zur Diskussion und betrachten sie oft als nicht mehr als eine unverbindliche Empfehlung. In Deutschland gelten die Regeln für alle, und die Gesetze werden auch tatsächlich immer angewandt. Im deutsch-niederländischen Grenzgebiet hat der niedersächsische Kreis Emsland in Naturschutzgebieten neben den Warn- und Verbotstafeln für die eigenen deutschen Untertanen spezielle Schilder für niederländischsprachige Besucher aufgestellt. Auf ihnen wird in freundlichem Ton erläutert, warum etwas gefährlich, ge- oder verboten ist.

Deutschland hat eine andere Rechtskultur als die Niederlande. Es ist nur wenig übertrieben zu sagen, daß in Deutschland alles verboten ist, was nicht ausdrücklich erlaubt ist. Und weil Deutsche sehr konfliktorientiert sind und ein Nachgeben Gesichtsverlust bedeutet, landet selbst die kleinste Bagatelle vor dem Richter. In Deutschland ist der Einfluß des Gerichts nahezu grenzenlos, Rechtsschutzversicherungen gehören dort schon fast zum normalen Versicherungsstandard. Mehr als 60 Prozent der deutschen Autofahrer besitzen eine, in den Niederlanden sind es nur 15 Prozent. In Deutschland landen auch dreimal so viele Streitfälle vor Gericht, denn nur im Richter findet man den notwendigen neutralen Dritten, den offiziellen Schlichter. Das erklärt auch, weshalb es in Deutschland im Verhältnis doppelt so viele

Anwälte und Staatsanwälte und dreimal so viele Richter gibt. Der Richterspruch bietet einen akzeptablen Ausweg für denjenigen, dem das Schließen von Kompromissen als Zeichen der Schwäche, als Verrat an der eigenen Überzeugung gilt. Doch es gibt noch einen weiteren Grund, weshalb in Deutschland mehr Rechtsstreitigkeiten ausgetragen werden: Anwälte werden dort nach einer offiziellen Gebührenordnung honoriert – der Mandant weiß also genau, woran er ist. In den Niederlanden erhält der Anwalt ein Stundenhonorar, und die Verfahren dauern dreimal so lange wie in Deutschland – was einen enorm kostentreibenden Effekt haben kann. Niederländische Klienten überlegen es sich deshalb zweimal, ob sie ihr Recht vor Gericht suchen.

Als Alternative für den Gang zum Richter gibt es in den Niederlanden bei zivilrechtlichen Angelegenheiten ein Schlichtungsverfahren. Die Konfliktparteien unterwerfen sich freiwillig dem Schlichterspruch oder gehen anschließend vor einem Gericht in Berufung. Streitigkeiten zwischen Verbrauchern und Produzenten, Mietern und Vermietern, Auftraggebern und Auftragnehmern, Arbeitgebern und Arbeitnehmern usw. werden ebenfalls sehr viel häufiger vor Schlichterausschüssen ausgetragen. Die private Konfliktregelung durch die *Stichting Geschillencommissies Consumentenzaken* (Stiftung Schlichterausschüsse Verbraucherangelegenheiten) ist nirgendwo so gut entwickelt wie in den Niederlanden: Streitigkeiten landen kaum einmal vor dem Richter, denn die Ausschüsse arbeiten schnell, effizient, ohne viel Risiko, und die Kosten betragen nur den Bruchteil eines regulären Gerichtsverfahrens. In Deutschland stehen sich die Parteien eher diametral gegenüber. Illustrativ für die Unterschiede in den Mentalitäten sind die folgenden Beispiele.

Anfang der 1960er Jahre mußte im niederländischen Enschede eine Umgehungsstraße gebaut werden, doch eine Eisenbahnlinie der *Nederlandse Spoorwegen (NS)* stand den Arbeiten im Wege. Der deutsche Ökonom Th. M. Metz, der sowohl an der Universität Frankfurt als auch in den Niederlanden lehrte, legte seinen Studierenden diese Frage vor. Die deutschen Studenten antworteten en bloc, daß der Richter entscheiden müsse, in den Niederlanden war man hingegen im selben Maße überzeugt, daß man sich an den Tisch setzen müsse, um in Beratungen zu einer für alle Parteien befriedigenden Lösung zu kommen.

Wenn niederländische Arbeitnehmer streiken wollen, kann ihnen der Richter einen gehörigen Strich durch die Rechnung machen. Als 1903 in den Niederlanden der erste Eisenbahnerstreik ausbrach, ließ Ministerpräsident Abraham de Kuyper Streiks von Eisenbahnarbeitern per Strafgesetzbuch verbieten – ein Verbot, das erst 1980 wiederaufgehoben wurde. Die Abneigung gegen harte Konflikte sowie die Orientierung am Beratungs- und Konsensmodell haben dazu geführt, daß das Streikrecht zu einem Fremdkörper im niederländischen Gesetzeswerk wurde. Es gibt so wenig gesetzliche Regelungen auf diesem Gebiet, daß die Streikparteien die Zulässigkeit eines Streiks nur per Gerichtsbeschluß regeln lassen können.

In Deutschland gibt es die Möglichkeit, vom Parlament verabschiedete Gesetze dem Bundesverfassungsgericht zur Prüfung vorzulegen. Ein solches Gericht, das vom Parlament angenommene Gesetze im nachhinein für nicht verfassungsgemäß erklären kann, gibt es in den Niederlanden nicht. Die Bundesrepublik hat das Verfassungsgericht nach dem Zweiten Weltkrieg aus der amerikanischen Verfassung übernommen. In der Bundesrepublik haben nicht die Volksvertreter, sondern die Richter das letzte Wort über ein neues Gesetz. Die Deutschen empfinden es als einen Vorteil, wenn die echten Spezialisten mit ihrem juristischen Sachverstand umstrittene Gesetze noch einmal überprüfen.

Fahrradfahrer und das Gesetz

Fast überall auf der Welt hat der Rechtsverkehr Vorfahrt. Als die Niederlande 1940 von den Deutschen besetzt wurden, fuhr man dort vor allem Fahrrad, denn es gab noch verhältnismäßig wenig Autos. Der Rechtsverkehr bestand deshalb vor allem aus Radfahrern und deutschen Armeefahrzeugen. Um das Problem zu beseitigen, schaffte die deutsche Besatzungsmacht einfach die Vorfahrtregelung für Radfahrer ab. Dieses Kriegsgesetz wurde erst zum 1. Mai 2001 abgeschafft. Bis dahin waren von den Verkehrsministern alle Vorschläge, Fahrradfahrern die Vorfahrt wieder zurückzugeben, als zu gefährlich immer wieder auf Eis gelegt worden.

Im Straßenverkehr kommt das legalistische Denken der Deutschen maximal zur Geltung. Sich nicht an die Verkehrsregeln zu halten kann äußerst riskant sein: einfache Bürger spielen Polizisten und nehmen, notfalls auf einem Bein humpelnd und dabei heftig mit den Krücken fuchtelnd, die Verfolgung von Fahrradfahrern in der Fußgängerzone auf; Autofahrer treiben hupend, blinkend und mit dem Fuß auf dem Gas Radfahrer in die Enge, die sich von der falschen Seite in die Einbahnstraße gewagt haben. Doch die deutsche »Straßenverkehrsordnung« hat auch ihre Vorteile: für niederländische Fußgänger ist es eine Wohltat zu entdecken, daß in Deutschland die Autofahrer bereits anhalten, wenn man sich einem Zebrastreifen auch nur nähert.

Vor dem deutschen Gesetz sind alle Verkehrsteilnehmer gleich, anders als in den Niederlanden gibt es hier keine positive Diskriminierung des Schwächeren, des Fußgängers und Fahrradfahrers. Wenn man als Autofahrer in den Niederlanden einen Fahrradfahrer anfährt, der jünger als 14 Jahre ist, hat man grundsätzlich Schuld; ist das Unfallopfer älter als 14, muß der Autofahrer seine Unschuld beweisen. Für Deutsche ist die virtuelle Straffreiheit der niederländischen Radfahrer völlig inakzeptabel. Niederländische Stadtplaner müssen bei der Planung von Verkehrsverbindungen stets den Sicherheitsaspekt für die schwächeren Verkehrsteilnehmer – Fußgänger und Radfahrer – berücksichtigen, da das Gesetz die Schaffung von Fahrrad- und Fußwegen auch außerhalb geschlossener Ortschaften vorschreibt. In Deutschland hat es auf diesem Gebiet in den letzten 15 Jahren einen enormen Aufholprozeß gegeben, doch in vielen Städten und Gemeinden ist es für Radfahrer noch immer ein echtes Abenteuer, sich auf den Drahtesel zu schwingen. Niederländische Autofahrer sind fast immer zugleich auch Fahrradfahrer, und obwohl sie sich über das anarchische Verhalten von Fahrradfahrern schwarz ärgern, wissen sie nur allzugut, daß sie als Radfahrer selbst Teilzeitanarchisten sind.

Das Verhalten von Fahrradfahrern hat sich im Laufe der Geschichte kaum verändert, und auch die staatlichen Autoritäten reagieren heute nicht anders als früher. Den Soziologen Friso Roest und Jos Scheren zufolge klagten bereits die deutschen Besatzer im Jahre 1940 über das undisziplinierte Verhalten der Radfahrer: »sie streckten ihre Hand nicht aus, fuhren zu dritt nebeneinander. Die Polizeibeamten, die eigentlich dagegen etwas hätten tun müssen, gaben ebenfalls kein Handzeichen. Damit hatte Schluß zu sein.« Der Vorschlag, bei Verkehrssündern zur

In »Hassen leichtgemacht« thematisiert Guido Sieber ein Problem,
das zwischen Deutschen und Niederländern regelmäßig Anlaß zum
Streit gibt.

Strafe die Luft aus dem Reifen zu lassen, wurde schließlich fallengelassen, da Schlauch und Ventil dabei kaputtgehen konnten und wegen des Krieges ein Mangel an Rohstoffen herrschte.

Die Gleichheit vor dem Gesetz führte in Deutschland vielerorts zu der Praxis, daß, um Unfälle zu vermeiden, die Fahrbahn für die Autofahrer reserviert ist. Radfahrer müssen sich den Bürgersteig mit Fußgängern und parkenden Autos teilen. Der konsequent umgesetzte Gleichheitsgrundsatz im Straßenverkehr, die Unantastbarkeit der Regel und das legalistische Denken führen aus Sicht der Niederländer dazu, daß das deutsche Straßenverkehrsrecht vor allem ein Recht des Stärkeren, des Autofahrers, ist.

Die Überzeugung, daß Regeln dazu da sind, um befolgt zu werden, ist im deutschen Denken fest verankert. Dort, wo Niederländer stärker in Begriffen wie »Bürgersinn«, »Anstand« und »gegenseitige Verantwortung« denken, ist das Denken bei Deutschen eher von Gesetzesparagraphen geprägt. Viele Deutsche haben eine Kontrollinstanz im Kopf, die sie als Fußgänger warten läßt, wenn die Ampel auf Rot steht – selbst dann, wenn es weit und breit keinen Verkehr gibt. Es ist deutlich, daß Deutsche hiermit dem verinnerlichten kategorischen Imperativ Kants folgen: einem allgemeingültigen Gebot darf man sich nicht entziehen, nicht einmal aus pragmatischen Gründen. Auf die Frage nach dem Warum ihres Rote-Ampel-Verhaltens erhält man jedesmal dieselbe Antwort, nämlich daß sich Kinder an diesem asozialen Verhalten von Erwachsenen ein Beispiel nehmen und dadurch zu Schaden kommen könnten. In deutschen Cartoons – wie zum Beispiel bei Guido Sieber – wird dieses Stereotyp fortwährend auf die Schippe genommen.

Opportunitäts- und Legalitätsprinzip

Für die legalistisch denkenden Deutschen gelten Ge- und Verbotsschilder immer und überall – Vorschriften werden schließlich nicht ohne Grund erlassen. Wenn es eine Regel gibt, gilt sie für alle, egal, ob jung oder alt, reich oder arm, vom Porsche-Fahrer über den Fahrradfahrer bis zum Fußgänger. Wie streng Regeln interpretiert werden, wird an den Bußen deutlich, die Autofahrer in Deutschland aufgebrummt bekommen, wenn sie ohne Benzin auf dem Standstreifen der Autobahn erwischt werden.

Der Standstreifen darf nur in Notfällen benutzt werden, die die Folge höherer Gewalt sind. Für ein subjektives Argument wie den Mangel an Treibstoff hätte die niederländische Polizei volles Verständnis, doch ihre deutschen Kollegen lassen sich dadurch nicht beirren: daß der Tank leer wird, läßt sich vorhersehen, ist also keine höhere Gewalt, sondern zeugt nur von schlechter Planung.

Bei Übertretungen erhalten Verkehrsteilnehmer Strafpunkte. Wenn Fußgänger oder Radfahrer bei Rot über die Ampel gehen bzw. fahren oder Autofahrer mit einem zu hohen Alkoholpromillegehalt einen Unfall verursachen, gibt es – je nach dem Schweregrad der Übertretung – neben einer Buße und dem eventuellen Entzug der Fahrerlaubnis »Punkte«. Im Flensburger Verkehrszentralregister (im Volksmund »Verkehrssünderkartei«) sind mehr als zehn Millionen Namen solcher Verkehrssünder gespeichert. Je nach der Höhe der Strafpunkte bekommt man eine Verwarnung, muß an einem Nachschulungskurs teilnehmen oder eine verkehrspsychologische Beratungsstelle aufsuchen, und wenn man mehr als 18 Punkte hat, wird der Führerschein eingezogen. Die Schwere der Übertretung oder des Straftatbestands entscheidet darüber, nach welcher Frist – zwei, fünf oder zehn Jahre – die Akte vernichtet wird. Wer seine Fahrerlaubnis zurückhaben möchte, muß an einem psychologischen Test – dem sogenannten »Idiotentest« – teilnehmen, womöglich sogar Therapie akzeptieren oder erneut eine Führerscheinprüfung ablegen. Ein derart allumfassendes Punktesystem würde in den Niederlanden zu großer Rechtsungleichheit führen, da ein niederländischer Polizeibeamter subjektiv entscheidet, ob er gegen eine Verletzung der Straßenverkehrsordnung einschreitet oder nicht. Nur in einem Land, in dem gegen jede Regelverletzung eingeschritten werden muß, ist ein solches System auch »gerecht«. Dennoch wurde auch in den Niederlanden ein Anfang gemacht, indem man zum 1. April 2002 ein neues System für Verkehrssünder einführte. Wer ab diesem Zeitpunkt seinen Führerschein macht, erhält eine vorläufige Fahrerlaubnis; sammeln sich innerhalb von fünf Jahren drei Strafpunkte an, muß man eine Prüfung beim *Centraal Bureau für Rijvaardigheidsbewijzen* (Zentralamt für Fahrtauglichkeitsprüfungen) ablegen.

Ein wichtiger Unterschied zwischen dem deutschen und dem niederländischen Rechtssystem besteht auch darin, daß die Staatsanwaltschaft in den Niederlanden bei der Verfolgung von

Strafverfahren aus dem Opportunitätsprinzip heraus handelt. Man stellt das Verfahren ein, wenn das erwartete Strafmaß in keinem Verhältnis zum verübten Delikt steht, und behandelt bestimmte Kategorien von Übertretungen oder Verbrechen nicht vorrangig. Das bedeutet, daß ein Staatsanwalt, solange keine ausdrückliche Weisung eines Gerichts, der Staatsanwaltschaft oder des Justizministeriums vorliegt, nicht von vornherein verpflichtet ist, eine strafbare Handlung zu verfolgen. Dieses Opportunitätsprinzip gilt nicht nur für die Staatsanwaltschaft, sondern auch für die Polizei. Niederländische Polizisten sehen sich selbst in erster Linie als eine Art Sozialdienstleister und entscheiden bei eventuellen Übertretungen selbst und an Ort und Stelle, ob ein Eingreifen geboten ist. Sie haben als Bürger selbst auch Schwierigkeiten damit, wenn eine allgemeine Regel in individuellen Fällen nicht logisch ist (z. B. Radfahrer, die rechts abbiegen und dabei durch Rot fahren, da sie niemanden behindern).

In der heutigen postmodernen Gesellschaft spielen Individualisierung und Rationalisierung eine immer bedeutsamere Rolle, und das *Gedogen* (Dulden) ist eine äußerst praktische Methode, um unter Beibehaltung der Regeln Möglichkeiten für diejenigen zu schaffen, die in Einzelfällen von dieser Regel abweichen wollen. Dem niederländischen Soziologen Kees Schuyt zufolge bedeutet *gedogen* das Tolerieren des Übels, da seine Bekämpfung zu einem noch größeren Übel führen würde. Die niederländische Politik des *Gedogen* zielt darauf ab, die Regeln so anzuwenden, daß auch die Werte von Minderheiten und schwächeren Parteien zu ihrem Recht kommen. Dies hat auf allen Ebenen des gesellschaftlichen Lebens zu einer verhältnismäßig toleranten Gesetzgebung mit einem stark symbolischen Charakter geführt, einer Art »Kautschuk-Gesetzgebung«, da man möglichst viel erlauben und wenig verbieten möchte.

In Deutschland handelt man auf der Grundlage des Legalitätsprinzips: alles, was strafbar ist, muß auch verfolgt werden. Das Gesetz wird ohne Wenn und Aber respektiert, was auf dem Papier verboten ist, ist rücksichtslos zu bestrafen. Eine legalistisch denkende Gesellschaft wie die deutsche kann mit einem Begriff wie *gedogen* nichts anfangen, da es dem deutschen Rechtsempfinden bzw. dem deutschen Entweder-Oder-Denken zuwiderläuft – »weil nicht sein kann, was nicht sein darf«, so das Motto. Die deutsche Polizei sieht sich selbst als eine Instanz, die Übertretun-

*Entspannter Umgang, auch wenn ein Fahrschüler mal ohne Helm und
mit Walkman erscheint.*

gen verhindern muß. Der deutsche Beamte mit Ermittlungsbe-
fugnis muß einschreiten, wenn er einen Verdacht hegt oder bela-
stende Fakten konstatiert. Aus diesem Grund wurde 1990 etwa
eine deutsche Frau, die in den Niederlanden eine Abtreibung
hatte vornehmen lassen, bei ihrer Rückkehr an der deutschen
Grenze festgenommen. Um den Beweis für einen Schwangerschaftsabbruch zu führen, ist auf Anweisung der deutschen
Staatsanwaltschaft sogar die Untersuchung der Gebärmutter erlaubt. Der Schriftsteller Heinrich Böll machte 1974 bei der Diskussion über die Reform des Abtreibungsgesetzes in Deutschland eine sehr »undeutsche« Bemerkung, als er sagte: »Ich bin
gegen Abtreibung, aber ich bin dafür, daß es jedem freisteht, darüber selbst zu entscheiden.« Das neue deutsche Abtreibungsge-
setz, das seit 1995 in Kraft ist, ersetzt das restriktivere westdeut-
sche Gesetz und die sehr viel großzügigeren ostdeutschen
Regelungen. Schwangerschaftsabbruch ist bis zur 13. Schwan-
gerschaftswoche möglich, und wer sich dazu entschließt, muß
sich von einem sozialmedizinischen Team betreuen lassen. Nach
der 13. Woche ist die Abtreibung nur noch in einer medizinischen
oder psychosozialen Notfallsituation erlaubt. In den Niederlanden hat der Gesetzgeber die moralische Verantwortlichkeit voll

und ganz in die Hände der Frau gelegt, egal, welche Gründe sie zu ihrem Schritt bewegen. Ärzte haben auf der Grundlage des Gesetzes über den Abbruch von Schwangerschaften aus dem Jahre 1981 die Frau lediglich auf alternative Möglichkeiten hinzuweisen, um der unerwünschten »Notsituation« zu begegnen. Sie müssen sich vergewissern, daß die Frau den Entschluß zum Schwangerschaftsabbruch »freiwillig, nach sorgfältiger Abwägung und im Bewußtsein ihrer Verantwortung für das ungeborene Leben und die Folgen für sich selbst und die ihren« getroffen hat. Zusätzlich ist eine Bedenkzeit von fünf Tagen zwischen der Bitte und der Durchführung des Eingriffs vorgeschrieben. Die Anzahl der Schwangerschaftsabbrüche in den beiden Ländern unterscheidet sich nicht sonderlich stark voneinander: während 2002 in den Niederlanden acht von 1000 Frauen in gebärfähigem Alter abtreiben, liegt die Zahl in Deutschland bei sieben Promille.

Ähnlich ist es auch in puncto Drogen. In Deutschland werden Konsumenten weicher Drogen inzwischen zwar nicht mehr als Kriminelle behandelt, doch von einer Politik der Duldung selbst im Hinblick auf den Verkauf kleiner Mengen weicher Drogen kann keine Rede sein. Der bekannte deutsche Sänger Konstantin Wecker erhielt 1998 für den Besitz von Kokain eine Haftstrafe von zweieinhalb Jahren. Schwere Trinker und Alkoholiker können dagegen sehr wohl auf Verständnis für ihre Sucht rechnen; die Entziehungskuren des bekannten Entertainers Harald Juhnke wurden deshalb auch mit großer Sympathie von den Medien begleitet. In den Niederlanden war der Popmusiker und Maler Herman Brood bekannt für seine Kokain- und Heroinsucht, was seiner Berühmtheit jedoch keinen Abbruch tat – im Gegenteil: er trug seine Sucht öffentlich zur Schau, war ein geschätzter Experte bei Podiumsdiskussionen über Drogenkonsum, und seine Bilder verkauften sich ausgezeichnet. Im Jahre 2001 unternahm der niederländische »Schmusejunkie« einen Versuch, von der Droge loszukommen, doch das gefiel ihm so schlecht, daß er seinem Leben ein Ende setzte und vom Amsterdamer Hilton-Hotel in die Tiefe sprang.

Euthanasie und die Reaktionen in Deutschland

Als echte Pragmatiker sorgen Niederländer selbst auf solchen Gebieten für Regelungen, auf denen in anderen Ländern keine Gesetzgebung möglich ist, da sie zu den tabuisierten Grauzonen gehören: Euthanasie, die Homo-Ehe, der Verkauf weicher Drogen, Prostitution, usw. Nach einer 30 Jahre dauernden breiten gesellschaftlichen Diskussion wurde am 10. April 2001 das Gesetz mit dem Titel »Regelung der Lebensbeendigung auf Wunsch und Hilfe bei der Selbsttötung« – auch »Euthanasie-« oder »Sterbehilfegesetz« genannt – von der Ersten Kammer des Parlaments verabschiedet. Das Gesetz, das am 1. April 2002 in Kraft trat, schafft keine neuen Normen, sondern bestätigt im wesentlichen die seit 1985 gewachsene Praxis. Das Gesetz macht keinen Unterschied zwischen aktiver Sterbehilfe (der Arzt verabreicht das tödliche Mittel) und Hilfe bei Selbsttötung (der Patient nimmt das vom Arzt gereichte Mittel selbst ein). Die Altersgrenze für den Wunsch nach Sterbehilfe wurde auf 16 Jahre festgelegt; Jugendliche unter 16 haben die Zustimmung eines Elternteils nötig. Mit dem Gesetz wurde ein Versuch unternommen, durch die Einführung einer ausgewogenen Regelung Sterbehilfe transparenter und kontrollierbarer zu machen, wo es vorher nur eine große Lüge gab und die Euthanasie im verborgenen geschah. Das Gesetz schützt den Arzt vor Strafverfolgung, wenn er sich an eine Reihe von Sorgfaltskriterien hält:

> Er muß sich davon überzeugt haben, daß der Patient freiwillig und wohlüberlegt um den Tod bittet und das Leiden des Patienten aussichtslos und unerträglich ist. Ferner muß er den Patienten umfassend über dessen Situation und die Aussichten aufklären, und er muß gemeinsam mit ihm zu der Überzeugung gelangt sein, daß es keine andere vernünftige Alternative zu dieser Situation gibt als die Euthanasie. Er muß einen zweiten medizinischen Fachmann um Rat fragen, und er muß sein Handeln schriftlich begründen und einer Prüfungskommission melden.

Es gibt fünf regionale Prüfungskommissionen, in denen außer dem vorsitzenden Juristen ein Arzt und ein Ethiker sitzen. Zweifel muß die Kommission der Staatsanwaltschaft melden.

Das unnötige Hinauszögern des Lebens ist in den Niederlanden bereits seit Mitte der 80er Jahre kein Thema mehr, doch das

Gesetz sagt nichts über Lebensmüdigkeit als Kriterium. Ärzte dürfen bei Menschen, die »mit dem Leben abgeschlossen haben«, weder aktiv noch passiv lebensbeendend handeln, entschied der Amsterdamer Gerichtshof im Dezember 2001. Eine Kommission der KNMG, der Königlich-Niederländischen Gesellschaft zur Förderung der Heilkunst, untersucht derzeit, ob die Sorgfaltskriterien für Euthanasie auf existentielle Leiden – das Leiden an Einsamkeit, Leere und Sinnlosigkeit der eigenen Existenz – erweitert werden müssen. Solche Menschen müssen für ihr selbst gewolltes Lebensende derzeit ihre Zuflucht zu extremen Mitteln nehmen: Aufhängen etwa, aus dem Fenster springen oder sich vor den Zug werfen. Huib Drion, ehemaliges Mitglied des Obersten Gerichtshofs, behauptete 1991, daß alte Menschen, die lebensmüde seien, ein Recht auf humanere Mittel haben müßten – unter der Bedingung, daß sie die »fatale« Tat selbst verübten. Seither spricht man von der *Drionpil*, der Selbsttötungspille, obwohl Drion selbst nicht so sehr an eine einzige »Pille« denkt, sondern an »eine Kombination von Mitteln, die in kurzer Abfolge nacheinander eingenommen werden müssen«.

Der selbstgewählte Tod bildet einen Bestandteil des Curriculums bei der Hausarztausbildung. Die Bereitschaft zu lebensbeendendem Handeln droht inzwischen sogar in den Rang einer Berufsqualifikation erhoben zu werden. Euthanasie hat ein starkes Gewicht in Personalprofilen und Bewerbungsgesprächen bekommen; der orthodox-christliche *Nederlands Artsenverbond* (Niederländischer Ärztebund) hat seine Empörung darüber zum Ausdruck gebracht, daß Hausärzte, die grundsätzlich gegen Euthanasie seien, in Kürze vielleicht nicht mehr arbeiten könnten. Die sehr viel größere, allgemeine *Landelijke Huisartsenvereniging* (Nationale Hausärztevereinigung) behauptet, daß durch die zunehmende Vergreisung der Gesellschaft die Zahl der Bitten um Sterbehilfe zunehmen werde und der Arzt, der Euthanasie ablehne, seine Kollegen in Probleme bringen werde.

Die Niederlande praktizieren ein konsequentes Hausarztmodell mit dem klassischen Familiendoktor, und das ist dem niederländischen Strafrechtsprofessor Eugène Sutorius zufolge auch der Grund, weshalb die Entwicklungen um die Euthanasie gerade in diesem Land stattgefunden haben. Die Hausärzte stehen in engem Kontakt zur Familie und werden häufig zu Vertrauenspersonen. Sie handeln weniger medizinisch-technisch, sondern bieten vielmehr umfassende Hilfe von der ärztlichen Behandlung bis zum vertraulichen Gespräch. Es herrscht große Solidarität der Niederländer mit ihren Hausärzten, und wenn der eigene Hausarzt vor dem Richter steht, werden sich die Menschen des ethischen Dilemmas unmittelbar bewußt. Der niederländisch-amerikanische Historiker James Kennedy weist auf die auffallend große Zahl prominenter Christen, vor allem aus protestantischem Hause, unter den Befürwortern der Euthanasie hin. Die katholische Kirche lehnt Euthanasie ab, doch Altbischof Bär, der ein Jahr zuvor noch ein Gegner gewesen war, sprach sich kürzlich zugunsten der Euthanasie aus: »Zu Anfang haben wir gedacht, daß Ärzte sagen würden: ›Sie bitten, und wir tun es.‹ Dem ist nicht so. Stellen Sie sich vor, daß es nicht geregelt wäre, das könnte zu Tragödien führen.«

Der Begriff Euthanasie ist in Deutschland verbraucht. Da er an die verbrecherische Weise erinnert, in der das Nazi-Regime in einem Euthanasie-Programm Zehntausende »unproduktive«, »asoziale«, geistig und körperlich Behinderte, Kranke und Alte ermorden ließ, ruht ein so starkes Tabu darauf, daß es unbesprechbar geworden ist. Die Meinung in Deutschland ist dazu eindeutig. Vom Kölner Erzbischof Meissner heißt es etwa: »Eine Gesellschaft, die ein Euthanasiegesetz erläßt, ist ›krank und psychisch degeneriert‹.« Die »FAZ« schreibt am 17. April 2001: »Sterbehilfe besteht in der Begleitung Sterbender auf ihrem natürlichen Weg in den Tod. Was in den Niederlanden praktiziert wird, ist Beförderung in den Tod.« Und Robert Leicht läßt sich in der »Zeit« vom 19. April 2001 unter dem Titel »Der Tod in Weiß« mit den Worten vernehmen: »Wenn es ans Sterben geht, hoffe wohl auch ich, nicht zuletzt, auf einen gnädigen Arzt. Aber leben in einem Land, in dem daraus ein Gesetz wird? Nein.« Doch es gibt in Deutschland auch andere Auffassungen, so etwa die von Richard Herzinger in einer Replik auf den Beitrag von Leicht: »Die Selbstgerechtigkeit, mit der deutsche Ethikwächter [...] einer tief in demokratischen Freiheitstraditionen verankerten Nation wie den Niederlanden vorhalten, sie liefere sich blind der latenten Willkür eines menschenverachtenden Prinzips aus, ist befremdlich.« *

---

* »Die Zeit« vom 26. April 2001.

Michel Kerres, Korrespondent der niederländischen Tageszeitung »NRC Handelsblad« in Deutschland, zitiert am 2. März 2002 einen hohen deutschen Beamten auf der 6. Deutsch-Niederländischen Konferenz in Potsdam: »Wir haben gelernt, wie unglaublich schnell etwas auf grauenhafte Weise aus dem Ruder laufen kann. Diese Bürde tragen wir mit uns herum. Deshalb steht die Angst vor dem Mißbrauch im Vordergrund und die Chancen, die neue Techniken und neue Wege bieten, im Hintergrund.« Das niederländische Gesetz stößt im politischen Spektrum der Bundesrepublik auf breiten Widerstand, doch 70 Prozent der Bevölkerung äußern sich positiv dazu (64 Prozent in Westdeutschland und 80 Prozent in Ostdeutschland).

Niederländer finden, daß das deutsche Trauma der Eugenik einen unverstellten Blick auf die Frage verhindert. Auch Genmanipulation und Stammzellenforschung bilden in diesem Zusammenhang heikle Themen. Allerdings hat kürzlich der hessische Landesgerichtshof entschieden, daß Gerichte der Beendigung lebensverlängernder Maßnahmen zustimmen können, wenn dies der Wille des Patienten ist und es keine Chance auf bewußtes Leben mehr gibt.

Das Hausarzt-Prinzip

Niederländer warten lieber mit dem Gang zum Spezialisten. Der wird nämlich pro vorgenommener Handlung bezahlt, und ehe man sich's versieht, hat er etwas getan, das vielleicht gar nicht nötig war – denn operieren lassen kann man sich immer noch. In den Niederlanden dominiert das Hausarztmodell: Mitglieder der Gesetzlichen Krankenversicherung müssen erst zu ihrem Allgemeinarzt, um sich eine Überweisung zum Spezialisten zu holen. Obwohl es bei Privatversicherten nicht notwendig ist, gehen viele von ihnen dennoch gern erst bei ihrem Hausarzt vorbei, um alles zu besprechen. Während in Deutschland mehr mit Medikamenten gearbeitet wird, verschreiben niederländische Hausärzte vorzugsweise Ruhe und Diät. Prävention ist ein wichtiger Bestandteil der medizinischen Versorgung, denn vermeiden ist besser als heilen – von daher auch etwa die halbjährlichen Kontrolluntersuchungen beim Zahnarzt, die das Gros der Versicherten klaglos über sich ergehen läßt.

In Deutschland haben – im Unterschied zu den Niederlanden – auch Allgemeinärzte weiße Kittel an: es sieht hygienisch aus, wirkt professionell und weckt Vertrauen. Deutsche gehen, etwas überspitzt formuliert, nur dann zum Allgemeinarzt, wenn es sich um Kleinigkeiten handelt oder sie nicht genau wissen, welcher Spezialist für ihre Beschwerden zuständig ist. Das Fach des Allgemeinmediziners ist verwässert, und die Praxis des Arztes ist auch nicht, wie in den Niederlanden, der Ort, an dem die zentrale Registrierung des Arzneimittelverbrauchs des Patienten vorgenommen wird. Aus niederländischer Sicht wäre hier die Gefahr riesengroß, daß der Patient bei verschiedenen Spezialisten für verschiedene Krankheiten die unterschiedlichsten Medikamente verschrieben bekäme, die möglicherweise kontraindikativ sind, ohne daß die Spezialisten untereinander darüber in Kontakt stehen. Und weil Deutsche ihre Rezepte bei jeder willkürlichen Apotheke einreichen können, kann diese ebensowenig als zentrale Registrierungsinstanz dienen und eventuell warnen. Niederländische pflicht- und privatversicherte Patienten haben eine feste Apotheke, und auf Kontraindikationen wird vom Apotheker scharf geachtet.

Krank sein und krankfeiern

Wenn man sich in den Niederlanden telefonisch bei seinem Arbeitgeber krank meldet, ist man krank. Es ist vernünftig, sich dann ein paar Tage ins Bett zu legen und sich auszukurieren, denn halbe Wracks laufen schon genügend herum. In Deutschland wird trotz Krankheit häufig weitergearbeitet, da es als nicht kollegial gilt, der Arbeit fernzubleiben, bloß weil man nicht richtig »auf dem Damm« ist. In den Niederlanden wird es akzeptiert und geduldet, daß Arbeitnehmer gelegentlich keine Lust haben zu arbeiten, und aus diesem Grund hat man in den 70er Jahren den sogenannten *baaldag* eingeführt (von *balen*, was soviel bedeutet wie »die Nase gestrichen voll haben«) – *baaldagen* oder auch *snipperdagen* waren frei wählbare Urlaubstage. Durch die Arbeitszeitverkürzung – die gesetzliche Reduzierung der Wochenarbeitszeit mit dem Ziel der Schaffung neuer Stellen – hat der vollzeitbeschäftigte niederländische Arbeitnehmer heute durchschnittlich etwa sechs sogenannte *adv-dagen* (*arbeidsduurver-*

kortingsdagen = Arbeitszeitverkürzungstage) im Jahr, die er zum Teil frei wählen kann, zum anderen Teil jedoch an den sogenannten »Brückentagen«, etwa zwischen Himmelfahrt und dem nachfolgenden Samstag, nehmen muß. Dadurch ist der *baaldag* überflüssig geworden und inzwischen wieder aus dem Sprachgebrauch verschwunden. Solche Extra-Urlaubstage sind ein in Deutschland weitgehend unbekanntes Phänomen, aber weil deutsche Arbeitnehmer gelegentlich auch einmal aus der täglichen Tretmühle herauswollen, bietet für sie die »Kur« – eine in den Niederlanden nahezu unbekannte Form der Therapie – eine wohltuende Alternative: um ein mehr oder weniger vage umschriebenes Leiden auszukurieren, besucht man für ein paar Wochen einen »Kurort«, läßt sich dort massieren, wälzt sich in »Heilerde«, stapft ein paarmal täglich durch eiskaltes »Kneipp-Wasser«, genießt Natur, Amüsement und das gute Essen – allein oder mit seiner Kurbekanntschaft, dem sogenannten »Kurschatten« – und kann es anschließend wieder eine Weile in der Arbeitswelt aushalten.

In Deutschland liegt der Medikamentenkonsum 75 Prozent über dem in den Niederlanden, denn gesunde Deutsche tun alles, um auch gesund zu bleiben, und ihre kränkelnden Landsleute wollen so schnell wie möglich wieder gesund werden. Prophylaktisch stopfen sie ihre Arzneikästen mit Pillen, Pülverchen und Tinkturen voll und wissen meist auch genau, wofür und in welcher Zusammenstellung sie das alles einnehmen müssen. Nach einer Apotheke braucht man in Deutschland nie lange zu suchen; als Faustregel gilt: findet man in den Niederlanden an jeder Ecke eine Bank und in Belgien ein Café, steht dort in Deutschland eine Apotheke. Die deutsche Apotheke ist eine Art Supermarkt für Medikamente und vorbeugende Arzneien. Enorme Schränke mit gigantischen Schubfächern auf Teleskopschienen enthalten Tausende von Vitaminpräparaten in allen Formen und Farben sowie ausgedehnte Sortimente an regulären und alternativen Medikamenten für eine Vielzahl von (realen und imaginären) Gebrechen und Zipperlein. Deutsche decken ihren gesamten Medikamentenbedarf beim Apotheker, denn er hat sein Fach studiert und genießt einen dementsprechenden Status. Im Vergleich zu Deutschland ist die niederländische Apotheke ein unscheinbarer Laden. Niederländer kaufen dort nur Medikamente, die ihnen der Arzt verschrieben hat, alles andere holen sie sich in der Drogerie.

Wenn Deutsche zu wissen glauben, was ihnen fehlt, gehen sie vorzugsweise sofort zum Spezialisten, und Frauen suchen am liebsten den Gynäkologen auf – Frauenärzte sind in Deutschland eine Art Hausärzte für Frauen. In den Niederlanden verschreibt nicht der Frauenarzt, sondern der Hausarzt die Pille, macht Abstriche, führt Brustkrebsuntersuchungen durch und ist oft auch für Schwangerschaft und Geburt zuständig. Im allgemeinen begeben sich in Deutschland die Frauen zur Entbindung eher in ein Krankenhaus, denn dort steht ihnen ein Facharzt zur Seite. Frauen, die eine Hausgeburt wünschen, sind noch die Ausnahme (ca. 5 Prozent). In den Niederlanden ist die Zahl der Hausgeburten von 70 Prozent im Jahre 1965 auf derzeit 31 Prozent gesunken, doch seit 1999 läßt sich wieder eine leichte Steigerung verzeichnen. Die Frauen werden dabei vom Hausarzt oder der Hebamme betreut und begeben sich erst, wenn Komplikationen auftreten, zum Spezialisten ins Krankenhaus.

Durch den Mangel an Hausärzten und Hebammen in den Niederlanden hat sich in den letzten Jahren eine Alternative zur Hausgeburt entwickelt: das »Geburtshotel«, in dem bewußt Wert auf eine wohnliche Atmosphäre gelegt wird. Diese Form der Entbindung wird sowohl bei Schwangeren als auch bei Hebammen und Wochenpflegerinnen immer populärer. Aus der Sicht niederländischer Schwangerer ist ein Krankenhaus ein Ort für Kranke, wo man als gesunde Schwangere nichts zu suchen hat. Sie fühlen sich in der intimeren Atmosphäre der eigenen vier Wände geborgener, können herumgehen, duschen, sich die Zeit vertreiben, kurzum: sie entscheiden, was sie tun wollen, und brauchen sich nicht anzupassen. Außerdem kommt es weniger häufig zu medizinischen Eingriffen als im Krankenhaus. Die Hausgeburt wird in den Niederlanden vollständig von der Krankenkasse erstattet, während die Krankenhausentbindung zuzahlungspflichtig ist.

Als 1962 die Antibabypille auf den Markt kam, stürzten sich sofort alle darauf, auch die Hausärzte. Sie haben die Indikation und Verschreibung dieses Schwangerschaftsverhütungsmittels schnell an sich gezogen, eine Aufgabe, die in Deutschland den Gynäkologen vorbehalten blieb. Die Pille ist Teil der primären Gesundheitsfürsorge geworden und dadurch in den Niederlanden besonders leicht zugänglich. Weltweit werden nirgends so viele Antibabypillen genommen wie in den Niederlanden: 43 Prozent der Frauen entscheiden sich für die Pille, aber nur zwei Prozent verhüten mit der Spirale; in Deutschland entscheiden sich zwölf Prozent der Frauen für eine Spirale.

Overspannen und Kreislaufstörung

Die typisch niederländische Berufskrankheit heißt *overspannen zijn*, was man mit »überspannt« oder »überreizt sein« übersetzen könnte. *Overspannenheid* ist eine Störung des Gleichgewichts zwischen dem, was jemand zu leisten gerade imstande ist, und dem, was er eigentlich leisten könnte und müßte. Niederländische Arbeitnehmer, die es erwischt hat, sprechen selbst allerdings lieber von »überarbeitet«, da es weniger beängstigend klingt. Der Hausarzt verschreibt bei *overspannenheid* Ruhe, leichte Therapie und manchmal Medikamente. Es gibt kaum ein Land in Europa, in dem der Anteil der arbeitsunfähigen Personen an der Erwerbsbevölkerung höher ist als in den Niederlanden; gleichzeitig können es die Niederlande in puncto Produktivität und Konkurrenzvermögen mit allen europäischen Nachbarn aufnehmen. Dies bedeutet also, daß eine verhältnismäßig geringe Zahl von Arbeitnehmern verhältnismäßig hart arbeiten muß und Streß von daher ein wesentlicher Faktor im niederländischen Arbeitsalltag ist.

«Überspannte« niederländische Arbeitnehmer landen immer häufiger in der WAO, der Arbeitsunfähigkeitsversicherung. Krank zu sein beschränkt sich dabei in den Niederlanden nicht auf rein körperliche Leiden; auch Streit mit dem Vorgesetzten, persönliche Probleme und die Angst vor Konflikten können zu »situativer Arbeitsunfähigkeit« führen. Das bedeutet nicht, daß man wirklich krank ist, sondern daß die Arbeitsbedingungen oder der Vorgesetzte dergestalt sind, daß man nicht mehr arbeiten kann. Viele Arbeitskonflikte werden über die WAO geregelt, so daß die Krankmeldung sowohl für den Arbeitgeber als auch für den Arbeitnehmer eine Fluchtmöglichkeit bietet. Niederländer wollen stets kollegial sein, Kompromisse schließen und Konflikte vermeiden. Doch Konflikte, die nicht offengelegt werden, schwelen weiter, und das führt zwangsläufig zu erhöhtem Herzschlag, Ärger, *overspannenheid* und schließlich zur Arbeitsunfähigkeit. Einer von acht niederländischen Arbeitnehmern ist arbeitsunfähig geschrieben, davon zehn Prozent aufgrund eines Konfliktes. Dem belgischen Streßexperten Theo Compernolie zufolge sind die hohen WAO-Zahlen vor allem der Angst vor Konflikten zuzuschreiben. Wenn diese früher erkannt werden würden, bräuchten sie sich nicht zu einem medizinischen Problem zu entwickeln. Compernolie spricht von einem »Polderparadox«: es gebe kein Land, in dem nach objektiven Maßstäben die Bevölkerung so gesund sei wie in den Niederlanden und doch mehr Menschen Krankengeld bezögen oder arbeitsunfähig seien als sonstwo auf der Welt.

In Deutschland müssen Krankheiten medizinisch überprüfbar sein. Es herrscht deshalb wenig Verständnis für ein »psychisches« Leiden wie die *overspannenheid*, denn das ist etwas für »Weicheier« und führt automatisch zu einem »Karriereknick«. Um dies zu verhindern, wird von allen Betroffenen so lange nach einer körperlichen Ursache gesucht, bis man beispielsweise einen »Verdacht auf Magengeschwür« diagnostiziert hat und der Patient sich in den Wartezimmern der Spezialisten genügend ausgeruht hat, um die Arbeit wiederaufnehmen zu können. Eine typisch deutsche Krankheit ist dagegen die »Kreislaufstörung«, eine leichte Form des Kollapses, die Niederländer als »sich nicht *lekker* fühlen« umschreiben würden und die in niederländischen Ohren einen höchst ominösen Beiklang hat. »Kreislaufstörung« ist ein medizinisch-technischer Begriff, der einen physischen und keinen psychischen Ursprung andeutet und dessen Symptomatik allen Deutschen genauestens bekannt ist. Deutsche, die in den Niederlanden arbeiten und an einer Kreislaufstörung leiden, stoßen auf eine so verwirrte und hilflose Reaktion ihrer Umgebung, daß sie aufhören, darüber zu klagen, und statt dessen vorzugsweise an *overspannenheid* erkranken.

Essen: Manschen und Stechen

In den Niederlanden ißt man zum Mittagessen, egal, ob zu Hause oder auf der Arbeit, Brot; erst abends, zwischen 18 und 19 Uhr, gibt es dann eine warme Mahlzeit. Wenn Niederländer gefragt werden, was es am nächsten Tag bei ihnen zu essen gibt, nennen sie das Gemüse – Deutsche antworten auf dieselbe Frage mit der Art des Fleisches –, in den Niederlanden ißt man nun einmal 16 kg mehr Gemüse pro Person und pro Jahr, in Deutschland dafür zehn kg mehr Fleisch. Niederländer sind »Manscher«, von daher ihre Vorliebe für mehligkochende Kartoffeln, die, wenn man einmal kurz nicht aufpaßt, prompt zu Brei zerkochen. Deutsche sind dagegen »Stecher«, und deshalb sind ihre Kartoffeln fest und ausgezeichnet dazu geeignet, um daraus »Kartoffelsalat« zu machen. Die »Knödel« und »Klöße« sind nie über den Rhein hinweggekommen. Als echte Manscher haben Niederländer deshalb auch große Probleme mit der Konsistenz der federnden Kloßkugeln; sie lehnen sie ab, weil sie nicht akzeptieren können, daß etwas, das so sehr einer Kartoffel ähnelt, nicht wie eine Kartoffel behandelt werden kann. Deshalb machen sie sich darüber lustig und nennen es typisch deutsch, Kartoffeln erst feinzuraspeln, um davon anschließend wieder eine Art Kartoffel zu modellieren. Noch argwöhnischer stehen sie jedoch den aus Brot hergestellten »Kartoffeln«, den Semmelknödeln, gegenüber.

In der niederländischen Gesellschaft mit ihrer genügsamen, kalvinistischen Lebensauffassung galt in protestantischen Kreisen der Fleischgenuß bis in die 1950er Jahre als Ausgeburt der Eitelkeit: nur am Sonntag kam Fleisch auf den Tisch. Das in dünne Scheiben geschnittene Fleisch wurde den ganzen Tag geschmort, bis es als *draadjesvlees*, als Faserfleisch, auseinanderfiel. Die Prozedur hatte zum Ziel, am Schluß einen großen Topf Bratensaft zu erhalten, der in der Woche danach über den Kartoffel- und Gemüsebrei gegossen wurde. Berühmt, oder vielmehr berüchtigt, ist noch die kleine Kuhle, die Mutter in das Essen drückte. Essen war eine interessante Beschäftigung für niederländische Kinder, denn mit ihrer Gabel konnten sie Kanäle und Brücken in ihrem zermanschten Essen anlegen, um anschließend den Bratensaft hindurchströmen zu lassen. Für ältere Niederländer ist die Selbstverständlichkeit, mit der Deutsche große Stücke Fleisch verdrücken – »Bratstücke«, »Haxen« oder »Eisbein« –, ein ursprünglich sündiger Genuß, dem sie sich noch immer nicht ganz ohne Schuldgefühle hingeben können. Da Niederländer neben den Mineralien und Vitaminen aus dem Gemüse auch noch Kalk und Fette benötigen, sind sie Weltmeister im Konsum von Milch und *toetjes* (Desserts). Das Wort *toetje* ist ein Understatement; die Verniedlichungsform hat nämlich nichts mit der geringen Menge zu tun, in der man seine Nachspeise zu sich nimmt, sondern sehr viel mehr mit dem Vergnügen, das man beim Essen empfindet. In Deutschland werden die Nachspeisen in winzigen Bechern verpackt, in den Niederlanden kommen Joghurt und *vla* aus Literpackungen, denn ein *toetje* kann nie groß genug sein. *Vla* ist eine großartige und außerordentlich kinderfreundliche Erfindung, ein in gigantischen Zentrifugen hergestellter, dickflüssiger Pudding, der in einer Vielzahl Geschmacksrichtungen erhältlich ist.

Von allen Europäern geben die Niederländer am wenigsten für Essen aus. Schnell und billig ist besser als lecker.

Als ein niederländischer und ein deutscher Betrieb miteinander fusionieren wollten, empfingen die Deutschen ihre neuen niederländischen Verhandlungspartner und servierten mittags ein ausgezeichnetes Vier-Gänge-Menü. Beim Gegenbesuch reichten die Niederländer ihren deutschen Gästen weiche Semmeln und eine Tasse Suppe, die im Stehen gelöffelt wurde. Nachdem die Mitarbeiter des deutschen Unternehmens ein interkulturelles Training absolviert hatten, bekamen ihre niederländischen Kollegen bei der nächstfolgenden Fusionsbesprechung ebenfalls Brötchen mit Suppe.

Auch die geschmacklose niederländische Tomate ist die direkte Folge von billiger Massenproduktion und dem Mangel an Eßkultur. Als die niederländischen Tomatenzüchter entdeckten, daß ihr Produkt in Deutschland nicht nur nach dem Preis, sondern auch nach dem Geschmack beurteilt wurde, war das Kind bereits in den Brunnen gefallen. Die niederländische Tomate galt in ganz Deutschland als »Wasserbombe« und war Zielscheibe allerlei böser Witze.

Was benutzen Niederländer als Wasserbett? Zwei Kisten Tomaten.

Inzwischen haben die erschrockenen Tomatenproduzenten den Geschmack wieder in ihr Produkt hineingezüchtet – mit Erfolg: 2001 wurde die holländische Tomate bei Geschmackskontrollen in Deutschland als die leckerste beurteilt. Es wird wohl noch einige Zeit dauern, bis das deutsche Publikum diesem Urteil aus eigener Erfahrung zustimmen wird, denn in Deutschland steht man Genmanipulationen sehr ablehnend gegenüber und ist – übrigens völlig zu Unrecht – davon überzeugt, daß es sich bei der Tomate aus den Niederlanden um eine »Frankenstein-Tomate« handelt.

Die Konsequenz aus der Unwissenheit, was leckeres Essen ist, und das Verlangen nach preiswerter Nahrung ist das typisch niederländische Essen »aus der Mauer«, d. h. den aus mehrfach gesättigten Fettsäuren bestehenden Snacks, die man sich in speziellen Imbißstuben aus den an einer Zwischenwand angebrachten Klappfenstern »ziehen« kann (die jedoch in der Restaurant- und Konditoreiversion vortrefflich sein können).

Kroketten werden meist aus Fleischragout, Bouillon und Mehl gemacht, in Paniermehl gerollt und anschließend frittiert. In einer kleineren, kugelförmigen Variante werden sie als *bitterballen* bezeichnet und bilden Teil der sogenannten *bitterballengarnituur*, die man als Häppchen beim *borrelen*, also bei Umtrünken aller Art, zu sich nimmt.

Nasi- und *Bami*kugeln oder -scheiben werden aus *Nasigoreng*, gebratenem indonesischem Reis oder *bamigoreng* (gebratenen Nudeln) gemacht und häufig mit *sambal*, einem scharfen indonesischen Gewürz, gegessen.

Frikandellen sind wurstförmige Stücke gebratenen Hackfleischs, die so schmecken, wie sie aussehen. Eine *frikandel speciaal* wird mit Mayonnaise, Ketchup und Zwiebeln gegessen.

Loempia's sind eine Art Pfannkuchen, gefüllt mit einer Mischung aus Gemüse, Ei und Fleisch (chinesische Variante) oder Gemüse und Kräutern (vietnamesische Variante). In Deutschland heißen sie »Frühlingsrollen«. Sie werden mit Sambal oder Chilisauce gegessen.

Niederländer gingen früher nicht oft zum Essen aus, und jetzt, da sie genügend Geld haben und weniger kalvinistisch sind, stellen sich die Mittelklasse-Restaurants mit einer holländisch-französischen Küche im allgemeinen als nicht besonders gut, dafür aber teuer heraus. Weil die niederländische Küche nicht viel hermacht, sind internationale Gerichte und Restaurants überrepräsentiert.

Durch den Zustrom ausländischer Arbeitnehmer und den gestiegenen Wohlstand sind die Eßkulturen sowohl in den Niederlanden als auch in Deutschland internationaler geworden und haben sich einander angeglichen. Dennoch gibt es Unterschiede in den Geschmäckern, beispielsweise was das Brot betrifft: deutsches Brot ist fester und sehr viel intensiver im Geschmack, da es häufig aus Sauerteig und nicht, wie in den Niederlanden, aus Hefeteig besteht. Da das deutsche Brot kräftiger schmeckt, ist auch der Brotbelag, der sogenannte »Aufschnitt«, dicker geschnitten: auf niederländischem Brot kann selbst das dünnste Scheibchen Wurst oder Käse noch seinen Eigengeschmack entfalten. Niederländer empfinden deutsches Brot als zu hart, zu sauer und zu körnig, für die Deutschen ist dagegen das niederländische Brot pappig und ohne Geschmack. Ihnen zufolge gibt es beim niederländischen Brot nur eine Qualitätsnorm: zusammengedrückt muß es innerhalb von acht Sekunden wieder in seine ursprüngliche Form zurückgekehrt sein. Wenn deutsche »Gastarbeiter« in den Niederlanden ihren Heimaturlaub antreten, nehmen sie gern *vla* (cremiger Pudding), Sirupwaffeln und alten Genever mit nach Deutschland; zurück kommen sie mit »gutem Brot«, Knödeln, bestimmten Wurstsorten, deutschem Wein und, in der Adventszeit, Lebkuchen. Niederländische *expats* (»Gastarbeiter«) nehmen *drop* (Lakritzen), *hagelslag* (Schokoladenstreusel) und *pindakaas* (Erdnußcreme) mit nach Deutschland.

Thee en een koekje – Kaffee und Kuchen

Niederländische und deutsche Tee- und Kaffeerituale unterscheiden sich stark voneinander. Deutsche trinken morgens und nachmittags Kaffee oder (auffallend oft Kräuter-) Tee. Was den Tee betrifft: sie haben nicht, wie die Niederländer, spezielle Zeiten dafür, doch wenn sie Tee trinken, kann man davon ausgehen, daß es starker Tee ist; der deutsche Tassenbeutel reicht dagegen in den Niederlanden für die ganze Familie. Niederländer trinken meist einen sehr dünnen Tee, und zwar morgens zum Frühstück und nachmittags um halb vier, wenn die Kinder aus der Schule kommen. Dieses aus England übernommene Teeritual gibt es vor allem im Norden und Westen der Niederlande, im südöstlichen Brabant und Limburg neigt man eher zu Kaffee und Kuchen.

Im allgemeinen gilt jedoch, daß die Niederlande eine ausgesprochene Kaffeekultur haben. Morgens um zehn und abends nach dem Essen bis etwa halb zehn wird überall Kaffee getrunken, egal, ob zu Hause, im Kino oder auf der Arbeit; so ist es undenkbar, daß eine Sitzung oder Arbeitsbesprechung eröffnet wird, bevor nicht der Kaffee auf dem Tisch steht. Kaffee und Smalltalk sind der Schmierstoff im niederländischen Gesell

Koffie met gebak – Eine Verlockung nicht nur für Niederländer.

schaftsgefüge; von daher ist es auch nicht verwunderlich, daß die Niederlande die höchste Kaffeeautomatendichte der Welt haben. Deutsche dagegen lehnen Kaffee nach sechs Uhr abends zumeist ab, denn dann können sie nicht mehr schlafen.

Sonntagsnachmittags ist in ganz Deutschland die Zeit für »Kaffee und Kuchen«. Weil dann jedoch alle Geschäfte dicht sind, hat man für diesen Umstand beim »Ladenschlußgesetz« eine besondere Ausnahme für Bäckereien und Konditoreien geschaffen: sie dürfen auch am Sonntag öffnen. Ist man in Deutschland zu Kaffee und Kuchen eingeladen, erwartet der Gastgeber, daß man viel Appetit mitbringt und den Kuchen bis zum letzten Krümel verspeist. In den Niederlanden ist die Sache etwas komplizierter: hier spielt die *koekjestrommel*, die Keks- oder Gebäckdose, eine zentrale Rolle. Wird man zu einem *kopje koffie*, einer Tasse Kaffee, eingeladen, kommt unweigerlich die Gebäckdose auf den Tisch. Früher reichte man dem Gast die geöffnete Trommel, und er durfte sich ein Plätzchen nehmen – das Kramen nach seiner Lieblingssorte war nicht erlaubt. Anschließend wurde die Trommel wieder zugemacht und wanderte zurück in den Schrank. Heutzutage bleibt die Trommel offen auf dem Tisch stehen, und man darf inzwischen auch mehr als ein Plätzchen nehmen. Gibt es Kuchen oder Torte, beispielsweise zum Geburtstag, sind die einzelnen Stücke abgezählt; bleibt dennoch etwas übrig, wird es in die Tortenschachtel zurückbefördert. Doch auch diese Regel weicht allmählich auf. Auf einer sonntäglichen deutschen Kaffeetafel stehen oft verschiedene, meist selbstgebackene Kuchen und Torten, so daß es nicht bei dem in den Niederlanden obligatorischen Apfelkuchen bleibt, sondern die Gastgeberin sich mit den herrlichsten Obst-, Käse-, Quark-, Schokoladen- und Sahnetorten ein Denkmal setzt – eine enorme Versuchung und ein Kulturschock für den arglosen Niederländer, der an ein einziges Tortenstück gewöhnt ist und nun von seinem deutschen Gastgeber oder der Gastgeberin zur Maßlosigkeit verführt wird.

Erziehung und Bildung

Niederländer sind ein ziemlich lax erzogenes Volk. Eine über die Jahrhunderte hinweg immer wieder gehörte Klage ausländischer Besucher bezieht sich auf die freie Erziehung niederländischer Kinder durch die Eltern. Niederländer, so sagen sie, hätten keine guten Manieren, weil ihr Gleichheitsethos bereits bei den Kindern beginne. Wenn wir den ausländischen Beobachtern glauben dürfen, bleiben niederländische Kinder in den ersten Lebensjahren von jeglicher Disziplin verschont und dürfen tun, wonach ihnen der Sinn steht. Durch den großen Wohlstand im 17. Jahrhundert kam es in den Niederlanden bereits frühzeitig zu einer Trennung von Beruf und Familienleben. Auf Genrebildern jener Tage sieht man, wie niederländische Mütter zu Hause ihre Kinder versorgen. Der britische Historiker Simon Schama weist auf die frühe Domestizierung des niederländischen Vaters und seine Integration in den häuslichen Kreis hin: »Die patriarchalische Familie wird von einem strengen, distanzierten und auf den Fortbestand des Geschlechts fixierten Vater regiert. Vielleicht trifft diese Vorstellung auf adlige Familienverhältnisse oder sogar Bourgeoisfamilien in anderen Kulturen zu, doch bezogen auf die niederländische Bürgergesellschaft ist sie mit Sicherheit irreführend.« Adlige Beobachter klagten nach ihrem Besuch beim Bürgermeister von Alkmaar darüber, daß seine Kinder mit am Tisch aßen und vorzeitig aufstanden. Schockiert erzählten sie, daß ihr Gastgeber seine Frau während des Essens sogar geküßt habe, um ihr für die leckere Mahlzeit zu danken.

Niederländer sind traditionell kinderfreundlich, Kinder bekamen und bekommen im allgemeinen mehr Freiheiten als in anderen Ländern: sie durften und dürfen ungezogen sein. Die junge niederländische Republik betrachtete sich als unschuldig im Vergleich zu den umringenden absoluten Königreichen, und dem lag eine bestimmte Sicht auf das Kind zugrunde, in der das Kind als bei der Geburt unschuldig an den Sünden der Vergangenheit galt. Die Erziehung war darauf gerichtet, diese Unschuld zu bewahren, nicht aber, den Willen des Kindes zu brechen, denn das stand im Widerspruch zur Mäßigung, die ihren Stempel auf die humanistische niederländische Gesellschaft jener Zeit drückte. Im Niederländischen ist ein Kind, das unartig ist, *stout*, was »ungezogen«, »verwegen« und »tapfer« bedeutet und dem hochdeutschen »stolz« verwandt ist. Im Deutschen ist das Kind »böse«, wenn es ungezogen ist, in der Bedeutung von »schlecht«, »dumm« und »verdorben«.

In Deutschland sind Kinder weniger lange Kind als in den Niederlanden und besuchen, je nach Bundesland, bereits ab dem 10. Lebensjahr eine Schule im Sekundarbereich. Den Vorteil dieser relativ frühen Entscheidung über die weitere schulische Laufbahn des Kindes sieht man darin, daß Kinder sich so bereits vor den schwierigen Jahren der Pubertät an ein Schulsystem gewöhnen können, das mehr Selbständigkeit und Disziplin verlangt. Ab dem 16. Lebensjahr sind Kinder als »Jugendliche« auch im Sprachgebrauch keine Kinder mehr. Viele Deutsche haben ein Bild des Kindes, das interessante Übereinstimmungen mit der reformierten, kalvinistischen Sicht auf den Erwachsenen hat: aus deutscher Sicht müssen Kinder zu ihrem »Glück« gezwungen werden, denn sie neigen zum Unvernünftigen bzw. Bösen und sind zum Guten von sich aus nicht in der Lage. Niederländische Grundschulen sind stärker als ihre deutschen Pendants vom Rousseauschen Glauben an das Gute im Kind geprägt. Wenn man dies nur stark genug fördert, braucht man keine disziplinarischen Maßnahmen zu ergreifen. Diese Haltung äußert sich u. a. in der Toleranz gegenüber linkshändigem Schreiben, das in den Niederlanden bereits 1949 offiziell an den Grundschulen akzeptiert wurde. In Deutschland wurde Linkshändigkeit bis vor kurzem noch in den Schulen umtrainiert. Man steuerte bereits in der Wiege dagegen, indem man den Säuglingen alles in das »gute« Händchen gab. Bis heute sieht man in Deutschland daher tatsächlich weniger Linkshänder.

Niederländische Kinder bekommen, anders als in Deutschland, an ihrem ersten Schultag keine Schultüte voller Süßigkeiten, doch dafür brauchen sie auch keinen Ranzen mit Schulbüchern auf ihrem Rücken zu tragen: die Bücher bleiben in der Schule, und es gibt auch keine Hausarbeiten auf. In den Niederlanden besteht eine Schulpflicht ab dem 5. Lebensjahr; Vorschule und Primarstufe sind zu einem Schultyp, der *basisschool* (Grundschule), zusammengefaßt, die im Ganztagsunterricht betrieben wird. Weil die meisten Kinder jedoch bereits an ihrem 4. Geburtstag eingeschult werden, besteht diese Schulform aus acht Klassen. Im 12. Lebensjahr wird über die weitere schulische Entwicklung entschieden. Entweder besuchen die Kinder dann das vierjährige VMBO (*Voorbereidend Middelbaar Beroepsonderwijs* = Hauptschule), das auf eine Berufsausbildung im dualen System oder an beruflichen Vollzeitschulen vorbereitet, das fünfjährige HAVO (*Hoger Algemeen Voortgezet Onderwijs*), das zum Studium an einer Fachhochschule berechtigt, oder das sechsjährige VWO (*Voorbereidend Wetenschappelijk Onderwijs*), das mit der Allgemeinen Hochschulreife abgeschlossen wird. Die Abschlußprüfungen werden in den meisten Fächern zu 50 Prozent von den Schulen und zu 50 Prozent über ein zentrales landesweites schriftliches Examen abgenommen.

Im Jahre 1848 wurde die Unterrichtsfreiheit in den Verfassungsrang erhoben. Folgende Freiheitsrechte wurden definiert:

1. Die »Gründungsfreiheit«, das Recht jedes Bürgers, eine Schule zu gründen. Bedingung ist, daß eine solche Schule innerhalb von fünf Jahren mindestens 300 Schüler haben und auch halten können muß.

2. Die »Richtungsfreiheit«, d. h. die Freiheit des Unterrichts auf religiösem oder lebensanschaulichem Gebiet (70 Prozent der Schulen befinden sich in »privater«, 30 Prozent in staatlicher Trägerschaft). Eine niederländische Schule in privater Trägerschaft ist nicht dasselbe wie eine »Privatschule« in Deutschland, sondern wird wie die öffentlichen Schulen vom Staat finanziert. Protestanten, Katholiken und Juden besitzen traditionell ihre eigenen Schulen, doch auch andere Religionen und Weltanschauungen haben inzwischen die Richtungsfreiheit entdeckt: Anthroposophen,

Moslems, Hindus, Rosenkreuzer und sogar die Transzendental
Meditierenden. Staatliche Schulen erteilen, anders als die konfessionellen Schulen, keinen Religionsunterricht.
3. Die »Einrichtungsfreiheit« bietet den Schulen die Möglichkeit,
ihren Lehrplan nach dem eigenen pädagogischen Modell zu ge-
stalten. Nicht der Bildungsminister, sondern die Lehrer gemeinsam mit den Eltern entscheiden also darüber, wie unterrichtet
wird. Deshalb herrscht auch völlige Lehrmittelfreiheit, d. h. die im
Unterricht benutzten Bücher und Materialien müssen nicht vom
Ministerium genehmigt worden sein.

Aufgrund dieser Freiheiten herrscht eine starke Konkurrenz unter den Schulen. Wenn eine Schule Unterricht anbietet, der bei
den Eltern nicht ankommt, wird sie feststellen, daß sie über kurz
oder lang keine Schüler mehr hat; Schulen in den Großstädten,
denen es in den 1970er und 80er Jahren nicht gelungen war, den
Übergang vom klassischen zum individuellen Unterricht zu be-
werkstelligen, wurden von erfolgreicheren »konkurrierenden«
Nachbarschulen regelrecht »aufgefressen«. So kam es zu einer
großen Bandbreite an pädagogisch-didaktischen Ansätzen und
entsprechenden Schulen nach der Montessori-, Dalton- oder
Jenaplan-Methode bzw. Mischformen daraus.
Im zweisprachigen »Vademekum für deutsch-niederländische
Schulpartnerschaften« heißt es, daß deutsche Besucher niederländischer Schulen immer wieder feststellen, »daß die Schule
außen und innen bunter und die Atmosphäre lockerer, entspannter ist als an deutschen Schulen – und zwar sowohl zwischen
Schulleitung und Lehrerkollegium als auch zwischen Lehrern
und Schülern.« Den Grund hierfür sieht man im kollegialen Umgang miteinander: »Generell duzen Schulleitung und Lehrer sich
und die Schüler, und an manchen Schulen dürfen die Schüler auch
die Lehrer duzen. [...] Zudem ist in den Niederlanden das soziale
Denken und Handeln sehr stark ausgeprägt: Schulleiter räumen
selbstverständlich auch Kaffeetassen weg; Lehrer achten besonders darauf, daß ein breites Mittelfeld im Unterricht gut voran-
kommt.« Als negativ wird beurteilt, »daß der Unterricht vor
allem im Sekundarbereich immer noch lehrerzentriert und fron-
tal abgehalten wird. Dabei orientiert sich der Lehrer fast ausschließlich an dem Lehrbuch, das deshalb auch bezeichnender-
weise *methode* genannt wird.«
In der Sekundarstufe müssen die Lehrmittel von den Schülern

selbst bezahlt werden. Ab dem 16. Lebensjahr, wenn die Schulpflicht erlischt, müssen niederländische Schüler Schulgeld bezahlen (gut 850 Euro pro Jahr). In Deutschland ist zumindest die Bildung, also der Schulbesuch, gratis; die Kosten für Lehrmittel
müssen vielfach von den Schülern selbst getragen werden; auch
die Immatrikulationsgebühren an den Universitäten sind verhältnismäßig niedrig. Unterricht wird in Deutschland als eine
»Investition in Bildung« betrachtet und nicht nur als Möglichkeit, später gut zu verdienen. Niederländische Studenten ohne
staatliches Stipendium zahlen derzeit etwa 1400 Euro Studiengeld pro Jahr.

Das duale System der Berufsausbildung steht in den Niederlanden nur den VMBO-, d.h. Hauptschulabsolventen offen, nicht
aber denen mit einem HAVO- oder VWO-Abschlußzeugnis. Weil
die niederländische Wirtschaft sich nicht an der Finanzierung der
beruflichen Erstausbildung von HAVO- und VWO-Absolventen
beteiligen will, geht diese voll zu Lasten des Steuerzahlers. Als die
niederländische Tochter der Deutschen Bank in den 1990er Jahren eine Gruppe Bankkaufleute nach deutschem Modell ausbil-
dete, wurden diese mit Dank an die Deutsche Bank von der niederländischen Konkurrenz »weggekauft«.

In den niederländischen Geistes- und Sozialwissenschaften
dauert ein Studium vier Jahre, in den Naturwissenschaften fünf
und in Medizin sechs Jahre. Pro Studienjahr können die Studenten 42 »Studienpunkte« sammeln; wer am Ende des Jahres weniger als 21 Punkte hat, muß die Studienbeihilfe (200 Euro pro
Monat) bzw. das staatliche Stipendium (400 Euro im Monat zu-
züglich Studiengeld) für das gesamte Jahr zurückzahlen, sobald
er dazu finanziell in der Lage ist. Früher gab es ein System der »ge-
wichteten Auslosung« von Studienplätzen: Schüler mit Spitzen-
zeugnissen, die ein Numerus-clausus-Fach studieren wollten, erhielten zwar höhere Chancen bei der Verlosung, waren bei der
Vergabe von Studienplätzen aber natürlich immer noch stark
dem Zufall ausgeliefert. Inzwischen hat man – sehr behutsam –
ein Auswahlverfahren für Numerus-clausus-Fächer wie etwa
Allgemein-, Zahn- und Veterinärmedizin eingeführt, bei dem die
hellen Köpfe Vorrang erhalten.

In Deutschland werden Studiengebühren als ein sozialer Nu-
merus clausus betrachtet und sind von daher tabu. Die Folge ist,
daß deutsche Universitäten zu den überfülltesten in ganz Europa

gehören. In den Niederlanden ist der Abstand zwischen Professoren und Studenten kleiner, vor allem auch deshalb, weil mehr
Dozenten auf einen Studenten kommen (das Verhältnis liegt bei
1 zu 7). Dadurch ist der Kontakt untereinander enger, es können
mehr Praktika angeboten werden, der Dozent kann stärker auf
den einzelnen, vor allem schwächeren, Studenten eingehen, und
das ganze System ist verschulter. Die Vorteile für den Durch-
schnittsstudenten liegen auf der Hand, doch es ist ein deutlicher
Nachteil, daß man sich, verglichen mit Deutschland, weniger
stark zu profilieren braucht. Weil in Deutschland 20 Studenten
auf einen Dozenten kommen, die Studenten stärker um Aufmerksamkeit kämpfen müssen und das Universitätsstudium theoreti-
scher ist und länger dauert, ist das akademische Profil der Hoch-
schulabsolventen oft schärfer.

Deutscher Humor?

Über Altkanzler Kohl erzählt man sich, daß er einmal von einer
Journalistin des amerikanischen Wochenblatts »Newsweek« gefragt wurde, ob es stimmte, daß die Deutschen ignorant, gleichgültig und humorlos seien. »Ach, ich weiß es nicht«, antwortete Kohl,
»und es ist mir auch egal. Darüber kann ich nicht mal lachen.«

Menschen, die behaupten, andere hätten keinen Sinn für Humor,
finden meist, daß sie selbst in besonders hohem Maße darüber
verfügen. Für solche Zeitgenossen befinden die Deutschen sich
alle auf dem Niveau des Ohnsorg-Theaters, des platten Witzes
und des »Ein bißchen Spaß muß sein«. Die Probleme der Deutschen im Umgang mit Humor haben eine lange Tradition. Schon
in Goethes »Wilhelm Meisters Lehrjahre« heißt es: »Es sitzt im
Charakter der Deutschen, daß sie alles schwermütig stimmt und
sie alles tragisch nehmen.« Norbert Elias sucht die Erklärung in
der gewalttätigen Vergangenheit der deutschen Nation: »Die
Deutschen haben so oft Prügel bekommen, daß sie zu Humor und
Selbstspott einfach nicht in der Lage sind.« Der deutsche Humo-
rist Loriot sieht es ähnlich: »Es ist sicherlich falsch zu behaupten,
daß die Deutschen weniger Humor haben als andere. Wahrscheinlich ist es so, daß unser Selbstbewußtsein leichter zu er-
schüttern ist. Es macht uns verletzlich, wenn wir uns nicht ernst-
genommen fühlen.«

Über die Humorlosigkeit der Deutschen wird vor allem von Leuten geklagt, die beruflich viel mit Deutschland zu tun haben. Wenn es um wichtige Dinge geht, dulden Deutsche keinen Smalltalk, kein »Geplauder«; sie finden das unpassend und unprofessionell. Es ärgert sie, wenn bei geschäftlichen oder sonstwie ernsthaften Gesprächen ironische Bemerkungen oder Scherze gemacht werden. »Dienst ist Dienst, und Schnaps ist Schnaps«, sagt man in Deutschland und meint damit, daß Ernst und Humor sich nicht vertragen. Humor könnte die Distanz in einer unangenehmen Situation überbrücken und eventuelle hierarchische Unterschiede relativieren, und ob das der Gesprächspartner will, ist oft die Frage. Die folgende Anekdote mag dies verdeutlichen:

Ein Student aus Aachen ist mit seinem Auto unterwegs und sieht zufällig seine Freundin auf der Straße gehen. Er hupt, um sie auf sich aufmerksam zu machen. Das hört ein Polizist und fragt ihn, ob er nicht wisse, daß Hupen innerhalb geschlossener Ortschaften verboten sei. Der Student erklärt den Grund seines Hupens, doch es hilft nichts: er muß zehn Mark Bußgeld zahlen. Er holt einen 20-Mark-Schein hervor, doch der Polizist kann nicht wechseln. Daraufhin drückt der Student noch einmal auf die Hupe und sagt: »Stimmt so.« Dieser Scherz trägt ihm ein Gerichtsverfahren und 600 Mark Strafe wegen Beamtenbeleidigung ein!

Deutsche wirken durch ihr Verhältnis zum Humor schwermütig und allzu ernsthaft. Hinzu kommt, daß sie durch ihre Direktheit und ihr Bedürfnis, alles in Sprache zu fassen und zu verdeutlichen, weniger empfänglich für Mimik, Gebärdensprache, Understatement, doppelte Böden und Ironie sind. Wenn jedoch auch viele Deutsche selbst davon überzeugt sind, daß die »deutsche« Form des Humors eher zum Weinen ist, wie können dann Nichtdeutsche vom Gegenteil überzeugt werden? »Humor ist, wenn man trotzdem lacht«, sagt ein altes deutsches Sprichwort. »Deutscher Humor ist, wenn man trotzdem *nicht* lacht«, präzisierte der 1970 verstorbene Schriftsteller Sigismund von Radecki. Aber die Deutschen sind natürlich keineswegs humorlos. Vielleicht läßt sich das allgemeine Vorurteil noch am ehesten bekämpfen, indem man Gegenbeispiele liefert. Deutschland hat eine Reihe ausgezeichneter Satiriker, Dichter und Publizisten mit Sinn für Humor: Georg Christoph Lichtenberg, Heinrich Heine, Christian Morgenstern, Kurt Tucholsky, Karl Valentin, Erich

Kästner, Wolfgang Neuss, Bernd Eilert, Robert Gernhardt oder F. W. Bernstein, um nur einige zu nennen. Und es gibt eine Vielzahl höchst geistreicher und witziger Zeichner und Cartoonisten: Wilhelm Busch, Loriot, Chlodwig Poth, Franziska Becker, Marie Marcks, Gerhard Seyfried, Guido Sieber, Ralf König, Eugen Egner, Bernd Pfarr, F. K. Waechter, Hans Traxler oder Heiko Sakurai. Solange in Deutschland also Texte wie der folgende geschrieben werden, ist es um den Humor in Deutschland keineswegs schlecht bestellt. Nach der deutschen Niederlage gegen die niederländische Mannschaft bei der Fußballeuropameisterschaft im Jahre 1988 erschien aus der Feder von Peter Knorr der Beitrag »Hallo Holland!«, veröffentlicht in der Satirezeitschrift »Titanic«. In der Reihe: »Wir beleidigen kleine Nachbarvölker« schrieb er das folgende über die Niederländer:

»Kaum hatten sie sich mit ein paar aus versklavten Urwaldkolonien geraubten Fußballspielern die Europameisterschaft ergaunert, begannen die Holländer [...] die unterlegenen Kicker-Nationen auf das schäumendste zu verhöhnen und zu beleidigen. Vor allem und mit Inbrunst natürlich die Deutschen. Es handele sich hierbei um alte ›antideutsche Ressentiments‹, wurde später, gewissermaßen entschuldigend, erklärt. Dieser verheerende Mangel an Originalität – schließlich kann niemand auf der Welt, der seine sieben Zwetschgen beisammen hat, die Deutschen leiden, ja nicht einmal die Deutschen mögen die Deutschen – diese emotionsgeladene Großbanalität brachte immerhin ein Phänomen zutage:
Dem offenbar seltenen Zustand sieghaften Glückes [...] verleiht der Holländer gerne musikalischen Ausdruck in Form von Haß-Gesängen. Gefühlsdialektisch weniger kompliziert und gänzlich unmusikalisch verhielt sich dagegen nach dem Fußball-Sieg über Deutschland der holländische Spieler Ronald Koeman. Er tauschte sein Trikot mit Olaf Thon, rannte mit dem [...] Textil zur holländischen Fan-Kurve, wischte sich dort [...] mit dem Hemd den Hintern ab und sagte später stolz: ›Diese Geste war ausdrücklich für das deutsche Volk bestimmt.‹
Da wir mit dem Naardener Flügel der niederländischen Verständnissoziologie durchaus der zu erwartenden Meinung sind, daß es sich bei dieser Geste um einen begrüßenswerten, weil reinigenden Akt internationaler Volksseelen-Hygiene handelt, ist den niederländischen Eingeborenen-Stämmen natürlich zu wünschen, daß sie [...] noch ausreichend Gelegenheit erhalten, im koemännischen Stile auf sich aufmerksam zu machen. In Europa weiß man einfach zu wenig über sie.«

Lebendiger Austausch

Trotz aller Gegensätze und Mißverständnisse zwischen Deutschland und den Niederlanden: sieht man sich die gegenseitigen Beziehungen auf politischer, wirtschaftlicher, kultureller oder auch auf privater Ebene an, muß man feststellen, daß das Verhältnis zwischen den beiden Nachbarn alles andere als schlecht ist.

Im Grenzgebiet hat die deutsch-niederländische Zusammenarbeit bereits seit vielen Jahren konkrete Gestalt angenommen. Dies ist vor allem das Verdienst der ab den 1970er Jahren entstandenen, mittlerweile sechs »Euregios«: der »euregio Maas-Rhein« mit Sitz in Aachen, Maastricht und Lüttich; der »euregio rhein-maas-nord« mit Sitz in Mönchengladbach; der »Euregio Rhein-Waal« mit Sitz in Kleve; der (ältesten) »EUREGIO« mit Sitz in Gronau und Enschede; der »Ems-Dollart-Regio« mit Sitz in Nieuwenschans und Emden sowie der »Neuen Hanse-Interregio« mit Sitz in Oldenburg/i.O. »Euregios« sind grenzüberschreitende Zusammenschlüsse von Gebietskörperschaften (Städte, Gemeinden und Kreise) sowie regional operierenden Organisationen wie z.B. den Wirtschaftskammern beiderseits der Grenze.

Konkret geht es in der Zusammenarbeit um die gemeinsame Infrastrukturentwicklung insbesondere den Ausbau des grenzüberschreitenden öffentlichen Nahverkehrs –, eines echten Sorgenkinds in der Grenzregion –, um grenzüberschreitende Arbeitsmobilität und die Zusammenarbeit im Bildungssektor, um Maßnahmen im Umweltschutz und um den Kulturaustausch in jedweder Gestalt. Gemäß der Philosophie, daß Europa zunächst einmal an seinen Grenzen zusammenwachsen muß, werden die deutsch-niederländischen Euregios – wie die übrigen Euregios in der EU auch – großzügig über das sogenannte Interreg-Programm der Europäischen Union gefördert. Trotz der hier und da immer noch existierenden Vorbehalte zwischen Niederländern und Deutschen – bzw. den Vertretern der Körperschaften und

217

Organisationen, die sich in den Euregios zusammengeschlossen haben – läßt sich ein zunehmendes Aufeinanderzugehen der beiden Seiten beobachten, das inzwischen zu einer Vielzahl von Aktivitäten und Kontakten geführt hat. Ein Beispiel hierfür ist die Initiative der Euregio Rhein-Waal, in Kooperation mit weiteren Euregios einen Hochschulverbund zwischen deutschen, niederländischen und belgischen Universitäten zu initiieren, der die Grundlage für die Entwicklung eines grenzübergreifenden Europa-Studiengangs bilden soll.

Das bilaterale Handelsvolumen Deutschlands und der Niederlande lag im Jahre 2001 bei 86 Milliarden Euro und ist damit eines der größten der Welt. Wirtschaftlich betrachtet ist Deutschland mit einem Anteil von 26 Prozent am niederländischen Gesamtexport und 18 Prozent des Imports (Angaben von 2000) der mit Abstand wichtigste Handelspartner der Niederlande. Die Orientierung auf das Bundesland Nordrhein-Westfalen ist mit 36 Prozent Export bzw. 27 Prozent Import noch immer sehr ausgeprägt, jedoch nicht mehr so stark wie in den 1980er Jahren. Als Exportpartner sind die Niederlande von Platz drei in den 90er Jahren inzwischen auf den fünften Platz in der deutschen Handelsbilanz abgerutscht, hinter Frankreich und die USA, doch nahezu auf gleicher Höhe mit Großbritannien und Italien. Deutschland importiert die meisten Waren aus Frankreich, doch die Niederlande folgen auf Platz zwei. Deutsche denken bei niederländischen Produkten zunächst an Blumen und Käse – und das zu Recht: drei Viertel des gesamten deutschen Pflanzenimports und die Hälfte des eingeführten Käses kommen in der Tat aus den Niederlanden. Dennoch bilden Gartenbau- und Milchprodukte mit 25 Prozent keineswegs den größten Anteil am niederländischen Export nach Deutschland; den nehmen nämlich, mit 75 Prozent, Industrieprodukte ein, zu denen auch Erdgas (20 Prozent) gezählt wird.

Nach den USA zählen die Niederlande zu den größten Investoren in Deutschland, während die deutschen Investitionen in den Niederlanden – nach den USA, Großbritannien und Belgien – immerhin den vierten Platz einnehmen. Die engen Verflechtungen der beiden Volkswirtschaften zeigen sich unter anderem an der Zahl deutscher Unternehmen mit einer Tochter in den Niederlanden (2 500), wohingegen es allein in Nordrhein-Westfalen bereits 1 400 Tochterfirmen niederländischer Unternehmen gibt.

»Made in Germany« steht nicht nur bei deutschen Autobesitzern für Qualität: auch Niederländer fahren vorzugsweise deutsche Autos. Die drei beliebtesten Automarken entstammen deutschem Fabrikat – Mercedes (10,6 Prozent), Volkswagen (10,3 Prozent) und Opel (9,6 Prozent). Diese Autos bestehen jedoch zu einem nicht unwesentlichen Teil aus niederländischen Fahrzeugteilen, da die Niederlande zu den wichtigsten Zuliefererländern deutscher Automobilproduzenten gehören. Kunststoffstoßdämpfer, Zubehörteile aus Polyester und Extras wie Schiebedächer werden oft von niederländischen Betrieben geliefert.

Mit 9,7 Prozent liegt die Arbeitslosenquote in Deutschland sehr viel höher als in den Niederlanden, wo nur 2,9 Prozent der Erwerbspersonen arbeitslos gemeldet sind. Dennoch arbeiteten im Jahre 2001 sehr viel mehr niederländische Grenzpendler in Betrieben auf der deutschen Seite der Grenze (12 590) als umgekehrt, wenngleich die Zahlen auch leicht rückläufig sind. Der berufliche Pendlerstrom aus Deutschland in Richtung Niederlande ist dagegen in den letzten Jahren beträchtlich angewachsen: von knapp 3 000 im Jahre 1999, über etwa 5 000 im Folgejahr bis auf fast 8 000 im Jahr 2001. Durch die anhaltende Arbeitslosigkeit und den Ausschluß älterer Arbeitnehmer vom Arbeitsmarkt in Deutschland ist vor allem bei dieser Gruppe ein Mentalitätswandel zu beobachten. Wer in Deutschland über 50 und arbeitslos ist, hat nahezu keine Chance mehr, eine neue Stelle zu finden und ist daher eher bereit, seine Erwartungen und Forderungen zurückzuschrauben: lieber für ein paar hundert Mark weniger in den Niederlanden arbeiten, als ohne Beschäftigung zu Hause sitzen. Man sieht das »Abenteuer Holland« als eine Art letzte Chance, auch und gerade in den neuen Bundesländern, wo gegenwärtig ältere Baufacharbeiter für einen Job in den Niederlanden qualifiziert werden.

Im Jahre 2001 lebten in den Niederlanden etwas mehr als 16 Millionen Menschen – also ein Fünftel soviel wie in Deutschland –, davon 2,3 Millionen ethnische Minderheiten (14,5 Prozent). Von den Ausländern sind 398 800 Deutsche (106 405 davon in der ersten Generation – 41 595 Männer und 64 810 Frauen). Damit bilden sie nach den Indonesiern, aber noch vor den Türken, Surinamern und Marokkanern die stärkste Gruppe in den Niederlanden.

Die Zahl deutscher Frauen in den Niederlanden liegt um

50 Prozent höher als die ihrer männlichen Landsleute. In Deutschland dagegen leben 20 Prozent mehr niederländische Männer als Frauen. Die deutsch-niederländische Grenze übt also, statistisch gesehen, vor allem eine starke Anziehungskraft auf deutsche Frauen aus, die mit niederländischen Männern zusammenleben.

In den offiziellen niederländischen Statistiken werden alle Ausländer als »Allochtone« bezeichnet, doch in der Praxis werden lediglich die 50 Prozent der in den Niederlanden lebenden Ausländer so genannt, die aus Dritte-Welt-Ländern stammen oder eine nichtweiße Hautfarbe haben. Auch dunkelfarbige surinamische Niederländer werden deshalb von vielen weißen Niederländern – völlig zu Unrecht – als »Allochtone« betrachtet. Wer aus einem westlichen Land oder aus Japan kommt, gilt im Volksmund nicht als »allochton«, sondern als *vreemdeling* (Fremder) oder »Ausländer« – selbst hochqualifizierten »Allochtonen« mit einer gutdotierten Stelle kann es in den Niederlanden ohne weiteres passieren, als *vreemdeling* angesprochen zu werden. Der einst als neutrale soziologische Bezeichnung eingeführte Begriff »allochton« hat inzwischen eine abwertende Bedeutung erhalten.

Deutschland hat 82,1 Millionen Einwohner, davon 7,3 Millionen Ausländer (8,9 Prozent). Etwa 60 Prozent von ihnen sind das, was Niederländer »Allochtone« nennen würden. Die größten Gruppen unter den Ausländern bilden die Türken mit fast zwei Millionen, Bürger aus dem ehemaligen Jugoslawien (662 000), Italiener (619 000), Griechen (365 000) sowie Bevölkerungsgruppen aus den übrigen südeuropäischen Ländern, die in den 1960er Jahren mit der ersten Welle von Gastarbeitern nach Deutschland kamen. Niederländer belegen mit insgesamt 111 000 Personen (davon allein 70 000 in Nordrhein-Westfalen!) erst den 12. Platz, dicht hinter den US-Amerikanern und den Briten, aber noch vor den Franzosen.

Niederländer und Deutsche leben und wohnen nicht nur gern im Land des jeweils anderen – sie verbringen dort auch mit Vergnügen ihre Ferien. Zwar ist Frankreich für die Niederländer mit zwei Millionen Besuchern, die dort jährlich ihren Urlaub verbringen, sowie weiteren 620 000 Kurzvisiten noch etwas populärer, doch Deutschland nimmt mit 1,26 Millionen niederländischer Langzeitgäste und 630 000 Kurzurlaubern einen guten zweiten Platz ein. Die Niederländer stellen in Deutschland mit 5,53 Millionen Übernachtungen die größte Touristengruppe, noch vor den Amerikanern mit 4,2 Millionen und den Briten mit 3,5 Millionen Übernachtungen. Als Touristen suchen sie in Deutschland die Ruhe und Beschaulichkeit einer nicht allzu rauhen Natur, der Berge mit ihrem angenehmen, gerade noch bewanderbaren Format, und sie genießen die Kultur, die hübschen Städte und Dörfer, die ausgezeichnete Infrastruktur, die angenehmen Preise, das süffige Bier, den herrlichen Wein und das gute Essen, die relativ starke Ähnlichkeit mit dem eigenen Land und die zugleich großen Unterschiede zwischen Nord und Süd, West und Ost. Deutschland ist mit 717 000 Fahrten auch das beliebteste Ziel niederländischer Reisebusse. Und jedesmal wieder spielt die Sprache eine Rolle bei der Entscheidung für Deutschland. Denn auch wer als Niederländer keine Fremdsprache spricht, findet sich in Deutschland immer noch gut zurecht. Dasselbe gilt auch für den deutschen Touristen in den Niederlanden. Man muß die Sprache nicht sprechen können, um zu erkennen, was die einzelnen Wörter bedeuten. Eine gute Voraussetzung für die anhaltende Nähe der Menschen beider Länder.

Das »annus horribilis« 2002

Noch im Januar 2002 schien mit dem niederländischen Poldermodell alles in bester Ordnung zu sein. Die sozialliberale Regie-
rungskoalition hatte die Staatsverschuldung zu einem Großteil
abbezahlt und eine Beinahe-Vollbeschäftigung erreicht. Alle Pro-
gnosen zeigten, daß die zufriedenen Bürger dies bei den anstehen-
den Parlamentswahlen auch entsprechend honorieren würden.
Der niederländische Bürger machte sich vor allem darüber Sorgen, wohin er im Sommer in die Ferien fahren sollte. Nur bei
wenigen hatte sich die Einsicht durchgesetzt, daß es mit der »Poldermodell«-Wohlfahrt in diesem reichen Land – mit einem Brut-
tosozialprodukt, das ebenso groß war wie das von Rußland –
nunmehr zu Ende ging. Denn dieser Wohlstand fußte zu einem
nicht unwesentlichen Teil auf einer gigantischen Luftblase am
Immobilienmarkt. Der Wert des Immobilienbesitzes hatte sich im
vorangegangenen Jahrzehnt verdoppelt. Hauseigentümer rech-
neten sich reich, erhöhten ihre Hypotheken um die Wertsteige-
rung des Hauses und steckten das so »verdiente« Geld in den
Konsum oder kauften sich davon Aktien. Doch inzwischen ist der
Immobilienmarkt genau wie der Aktienmarkt eingebrochen; für
viele hat sich die Hypothek auf scheinbar vorteilhaftes Wohnei-
gentum zu einem Mühlstein an ihrem Hals entwickelt. Und auch
die Arbeitslosigkeit ist wieder, und zwar dramatisch, im Steigen
begriffen.

Das Jahr 2002 wird heute – in Anlehnung an das Schreckensjahr
1672, als die Republik der Niederlande durch die Großmächte
jener Zeit vom Land und vom Meer her angegriffen und belagert
wurde und in dem es den letzten politischen Mord gab – auch das
annus horribilis 2002 genannt. Eine Reihe schockierender Ereignisse hat die Niederländer zu diesem Begriff bewogen. Im März
2002 übernahm das Kabinett Kok durch seinen Rücktritt end-

lich die Verantwortung für die Tragödie von Srebrenica, wo 1995 im Beisein niederländischer Blauhelme Tausende männlicher bosnischer Moslems durch serbische Truppen verschleppt und anschließend ermordet wurden. Es war eine symbolische und auch etwas heuchlerische Geste, denn die vierjährige Amtszeit des Kabinetts hätte ohnehin zwei Wochen später geendet. Im Mai wurde der Rechtspopulist Pim Fortuyn ermordet, und es folgte eine große Zahl von Korruptionsaffären, die jeder Bananenrepublik zur Ehre gereicht hätte.

Was war geschehen? Im Herbst 2001 hatte sich der extrovertierte, reaktionäre Populist Pim Fortuyn aus dem Nichts mitten in die politische Arena hineinkatapultiert. Nachdem vorangegangene Versuche, bei größeren und kleineren politischen Parteien Fuß zu fassen, gescheitert waren, gründete er kurz vor den Mai-Wahlen im Eiltempo eine eigene Partei, die *Liste Pim Fortuyn*. In seinem politischen Programm versprach er – neben dem Bau von Autobahnen, um dem Verkehrschaos Herr zu werden –, für Ruhe und Ordnung zu sorgen. Unter dem Kampfruf: »Das Boot ist voll!« wollte er die Einwanderung von Flüchtlingen aus der Dritten Welt zu stoppen. Damit durchbrach er ein Tabu, das es verbot, die multikulturelle Gesellschaft in Frage zu stellen, die nach Ansicht der drei großen Parteien in den Niederlanden – der sozialdemokratischen PvdA, der rechtsliberalen VVD und der christdemokratischen CDA – eine historische Tatsache war. Eine ganze Reihe von Kabinetten – ob christlich-sozial, christlich-liberal oder, wie in der Phase des Poldermodells, sozialliberal – hatte jahrzehntelang Milliarden für die Ausländerpolitik ausgegeben, doch bei der Integration der Einwanderer war man nicht wirklich vorangekommen.

In den Wohnvierteln mit hohen Ausländeranteilen, wo man das Fiasko dieser Integrationspolitik besonders deutlich spüren konnte, wurde der Außenseiter Fortuyn mit seiner »Das Boot ist voll«-Parole auf Anhieb zum gefeierten Mann - »Pim sagt, was wir denken!« In den Niederlanden leben fast 20% Ausländer, in einigen Wohngegenden, vor allem in den großen Städten im Westen des Landes, liegt der Anteil sogar bei 50 oder gar 80%. Mit seinem Programm gelang es Fortuyn, vor allem ehemalige Nichtwähler (30% der LPF-Wähler) und Menschen aus den unteren sozialen Schichten an sich zu binden. Aber auch gut ausgebildete

Fachkräfte aus den Neubauvierteln wußte er mit seinen Versprechungen zur Modernisierung der Verwaltung, zur Wiederherstellung basisdemokratischer Strukturen (z. B. die Direktwahl der Bürgermeister, der Kommissare der Königin und der Ministerpräsidenten), zur Reform des Gesundheits- und Bildungswesens sowie zur Verbesserung des Öffentlichen Personenverkehrs für sich zu gewinnen. Er suchte die Konfrontation mit den drei großen etablierten Parteien und versprach, der durch sie beförderten Vettern- und Günstlingswirtschaft ein Ende zu setzen. Außerdem sprach er sich für ein präsidiales Regierungssystem nach amerikanischem Vorbild aus.

Pim Fortuyn bekannte sich öffentlich zu seiner Homosexualität, ließ sich mit zwei Schoßhunden im Arm in einem Bentley mit Chauffeur herumfahren, hielt sich zu Hause einen Butler und lief in Maßanzügen herum, die vom selben Schneider gefertigt wurden, der auch die männlichen Mitglieder des Königshauses ausstattete. Bevor er in die Politik ging, verdiente er sich in den 90er Jahren sein Einkommen als Kolumnist des rechten Wochenmagazins *Elsevier* bzw. als Hauptredner auf Konferenzen des Mittelstands. In Interviews kokettierte er mit seinen homophilen Neigungen und gab dabei gern Persönlich-Intimes preis. So enthüllte er etwa in einer TV-Show, daß Ejakulat nach Kräuterbranntwein schmecke. Und ihm zufolge bedeute seine »Das Boot ist voll«-Parole nicht, daß er antiislamisch oder ausländerfeindlich sei, denn schließlich ginge er ja selbst mit Moslems und Ausländern ins Bett.

Mit seiner *LPF* gelang es Fortuyn innerhalb kürzester Zeit, in den Wahlprognosen zur stärksten Partei aufzusteigen. Er erwies sich als politischer Marktschreier ersten Ranges, der die direkte Konfrontation suchte, die Sprache der Fußballstadien beherrschte, stets die Lacher auf seiner Seite hatte und nie um einen Spruch verlegen war. Die Wahlkampfdebatten im Fernsehen erzielten hohe Zuschauerquoten, und das Publikum genoß die gänzlich unniederländische Art, in der sich die politischen Gegner plötzlich gegenseitig attackiert – wobei Fortuyn fast stets den Sieg davontrug.

Es kam zu einer unvorstellbaren politischen Polarisierung, die am 6. Mai 2002 im Mord an Fortuyn gipfelte, verübt von einem Umweltaktivisten. Die Anhänger des Rechtspopulisten sahen linke Politiker und Medien als die eigentlichen Anstifter des Mordes, mit der Folge, daß Minister, die bis dahin allein mit dem Fahrrad zur Arbeit gefahren waren, sich nun mit Bodyguards umgaben.

Die Wahlen am 15. Mai erwiesen sich als eine Art große Trauerbekundung. Anderthalb Millionen Niederländer gaben dem toten Spitzenkandidaten der LPF ihre Stimme und lösten damit einen politischen Erdrutsch aus: die LPF wurde mit 26 von insgesamt 150 Sitzen zur zweitstärksten Partei im Parlament. Die sozialdemokratische PvdA und die rechtsliberale VVD, die bis dahin die Regierung gestellt hatten, verloren fast die Hälfte ihrer Wähler, während die oppositionellen Christdemokraten von der CDA starke Stimmenzugewinne erzielten.

Im Ausland wurde Fortuyn mit Rechtsextremisten wie Haider, Le Pen und Dewinter vom belgischen *Vlaams Blok* verglichen. Auch in den Niederlanden galt die LPF als rechts, nicht aber als rechtsextremistisch. Um eine Radikalisierung zu vermeiden, griff man zu einem probatem Mittel und ließ die ohne Fortuyn führungslose LPF sich ihre Zähne an den Widrigkeiten des politischen Alltagsgeschäfts ausbeißen. Denn gegen Regeln anzugehen ist einfacher als sie aufzustellen und durchzusetzen. Die LPF wurde im neuen Mitte-Rechts-Kabinett des Christdemokraten Balkenende an der Macht beteiligt und zerbrach daran.

Pim Fortuyn hatte vor seinem Tod noch wissen lassen, daß er seine Kandidatenliste auf eine eigentlich unverantwortlich schnelle Weise zusammenstellen musste, um landesweit überhaupt an den Wahlen teilnehmen zu können. Viele der Leute auf seiner »Notliste« hielt er selbst für »Brennholz« bzw. für »faule Äpfel«, die er nach den Wahlen so rasch wie möglich wieder loswerden wollte. Bei den Abgeordneten der LPF handelte es sich oft um Seiteneinsteiger, von denen die meisten keinerlei politische Erfahrung hatten und einige sich sogar, wie sich später herausstellte, ihren Sitz gekauft hatten. So war es kein Wunder, daß die LPF-Fraktion einen zusammengewürfelten Haufen streitsüchtiger Glücksritter bildete, die überwiegend ihre persönlichen Interessen im Parlament vertraten. Die Streitereien in der Fraktion ergriffen auch die LPF-Mitglieder im Kabinett. Der Zustand wurde untragbar, und nach 87 Tagen zogen CDA und VVD die Notbremse. Das Kabinett, das nach seinem Premier auch der »Zirkus Balkenende« genannt wurde, fiel auseinander.

Bei den Neuwahlen im Januar 2003 verlor die LPF 18 ihrer 26 Sitze und schrumpfte damit auf das in den Niederlanden übliche Niveau einer Protestpartei; die drei großen Parteien erzielten wieder ihre normalen Wahlergebnisse. Die Wähler schienen die Nase voll zu haben von dem politischen Durcheinander. Sie wollten Ruhe im Karton, und wo ließ sich diese besser finden als in der vertrauten Dreistromlandschaft aus Christdemokraten, Sozialdemokraten und Liberalen.

Volkert van der Graaf, der Mörder Pim Fortuyns, wurde am 15. April 2003, also fast genau ein Jahr nach der Tat, zu 18 Jahren Haft verurteilt, von denen er mindestens 12 verbüßen muß. Die Anhänger Fortuyns hatten gehofft, daß das Gericht der Forderung des Staatsanwalts folgen und die Höchststrafe – lebenslang ohne die Möglichkeit auf vorzeitige Haftentlassung – verhängen würde. Der Richter räumte zwar ein, daß die Rechtsordnung schwer gelitten habe, der Demokratie dadurch aber kein nichtwiedergutzumachender Schaden zugefügt worden und die Wiederholungsgefahr eher gering sei. Der Staatsanwalt wird gegen das Urteil Revision einlegen – und der Fall die Niederländer gewiß noch lange beschäftigen.

Amsterdam, April 2003

Anhang

Verwendete Literatur

Alberts, A., *Op weg naar het zoveelste Reich*, Amsterdam 1990.

Amicis, E. de, *Nederland en zijn bewoners*, Utrecht/Antwerpen 1990 (Orig.: *Olanda*, 1873).

Anderson, B., *Imagined Comunities – Reflections on the Origin and Spread of Nationalism*, London/New York 1991.

Baena, Hertog de, *The Dutch Puzzle*, Den Haag 1966.

Bausinger, H., *Typisch Deutsch. Wie deutsch sind die Deutschen?*, München 2000.

Beening, A., *Tussen bewondering en verguizing. Duitsland in de Nederlandse schoolboeken, 1750–2000*, Amsterdam 2001.

Beliën, H. u. a. (Hrsg.), *Leven met Duitsland. Opstellen over geschiedenis en politiek*, Amsterdam 1998.

Besch, W., *Duzen, Siezen, titulieren. Zur Anrede im Deutschen heute und gestern*, Bonn 1998.

Best, O. F., *Volk ohne Witz*, Frankfurt 1993.

Bilderdijk, W., *Nederlandsche Spraakleer*, 's Gravenhage 1826.

Blank, Th./Wiengarn R., *Spiegelbild einer Grenzregion. Forschungsprojekt über die deutsch-niederländischen Beziehungen im Euregiogebiet*, Münster/Enschede 1994.

Blankenburg, E./Bruinsma, F., *Dutch Legal Culture*, Deventer/Boston 1994.

Bläsing, J. u. a. (Hrsg.), *Die Niederlande und Deutschland. Nachbarn in Europa*, Hannover 1992.

Bläsing, J./Raven, S. (Hrsg.), *Frau Antje & Co op de Duitse markt. Aspecten van beeldvorming en marketing in de Nederlands-Duitse economische relatie*, Tilburg 1998.

Boef, A. H. den (Hrsg.), *In de broek van de vijand. Waarom wij niet woedend zijn*, Amsterdam 1994.

Boockmann,H./Schilling, H./Schulze, H./Stürmer, M., *Deutsche Geschichte. Mitten in Europa*, Berlin 1984.

Borg, M. ter, *Publieke religie in Nederland*, in: *Annalen van het Thymgenootschap* nr. 3, Baarn 1990.

Boterman, F., *Moderne geschiedenis van Duitsland 1800–1990*, Amsterdam 1996.

Brachin, P., *La Langue Néerlandaise*, Brussel 1977.

Bril, M./Weelden, D. van, *Terugwerkende kracht. Een leesgeschiedenis van de Tweede Wereldoorlog*, Amsterdam 1991.

Buford, B., *Krauts*, in: *Granta* Nr. 42 , London 1992.

Buruma, I., *The Wages of Guilt. Memories of War in Germany and Japan*, New York 1995.

Busse, G./Frietman, J., *Grenzüberschreitende Arbeitsmobilität in der Euregio Rhein-Waal und der euregio rhein-maas-nord*, in: *IMIS-Beiträge*, Themenheft »Mobilität und Kooperation auf grenzüberschreitenden Arbeitsmärkten: Deutschland–Niederlande«. Heft 9, 1998.

Charles, J.B., *Hoe bereidt men een ketter*, Amsterdam 1976.

Chorus A., *De Nederlander innerlijk en uiterlijk*, Leiden 1964.

Combecher, H., *Nederlands en Duits – feiten, verschillen en vooroordelen*, in: *Intermediair*, 8 Jg., Nr. 44, November 1972.

Couwenberg, S. (Hrsg.), *De Nederlandse natie*, Utrecht 1981.

Craig, G., *Germany 1866–1945*, Oxford 1978.

Defoer, S. de, *Onder Hollanders. Een Vlaming ontdekt Nederland*, Amsterdam 2001.

Dekker, H./Aspeslagh, R./Winkel, B., *Burenverdriet. Attituden ten aanzien van de lidstaten van de Europese Unie*, Instituut voor Internationale Betrekkingen »Clingendael«, Den Haag 1998.

Deterink, A.A.M. u.a., *Onderzoek naar de oorzaken van het faillissement van Fokker*, Deventer 1997.

Dijk, G. van., *Het geloof der vaderen. De denkwereld van de bevindelijk gereformeerden*, Nijmegen 1996.

Donaldson, B., *Dutch. A linguistic history of Holland and Belgium*, Leiden 1983.

Doorn, J.A.A. van, *Indische lessen. Nederland en de koloniale ervaring*, Amsterdam 1995.

Ders. (Hrsg.), *Meningen over ... Duitse eenheid. »Het derde Duitse wonder«*, Amsterdam 1990.

Duitsland Instituut Amsterdam (Hrsg.), *Wegwijzer Nederland – Duitsland*, Den Haag 2001.

Dunk, H. von der, *Twee buren – twee culturen. Opstellen over Nederland en Duitsland*, Amsterdam 1994.

Elias, N., *Studien über die Deutschen*, Frankfurt 1990.

Enenkel, K. u.a. (Hrsg.), *»Typisch Nederlands«. De Nederlandse identiteit in de letterkunde*, Voorthuizen 1999.

Freud, S., *Das Unbehagen in der Kultur, 1930*, Gesammelte Werke, Bd. XIV, Frankfurt/M (1960–1987).

Frijhoff, W./Spies, M., *1650. Bevochten eendracht*, Den Haag 1999.

Gelder, R. van, *Het Oost-Indisch avontuur. Duitsers in dienst van de VOC*, Nijmegen 1997.

Geyl, P., *Geschiedenis van de Nederlandse stam*, Amsterdam/Antwerpen 1961.

Goossens, J., *Was ist Deutsch – und wie verhält es sich zum Niederländischen*, Bonn o. J.

Gottschalch, W., *Die unheimlichen Deutschen*, in: Freibeuter 55, Berlin 1993.

Goudsblom, J., *Taal en sociale werkelijkheid*, Amsterdam 1988.

Griffioen, P./Zeller, R., *Achtste Jaarboek van het Rijksinstituut voor Oorlogsdocumentatie*, Amsterdam 1997.

Grimm, J. und W., *Deutsches Wörterbuch*, München 1991.

Groenewold, P., *»Land in Sicht«. Landeskunde als Dialog der Identitäten. Teil 2. Zerbrochene Spiegel – Gebroken spiegels. Rekonstruktion des deutsch-niederländischen Begegnungsdiskurses*, Groningen 1997.

Groenveld, S., *De Vrede van Münster: de afsluiting van de Tachtigjarige Oorlog*, Den Haag 1997.

Hamans, C., *Over taal*, Amsterdam 1989.

Heerikhuizen, B. v., *Sociologen in de jaren dertig en veertig over het Nederlandse volkskarakter*, in: Amsterdams Sociologisch Tijdschrift 6–4, Februar 1980.

Heilbron, J. u. a. (Hrsg.), *Waarin een klein land. Nederlandse cultuur in internationaal verband*, Amsterdam 1995.

Hess, J./Schissler, H. (Hrsg.), *Nachbarn zwischen Nähe und Distanz. Deutschland und die Niederlande*, Frankfurt 1988.

Hess, J./Wielenga, F., *Duitsland en de democratie 1871–1990*, Amsterdam 1992.

Hilberg, R., *The destruction of the European Jews*, Chicago 1961.

Hintzen, P., *Duitsland – bewogen hart van Europa. Een beknopte geschiedenis*, Nijmegen 1996.

Hobsbawn, E., *Nations and Nationalism since 1780 – Programme, Myth, Reality*, Cambridge 1990/1992.

Hofstede, G., *Culture's Consequences. International Differences in Work-Related Values*, London 1980.

Horst, H. van der, *Der Himmel so tief. Niederlande und Niederländer verstehen*. Münster 2000.

Horst, J. van der/Marschall, F., *Korte geschiedenis van de Nederlandse taal*, Amsterdam 1989.

Israel, J.I., *Dutch primacy in world trade, 1585–1740*, Oxford 1989.

Jansen, L., *Bekannt und unbeliebt. Das Bild von Deutschland und den Deutschen unter niederländischen Jugendlichen von fünfzehn bis neunzehn Jahren*, Nederlands Instituut voor Internationale Betrekkingen »Clingendael«, Den Haag 1993.

Jasper, K., *Die Schuldfrage. Zur politischen Haftung Deutschlands*, München 1946, Nachdruck 1987.

Jong, L. de, *Het koninkrijk der Nederlanden in de Tweede Wereldoorlog*, Amsterdam 1969–1988.

Kennedy, J., *Een weloverwogen dood*, Amsterdam 2002.

Kindlers Neues Literatur Lexikon, Hrsg. W. Jens, München 1970.

Klein, N. (Hrsg.) *Unbeschreiblich Niederländisch*, Stuttgart 1989.

Klinkenberg, W., *Prins Bernhard. Een politieke biografie*, Haarlem 1986.

Knippenberg, H./Pater, B. de, *De eenwording van Nederland. Schaalvergroting en integratie sinds 1800*, Nijmegen 1988.

Koch, K./Scheffer, P. (Hrsg.), *Het nut van Nederland. Opstellen over soevereiniteit en identiteit*, Amsterdam 1996.

Koelewijn, J., *Het koningsdrama van Fokker*, Zutphen 1994.

König, W., *dtv-Atlas zur deutschen Sprache*, München 1996.

Kooi, A. van der/Sassen, D./Spicker-Wendt, A., *Euregionale Schulbegegnungen. Vademekum für deutsch-niederländische Schulpartnerschaften*, Alkmaar 2000.

Kossmann, E., *Politieke theorie en geschiedenis. Verspreide opstellen en voordrachten*, Amsterdam 1987.

Kousbroek, R., *Nederland: een bewoond gordijn*, Amsterdam 1987.

Krockow, Chr. von, *Die Deutschen in ihrem Jahrhundert, 1890–1990*. Hamburg 1990;

Ders., *Die Deutschen vor ihrer Zukunft*, Hamburg 1995.

Kuitenbrouwer, J., *Turbotaal. Van socio-babbel tot yuppie-speak*, Amsterdam 1987.

Lademacher, H., *Zwei ungleiche Nachbarn. Wege und Wandlungen der deutsch-niederländischen Beziehungen im 19. und 20. Jahrhundert*, Darmstadt 1989.

Ders., *Die Niederlande. Politische Kultur zwischen Individualität und Anpassung*, Berlin 1993.

Ders., *Fehlergrammatik Niederländisch-Deutsch*, Bussum 1993.

Lendering, J., *Hollands Glorie. De wortels van onze overlegcultuur*, Den Haag 1998.

Lennep, G.L., *Verklarend oorlogswoordenboek*, Amsterdam 1988.

Looijen, T., *Ieder is hier vervuld van zijn eigen voordeel... Amsterdam in de ogen van buitenlanders*, Amsterdam 1981.

Mappes-Niediek, N., *Österreich für Deutsche. Einblicke in ein fremdes Land*, Berlin 2001.

Martijn, C., *Vleugellam*, Bunnik 1996.

Meines, R., *Duitsland Duitsland. Kracht en zwakte van een volk*, Amsterdam 1992.

Metz, Th.M., *Der holländische Kaufmann*, in: *Handelspartner*, Den Haag 1963.

Metze, M., *Let's talk dutch now. Harmonie in de polder: uitvinding of erfenis*, Amsterdam 1999.

Meyer, H., *Zarte Empirie. Studien zur Literaturgeschichte*, Stuttgart 1963.

Middendorp, C., *Ontzuiling, politisering en restauratie in Nederland*, Amsterdam 1979.

Moor, W. de (Hrsg.), *Duitsers!? Ervaringen en verwachtingen*, Den Haag 1990.

Müller, B., *Sporen naar Duitsland. Het Duitslandbeeld in Nederlandse romans 1945–1990*, Aachen 1993.

Ders. (Hrsg.), *Vorbild Niederlande? Tips und Informationen zu Alltagsleben, Politik und Wirtschaft. Mit Niederlande-Lexikon*, Münster 1998.

Müller, B./Wielenga, F. (Hrsg.), *Kannitverstan? Deutschlandbilder aus den Niederlanden*, Münster 1995.

NIPO, *Burengerucht*, Amsterdam 1995.

Nirumand, B., *Leben mit den Deutschen. Briefe an Leila*, Hamburg 1989.

Nuß, B., *Das Faust Syndrom*, Bonn 1993.

Olde Dubbelink, T., *Attitudes van jongeren in Nederland ten aanzien van Duitsland en Duitsers*, Leiden 1995.

Ortigão, R.M., *Holland 1883*, Utrecht 1964. (im Orig.: *A Holanda*)

Oudesluijs, D.M., *Holländer an der Havel*, Berlin 1992.

Pekelder, J., *Nederlandse percepties van »het andere Duitsland«*, in: Wielenga, F. (Hrsg.), *De Duitse buur* (siehe dort).

Perrier, S., *De mannen van Nederland. Het onverbiddelijke oordeel van buitenlandse vrouwen*, Apeldoorn 2001.

Plessner, H., *Die verspätete Nation. Über die politische Verführbarkeit bürgerlichen Geistes*, Stuttgart 1959.

Pley, H., *Het Nederlandse onbehagen*, Amsterdam 1992.

Poidevin, R./Schirmann, S., *Geschiedenis van Duitsland*, Utrecht 1996 (im Orig.: *Histoire de l'Allemagne*).

Prangel, M./Westheide, H. (Hrsg.), *Duitsland in Nederland. Waar ligt de toekomst van de Nederlandse germanistiek?*, Groningen 1988.

Proper, R., *Wel, en ook. Het Grote Jaap Knasterhuis Filmwoordenboek*, Amsterdam 1989.

Renckstorf, K./Janssen, J., *Erger dan Duitsers... Het beeld van Duitsers en Duitsland in de Nederlandse Media*, Nijmegen 1989.

Rentes de Carvalho, J., *Waar die andere God woont*, Amsterdam 1982.

Roest, F./Scheren, J., *Oorlog in de stad. Amsterdam 1939–1941*, Amsterdam 1998.

Saña, H., *Die verklemmte Nation. Zur Seelenlage der Deutschen*, München 1989.

Schama, S., *The Embarrassment of Riches*, London 1987.

Schilder, A., *Hulpeloos maar schuldig. Het verband tussen een gere-formeerde paradox*, Kampen 1987.

Schneider, P., *Extreme Mittellage*, Hamburg 1990.

Schöffler, H., *Kleine Geographie des deutschen Witzes*, Göttingen 1995.

Schulze, H., *Kleine deutsche Geschichte*, München 1998.

Shetter, W., *The Netherlands in Perspective*, Leiden 1987.

Sieber, G., *Hassen leichtgemacht*, Kiel 1994.

Sijs, N. van der, *Leenwoordenboek: de invloed van andere talen op het Nederlands*, Den Haag 1996.

Ders., *Geleend en uitgeleend: Nederlandse woorden in andere talen & andersom*, Amsterdam 1998.

Staël, Madame de, *Über Deutschland*, Frankfurt/M 1984 (im Orig.: *De l'Allemagne*).

Stilma, L. (Hrsg.), *Omzien naar morgen. 125 citaten, gedichten en verhalen rondom 4 en 5 mei*, Kampen 1993.

Theissen, S., *Germanismen in het Nederlands*, Hasselt 1978.

Trautmann, G. (Hrsg.), *Die häßlichen Deutschen? Deutschland im Spiegel der westlichen und östlichen Nachbarn*, Darmstadt 1991.

Uiterhoeve, W. (Hrsg.), *De staat van Nederland. Nederland en zijn bewoners*, Nijmegen 1990.

Velde, H. van der, *Variatie en verandering in het gesproken Stan-daard-Nederlands 1935–1993*, Nijmegen 1996.

Vieten, G., *30mal Holland*, München 1983.

Vis, J./Moldenhauer, G. (Hrsg.), *Die Niederlande und Deutschland. Einander kennen und verstehen*, Münster 2001.

Voskuil, J.J., *Het Bureau*, Bd. 1-7, Amsterdam 1996–2000.

Vossestein, J., *Dealing with the Dutch*, Amsterdam 1997.

Vree, W. van, *Meetings, Manners and Civilization: The Develop-ment of Modern Meeting Behaviour* (Orig.: *Nederland als ver-gaderland. Opkomst en verbreiding van een vergaderregime*, Gro-ningen 1994).

Vries, J. de/Willemyns, R./Burger, P., *Het verhaal van een taal. Ne-gen eeuwen Nederlands*, Amsterdam 1994.

Vuijsje, H., *Vermoorde onschuld. Etnisch verschil als Hollands ta-boe*, Amsterdam 1986.

Ders., *Correct. Weldenkend Nederland sinds de jaren zestig*, Amster-dam 1997.

Ders., *Typisch Nederlands. Vademecum van de Nederlandse identi-teit*, Amsterdam 1999.

Wagner, W., *Kulturschock Deutschland. Der zweite Blick*, Hamburg 1999.

Wallage, R., *»Rotmoffen« zei m'n moeder*, Kampen 1995.

Weemoed, L., *Ken uw klassieken!*, Amsterdam 1992.

Wielenga, F., *Schaduwen van de Duitse geschiedenis. De omgang met het nazi– en DDR-verleden in de Bondsrepubliek Duitsland*, Amsterdam 1993.

Ders. (Hrsg.), *De Duitse buur. Visies uit Nederland, België en Denemarken 1945–1995*, Den Haag 1996.

Ders., *Van vijand tot bondgenoot. Nederland en Duitsland na 1945*, Amsterdam 1999.

Wijnen, H., »*Vorst Willem, het is alles uw schuld!*« *Oranje en de ondergang van de Republiek bij de omwentelingen 1787–1795*, Amsterdam 1987.

Winter, Th. de (Hrsg.), *Nederland-Duitsland voetbalpoëzie*, Amsterdam 1989.

Zahn, E., *Das unbekannte Holland. Regenten, Rebellen und Reformatoren*, Berlin 1984/München 1993.

Abbildungsnachweis

S. 2: Kleine Geographie der Niederlande, Utrecht/Den Haag, o. J.

S. 17: *NRC Handelsblad*, 17.10.1995

S. 37: Heiko Sakurai, 1998; entnommen aus: Dik Linthout, *Onbekende buren*, Uitgeverij Atlas, Amsterdam/Antwerpen 2000.

S. 47: *Der Spiegel*, 28.2.1994

S. 70: Archiv des Verlages

S. 85: Dik Linthout

S. 89: G. van der Leeuw stichting

S. 105 und vordere Umschlagklappe: Ausstellungskatalog des Hauses der Geschichte der Bundesrepublik Deutschland und des Rijksmuseum Amsterdam: *Zimmer frei. Nederland–Duitsland na 1945*, Bonn/Amsterdam 2000, S. 101 und S. 106

S. 106: dito, S. 90

S. 129: Klaus Jans, Goethe-Institut Amsterdam, 2002

S. 137: Archiv des Verlages

S. 153: Archiv der Frankfurter Buchmesse (Bestand 1993)

S. 179: Eberhard Klöppel, Berlin

S. 185: Jaap Stam, 1999; entnommen aus: Dik Linthout, *Onbekende buren*, Uitgeverij Atlas, Amsterdam/Antwerpen 2000

S. 189: entnommen aus: Guido Sieber, *Hassen leichtgemacht*, Achterbahn Verlag, Kiel 1994

S. 193: Piet Zwagerman, Amsterdam

S. 208 und Einbandrückseite: Eberhard Klöppel, Berlin

Kontaktadressen

Website des Autors: www.linthout.nl

Allgemein

www.startpagina.nl
www.amsterdam.nl

Grenzüberschreitende Kontakte

Ems-Dollart-Regio: www.edr.org
EUREGIO: www.euregio.nl
Euregio Maas-Rhein: www.euregio-mr.org
euregio rhein-maas-nord: www.euregio-rmn.de
Euregio Rhein-Waal: www.euregio.org
Neue Hanse-Interregio: www.nhi-online.de

Öffentliche Verkehrsmittel

Nederlandse Spoorwegen (Niederländische Bahn): www.ns.nl
**Openbaar Vervoer Reisinformatie (Reiseauskunft Öffentlicher
  Personentransport):** www.9292ov.nl

Touristische Informationen

Niederländisches Büro für Tourismus: www.nbt.de
**VVV (Vereniging voor Vreemdelingenverkeer; niederländischer
  Fremdenverkehrsverband):** www.vvv.nl
NUB (Nederlands Uitburo; Kultur- und Freizeitkalender):
  www.uitlijn.nl

Kultur, Freizeit und Medien

Goethe-Institut Amsterdam/Duits Cultureel Centrum:
  www.goethe.de/amsterdam
Goethe-Institut Rotterdam/Duits Cultureel Centrum:
  www.goethe.de/rotterdam
Niederländische Kultur in Deutschland: www.niederlandeweb.de
**Tweede Kamer der Staten-Generaal (niederländisches Parlament)
  Stafdienst Communicatie:** www.parlement.nl
**Rijksvoorlichtingsdienst (staatlicher niederländischer Informa-
  tionsdienst):** www.rvd.nl

Berlijnse Avonden (Niederländischsprachiger Kulturverein für Berlin und Umgebung): www.berlijnseavonden.de

Überregionale Tageszeitungen

Algemeen Dagblad: www.ad.nl
de Volkskrant: www.volkskrant.nl
Het Parool: www.parool.nl
NRC Handelsblad: www.nrc.nl
De Telegraaf: www.telegraaf.nl
Trouw: www.trouw.nl

Bildung und Wissenschaft

Stichting Duitsland Instituut bij de Universiteit van Amsterdam (DIA): www.duitslandweb.nl
Koninklijke Bibliotheek: www.kb.nl
Internationaal Instituut voor Sociale Geschiedenis (Internationales Institut für Sozialgeschichte): www.iisg.nl
Nederlands Instituut voor Oorlogsdocumentie (Niederländisches Institut für Kriegsdokumentation, NIOD): www.niod.nl
Deutsche Internationale Schule Den Haag: www.disdh.nl
Stichting Nederlands Onderwijs in het Buitenland (Stiftung Niederländisch-Unterricht im Ausland): www.snob.nl
NUFFIC (Stichting Netherlands University Foundation for International Cooperation, niederländischer Akademischer Austauschdienst): www.nuffic.nl
Haus der Niederlande/ Westfälische Wilhelmsuniversität Münster: www.niederlandenet.de
Verbesserung des niederländischen Wortschatzes: www.niederlandistik.fu-berlin.de/woordvandedag/
Kommunikationsplattform Deutscher in den Niederlanden: http://de.groups.yahoo.com/group/Niederlande

Wirtschaft und Arbeit

Bureau voor Duitse Zaken (Beratungsbüro für Grenzarbeiter): www.bdznijmegen.nl
Jobsuche allgemein: vacature.overzicht.nl; www.clickwork.nl
Jobs für Akademiker: www.intermediair.nl
Jobs für Computer-Fachleute: www.carp.nl
Krankenkasse und Pflegeversicherung: www.cvz.nl
Deutsch-Niederländische Handelskammer: www.dnhk.nl
Sozialversicherungen: www.svb.nl

Kirchliche Organisationen

Deutsche Evangelische Kirchengemeinde Amsterdam:
www.deg-amsterdam.nl

Statistiken:

Statitisches Amt der Niederlande: www.cbs.nl
Allgemeine Statistiken: www.statistieken.pagina.nl